Die Liberalisierung
des grenzüberschreitenden Luftverkehrs in der EU

T0316916

Europäische Hochschulschriften
Publications Universitaires Européennes
European University Studies

Reihe V
Volks- und Betriebswirtschaft

Série V   Series V
Sciences économiques, gestion d'entreprise
Economics and Management

Bd./Vol. 3106

PETER LANG

Frankfurt am Main · Berlin · Bern · Bruxelles · New York · Oxford · Wien

Andreas Arndt

Die Liberalisierung des grenzüberschreitenden Luftverkehrs in der EU

Eine quantitative Analyse
der Wohlfahrtswirkungen
und des Anbieterverhaltens

PETER LANG
Europäischer Verlag der Wissenschaften

Bibliografische Information Der Deutschen Bibliothek
Die Deutsche Bibliothek verzeichnet diese Publikation in der
Deutschen Nationalbibliografie; detaillierte bibliografische
Daten sind im Internet über <http://dnb.ddb.de> abrufbar.

Zugl.: Bremen, Univ., Diss., 2004

Gedruckt auf alterungsbeständigem,
säurefreiem Papier.

D 46
ISSN 0531-7339
ISBN 3-631-53064-1

© Peter Lang GmbH
Europäischer Verlag der Wissenschaften
Frankfurt am Main 2004
Alle Rechte vorbehalten.

Printed in Germany 1 2 3 4 5   7

www.peterlang.de

Geleitwort

Am 1. April 1997 wurde die formale Deregulierung des Luftverkehrsmarkts in der Europäischen Union abgeschlossen. Seit diesem Zeitpunkt dürfen die in der EU – sowie in Island oder Norwegen – zertifizierten Fluggesellschaften jede Flugstrecke innerhalb der Union plus den inländischen Routen ohne Beschränkungen, die über Jahrzehnte hinweg Preise und Kapazitäten im Luftverkehr vorschrieben, bedienen. Damit endete ein mehrstufiger Liberalisierungsprozess, der in den achtziger Jahren begann und sich an den positiven Entwicklungen auf anderen deregulierten Luftverkehrsmärkten orientierte. Das Besondere am europäischen Prozess – im Vergleich zu der 1977 begonnenen Deregulierung in den USA – war, dass sich die Liberalisierung auf zwei unterschiedlichen Politikebenen vollzog: sowohl bilateral als auch unionsweit.

Seit dieser Zeit hat sich die innereuropäische Luftverkehrslandschaft erheblich gewandelt. Neue Anbieter sind in den Markt eingetreten und haben durch die Aufnahme neuer Flugstrecken das Angebot an Luftverkehrsdienstleitungen ausgeweitet. Der durch sie erheblich intensivierte Wettbewerb hat das Marktgefüge fundamental und irreversibel verändert.

Bisher existiert allerdings noch keine Bewertung der Wohlfahrtseffekte für den liberalisierten europäischen Luftverkehrsmarkt, die auf der Basis aktueller Daten eine flächendeckende unionsweite Abschätzung der bisherigen Wohlfahrtseffekte der Luftverkehrsliberalisierung vornimmt. Die vorliegende Dissertation von Herrn Andreas Arndt schließt diese wichtige Erkenntnislücke in vorzüglicher und überaus lesenswerter Weise.

Bremen, im August 2004 *Prof. Dr. Andreas Knorr*

Vorwort

Die vorliegende Arbeit über die Wohlfahrtseffekte der europäischen Luftverkehrs-liberalisierung bildet den Abschluss meiner Investitionsphase in mein Humankapital als Wissenschaftlicher Mitarbeiter am Fachbereich Wirtschaftswissenschaft der Universität Bremen. Sie wurde im April 2004 vom Promotionsausschuss Dr. rer. pol. als Dissertation angenommen; das Promotionsverfahren endete am 4. Juni 2004 mit der wissenschaftlichen Aussprache und der Bestätigung des Ergebnisses durch den Promotionsausschuss am 7. Juli 2004.

Mein besonderer Dank gilt meinem Doktorvater, Herrn Prof. Dr. Andreas Knorr. Er hat meine Arbeit stets durch seine konstruktive Kritik und durch seine wertvollen fachlichen Anregungen gefördert und somit ein erfolgreiches Gelingen ermöglicht. Herr Prof. Dr. Hans-Martin Niemeier hat dankenswerterweise das Zweitgutachten erstellt.

Zu großem Dank bin ich auch der Fritz Thyssen Stiftung verpflichtet. Sie förderte die von mir durchgeführte Forschungsreise nach Montréal zur International Civil Aviation Organization und ermögliche mir somit, das umfangreiche Datenmaterial für dieses Forschungsvorhaben zu sammeln.

Meinen Kollegen Herrn Dr. Harm Bandholz, Herrn Dr. André W. Heinemann und Herrn Dipl.-Volkswirt Tobias Knedlik danke ich für die wichtigen Hinweise und Hilfestellungen, die sie mir in jeder Phase der Dissertation gaben. Dank gilt auch Herrn Dipl.-Ökonom Andreas Eichinger, der mich bei der mühsamen und nervenaufreibenden Endkorrektur tatkräftig unterstützte.

Schließlich bedanke ich mich bei allen anderen Kolleginnen und Kollegen für die angenehme Zeit und freundschaftliche Zusammenarbeit am Institut und am Fachbereich.

Diese Arbeit ist meinen Eltern gewidmet, die durch ihre Erziehung und Förderung die Grundlage für die Erstellung dieser Arbeit legten.

Bremen, im August 2004   *Andreas Arndt*

Inhaltsverzeichnis

Abbildungs- und Tabellenverzeichnis

Abbildungsverzeichnis

Tabellenverzeichnis

Abkürzungsverzeichnis

AEA	ASSOCIATION OF EUROPEAN AIRLINES
ATC	Air Traffic Control
APEC	Asiatisch-pazifisch wirtschaftliche Zusammenarbeit
BAA	BRITISH AIRPORT AUTORITY
BLUE	Beste lineare und unverzerrte Schätzfunktion
BTS	BUREAU OF TRANSPORT STATISTICS
CAA	CIVIL AERONAUTICS AGENCY; später: CIVIL AVIATION AUTHORITY
CAB	CIVIL AERONAUTICS BOARD
CRS	Computerreservierungssystem
ECAC	Europäische Zivilluftfahrtkonferenz
EuGH	Europäischer Gerichtshof
EUROSTAT	Statistisches Amt der Europäischen Union
GATS	GENERAL AGREEMENT ON TRADE IN SERVICES
GLS	Verallgemeinerte Methode der kleinsten Quadrate
GMM	Verallgemeinerte Momentenmethode
EWR	Europäischer Wirtschaftsraum
HHI	HIRSCHMAN-HERFINDAHL-Index
IATA	INTERNATIONAL AIR TRANSPORT ASSOCIATION
ICAO	Internationale Zivilluftfahrtorganisation
IID	Unabhängig und identisch verteilt
LSDV	Least squares dummy variable estimator
NUTS	Systematik der Gebietseinheiten für die Statistik
OLS	Methode der kleinsten Quadrate
RGW	Rat für gegenseitige Wirtschaftshilfe
TCAA	TRANSATLANTIC COMMON AVIATION AREA
TSLS	Zweistufige Methode der kleinsten Quadrate
UNO	Organisation der Vereinten Nationen
WTO	Welthandelsorganisation

Symbolverzeichnis

Großbuchstaben:

$DK_{0,1}$ Niveau der langfristigen Durchschnittskosten vor und nach der Liberalisierung

$G_{0,1}$ Gleichgewicht im regulierten bzw. wettbewerblichen Umfeld

$N_{0,1}$ Marktnachfrage vor bzw. nach der Liberalisierung

N_k Anzahl der auf der Strecke k operierenden Airlines

$P(.)$ Inverse Nachfragefunktion

$Q(.)$ Nachfragefunktion

Q^* Gleichgewichtsmenge

Q_k Luftverkehrsnachfrage auf der Flugroute k

Kleinbuchstaben:

c_{ik} Höhe der Kosten des Unternehmens i für den Betrieb der Route k

c_{ik}^F Kosten der Fluggesellschaft i pro durchgeführtem Flug auf der Strecke k

$f^{reg,lib}$ Anzahl der Flüge vor bzw. nach der Liberalisierung

f_{ik} Angebotene Zahl an Flügen des Unternehmens i auf der Strecke k

p^* Gleichgewichtspreis

$p_{0,1}$ Höhe des Flugtarifs vor bzw. nach der Liberalisierung

$p^{reg,lib}$ Höhe des Flugtarifs vor bzw. nach der Liberalisierung

p_{ik} Beförderungstarif des Unternehmens i auf der Flugstrecke k

$q_{0,1}$ Anzahl der beförderten Passagiere vor bzw. nach der Liberalisierung

q_{ik} Angebotsleistung der Airline i auf der Flugroute k

q_{ik}^F Angebotsleistung der Airline i pro Flug auf der Flugroute k

s_i Sitzplatzkapazität einer Airline

x_k Vektor routenspezifischer Kostenbestandteile

z_k Vektor ausgewählter Gravitationsvariablen

Griechische Buchstaben:

α_k Unabhängige Nachfragevariablen auf der Route k

β Preiselastizität der Nachfrage

γ Frequenzelastizität der Nachfrage

δ Parameter der Liberalisierungseffekte im Preismodell

π_{ik} Gewinn der Fluggesellschaft i auf der Flugstrecke k

π_{ik}^{F} Gewinn der Fluggesellschaft i pro Flug auf der Strecke k

$\hat{\rho}$ Geschätzter Autokorrelationsparameter

Ω_k Verallgemeinerte Kosten einer Reise

Kapitel 1

Einleitung

Der zivile Luftverkehr ist seit seinen Anfängen sowohl auf nationaler als auch internationaler Ebene wie kaum ein anderer Wirtschaftszweig weltweit durch eine außergewöhnliche Protektionismusdichte sowie durch einen äußerst restriktiven Regulierungsrahmen gekennzeichnet. Neu entwickelte Wettbewerbsmodelle der ökonomischen Theorie und die Erfahrungen mit weit weniger regulierten Verkehrsmärkten[1] stellten die Vorteilhaftigkeit der Regulierung der Luftverkehrsmärkte jedoch seit den frühen 70er Jahren zunehmend in Frage. In einigen Staaten und zwischen bestimmten Nationen führten die beobachteten regulierungsbedingten Fehlentwicklungen daraufhin zu einem Paradigmenwechsel in der Luftverkehrspolitik. Als erstes und bis heute wichtigstes Beispiel ist der inneramerikanische Luftverkehr zu nennen, dessen Deregulierung im Jahre 1977 eingeleitet wurde und eine Neuordnung des dortigen Marktgefüges bewirkte. Die Entwicklungen in den USA seit Inkrafttreten des Airlines Deregulation Act dienten später als Vorbild für die Durchsetzung ähnlicher Reformen in Kanada und Europa.

Der Liberalisierungsprozess im innereuropäischen Luftverkehr fand auf zwei politischen Ebenen statt. Zum einen begannen einige europäische Nationen untereinander, den zwischenstaatlichen Flugverkehr durch liberale bilaterale Luftverkehrsabkommen teilweise zu deregulieren. Zum anderen lockerte der Europäische Rat die starren rechtlich-institutionellen Rahmenbedingungen im unionsweiten Luftverkehr, indem er die wettbewerbshemmenden Regulierungen durch drei luftverkehrspolitische Maßnahmenpakete sukzessive aufhob. Mit Inkrafttreten des dritten Maßnahmenpakets im Jahre 1993 galten sämtliche Luftverkehrsfreiheiten – mit Ausnahme der Binnenkabotage, die bis 1997 reglementiert blieb – innerhalb der Europäischen Union. Kapazitätsvorgaben für die Luftverkehrsgesellschaften wurden aufgehoben und die Preisfestsetzung oblag fortan prinzipiell den Luftfahrtunternehmen selbst. Zusätzlich entfiel die Unterscheidung zwischen Linien- und Charterverkehr sowie zwischen nationalem und internationalem Luftverkehr innerhalb der Gemeinschaft. Nach einer vierjährigen Übergangsphase wurde in Teilen des Europäischen Wirtschaftsraums (EWR) am 1. April 1997 effektiv ein gemeinsamer Luftverkehrsmarkt geschaffen. Seit diesem Zeitpunkt haben alle Luftverkehrsgesellschaften, die in der Gemeinschaft registriert sind, freien Zu-

---

[1] Ausgangspunkt der ordnungspolitischen Reformen im Verkehrssektor war vermutlich der in Großbritannien erlassene Transport Act aus dem Jahre 1968, der den Straßengütertransport von dessen ökonomischen Regulierungen befreite und die Funktionsfähigkeit von Transportmärkten unter Wettbewerbsbedingungen aufzeigte. Vgl. BUTTON, HAYNES und STOUGH (1998), S. 54.

gang zu allen Flugrouten innerhalb der fünfzehn Mitgliedsländer – plus Island und Norwegen. Im Rahmen der künftigen EU-Erweiterung wird dieser gemeinsame Luftverkehrsmarkt ab dem 01. Mai 2004 um Estland, Lettland, Litauen, Polen, Malta, die Slowakische Republik, Slowenien, die Tschechische Republik, Ungarn sowie Zypern und zukünftig möglicherweise um Bulgarien, Rumänien und die Türkei erweitert.

1.1   Umfang der Analyse

In der Zeit nach der Deregulierung in den Vereinigten Staaten entstanden eine Vielzahl von Studien, die eine Bewertung der Effekte der Deregulierung für die Konsumenten und Anbieter im amerikanischen Markt vornahmen.[2] Abgesehen von einer kleinen Zahl von Arbeiten, die sich mit den Auswirkungen der Liberalisierung auf Teilmärkten oder mit den anfänglichen Preiseffekten im europäischen Luftverkehr beschäftigten, existiert bis heute allerdings noch keine empirische Analyse, die Daten über einen längeren Zeitraum hinweg nutzt, um die ökonomischen Effekte der Luftverkehrsliberalisierung in Europa zu bewerten.[3] Die vorliegende Arbeit versucht diese Lücke zu schließen, indem sie mittels einer breiten Datenbasis die ökonomischen Auswirkungen des Liberalisierungsprozesses für die Konsumenten und darüber hinaus auch das Marktverhalten der Fluggesellschaften untersucht. Die Grundlage der theoretischen Analysen bilden ökonomische Ansätze wie die mikroökonomische Haushaltstheorie, das Konzept zur Bestimmung der Konsumentenrente oder Marktverhaltensmodelle bei vollkommener Konkurrenz und bei unvollständigem Wettbewerb.

Nicht Gegenstand dieser Analyse ist, ob, und wenn ja inwieweit die Liberalisierung beispielsweise die Gewinnsituation der Airlines, die Löhne im Luftfahrtsektor oder andere angebotsseitigen Faktoren beeinflusst hat.[4] Diese Ausklammerung soll allerdings nicht so interpretiert werden, als ob diese Auswirkungen volkswirtschaftlich unwichtig seien oder nicht untersucht werden müssten, um eine umfassende Bewertung des Liberalisierungsprozesses in Europa vornehmen zu können.

---

[2]   An dieser Stelle seien einige wenige dieser Arbeiten genannt, wie zum Beispiel BAILEY, GRAHAM, und KAPLAN (1985); CALL und KEELER (1985); CREEL und FARELL (2001); GRAHAM, KAPLAN und SIBLEY (1983); und MORRISON und WINSTON (1986).

[3]   So konzentriert sich beispielsweise UITTENBOGAART (1997) in seiner Analyse auf die Entwicklung des Wettbewerbsgrads auf der Strecke zwischen Amsterdam und London nach deren Liberalisierung. BARRETT (1997a) überprüft in einer Studie, inwieweit die positiven Effekte der Luftverkehrsliberalisierung, die zwischen Irland und dem Vereinigten Königreich verzeichnet wurden, auf den europäischen Markt insgesamt übertragen werden können. Die Entwicklung der Flugtarife in der Phase der Liberalisierung bis zum Jahre 1994 wird von BETANCOR und CAMPOS (2000) in einer eigenständigen Studie untersucht.

[4]   Hier sei auf eine Studie von ALAMDARI und MORELL (1997) hingewiesen, in der die Entwicklung der Löhne im Luftverkehrsbereich sowohl in den USA als auch in Europa vor und nach der Deregulierung bzw. Liberalisierung analysiert wird.

Allerdings übersteigen derartige Analysen, ganz von erheblichen Datenerhebungsproblemen abgesehen, den abgesteckten Rahmen der Untersuchung.

1.2 Aufbau der Arbeit

Die Arbeit beginnt in Kapitel zwei mit einem Überblick über die verkehrswirtschaftlichen Grundlagen der Luftverkehrsbranche, um die Komplexität der Leistungserstellung und die Regulierungspotenziale innerhalb dieses Sektors zu verdeutlichen.

Sowohl durch den Abschluss liberaler bilateraler Verträge als auch durch die Maßnahmenpakete in der Europäischen Union wurde ein Regulierungsschema sukzessive dereguliert, das historisch gewachsen und in einen weltweiten Organisationsrahmen eingebunden war. Um die regulatorischen Veränderungen und deren Auswirkungen für den europäischen Luftverkehr ordnungspolitisch bewerten zu können, werden in Kapitel drei die Entstehung und Entwicklung des Ordnungssystems des europäischen Luftverkrs, das bis 1993 vornehmlich auf bilateralen Verkehrsabkommen beruhte, und die Geschichte des Liberalisierungsprozesses zwischen den Mitgliedsstaaten der EU ausführlicher dargestellt. Dieser Überblick über die Geschichte der internationalen Luftverkehrspolitik ist für das Verständnis des Geschehens seit der Liberalisierung des europäischen Luftverkehrsmarkts unerlässlich.

In Kapitel vier wird in einem ersten Analyseschritt ein Nachfragemodell für den europäischen Luftverkehrsmarkt spezifiziert und geschätzt. Auf diese Weise wird der Einfluss ausgewählter angebotsseitiger Variablen auf das realisierte Transportvolumen identifiziert. Können nämlich anschließend in einer separaten Analyse die Auswirkungen der Liberalisierung auf die ausgewählten Angebotsparameter Preis und Qualität nachgewiesen werden – diese Untersuchung erfolgt in Kapitel fünf – dann lassen sich aus den Ergebnissen eines Nachfragemodells, in dem diese Faktoren der Anbieter stützende erklärende Variablen sind, indirekt die Auswirkungen der Liberalisierung auf das nachgefragte Transportvolumen ableiten. Die Grundlage für die empirischen Analysen bilden die Datensätze für vierzig Städteverbindungen[5] innerhalb der Grenzen der Europäischen Union im Untersuchungszeitraum von 1989 bis zum Jahre 1999.

Eine Bewertung der Effekte des Liberalisierungsprozesses erfolgt in Kapitel fünf. Die Kombination der empirischen Ergebnisse des hier entwickelten Preismodells und eines geschätzten Modells für Serviceleistungen mit den Erkenntnissen des zuvor spezifizierten Nachfragemodells zeigt im Rahmen eines Vergleichs, der prognostizierte Transportvolumina und Konsumentenrenten in regulierten und liberalisierten Wettbewerbsumfeldern einander gegenüberstellt und zugleich eine

---

[5] Für die Auswahlkriterien wird bereits an dieser Stelle auf das Kapitel 4.3 verwiesen.

Kontrolle exogener Einflussfaktoren ermöglicht, dass die Passagiere auf den Flugstrecken in Europa Wohlfahrtssteigerungen in Höhe von bis zu 477 US-Dollar (in Preisen von 1989) je nach zugrunde gelegter Flugroute durch die Liberalisierung erfahren haben. Aufgrund der Liberalisierung ist das Transportvolumen schätzungsweise um bis zu 66% höher ausgefallen, als es bei Beibehaltung des früheren Regulierungsrahmens gestiegen wäre.

Die ordnungspolitische Umgestaltung der Rahmenbedingungen im innereuropäischen Luftverkehr bietet ebenfalls die Möglichkeit, die Dynamik von Markteintritten, Wettbewerbsstrukturen und Preisen beim Übergang von einem regulierten zu einem liberalisierten Umfeld zu untersuchen. Der betrachtete Post-Liberalisierungszeitraum von 1993 bis 1999 erlaubt darüber hinaus die Suche nach Beweisen für bestimmte Marktverhaltenshypothesen wie Limit-Pricing- oder alternativ Marktbestreitbarkeitshypothesen. In Kapitel sechs wird daher die Rolle der unterschiedlichen Wettbewerbssituationen im liberalisierten europäischen Luftverkehr auf das Marktverhalten der Fluggesellschaften analysiert. Durch diese Untersuchung soll festgestellt werden, inwieweit die Öffnung der Märkte, die damit einhergehende Intensivierung des Wettbewerbs sowie die Gefahr potenzieller Konkurrenz die Preisgestaltung der Anbieterseite beeinflusst hat. Die Analyse muss allerdings über Umwege mit Hilfsvariablen erfolgen, da für die einzelnen innereuropäischen Flugstrecken keine verlässlichen Gewinn- und Kostenangaben der jeweiligen Airlines existieren und darüber hinaus die direkte empirische Erfassung von potenziellen Wettbewerben und von Markteintrittsbarrieren schwierig ist.

Kapitel sieben fasst die wesentlichen Schritte und Ergebnisse der Analysen noch einmal abschließend zusammen und wagt einen Ausblick auf künftige Forschungsarbeiten und die Entwicklung der Liberalisierungsbestrebungen im internationalen Luftverkehr.

Kapitel 2

Verkehrswirtschaftliche Grundlagen

Die eigentliche Dienstleistung im Luftverkehr – der Flug von Ort A nach B – kann nicht unabhängig von einer Reihe komplementärer Vorleistungen erbracht werden. Diese werden (faktisch) arbeitsteilig von Spezialisten bereitgestellt, so dass die Airlines eine Vielzahl von Koordinationsaufgaben zu lösen haben, deren Qualität das Marktergebnis im Luftverkehr signifikant beeinflusst.[6] Darüber hinaus belastet die Leistungserstellung in der Luftfahrt die Umwelt durch Emissionen und anschließende Immissionen von Schadstoffen und Lärm. Aufgrund der beschriebenen Komplexität der Leistungserstellung im Luftverkehr, auch im Hinblick auf das rechtlich-institutionelle Regulierungspotenzial, ist ein Überblick über die verkehrswirtschaftlichen Grundlagen vor der Analyse deshalb unabdingbar.

Flugbetrieb inklusive Zusatzleistungen
Der zentrale Bestandteil der Dienstleistung im Luftverkehr ist die Beförderung von Passagieren, Fracht oder Postsendungen von einem Ausgangsort A zu einem Bestimmungsort B. Bevor diese Dienstleistung erbracht werden kann, müssen zwei Bedingungen, so schreibt es der rechtlich-institutionelle Rahmen vor, erfüllt werden. Zunächst muss das Unternehmen eine an die Erfüllung gesetzlicher Mindeststandards geknüpfte Zulassung als Fluggesellschaft erhalten. Allerdings ist dies nur eine notwendige, aber keine hinreichende Bedingung zur Aufnahme einer Flugverbindung. Denn das Unternehmen muss in vielen Ländern der Welt, aber auch im zwischenstaatlichen Verkehr über entsprechende Verkehrsrechte verfügen. Die Vergabe dieser Verkehrsrechte kann somit eine rechtliche Marktzutrittsbarriere darstellen.
Unterstellt man zunächst freie Marktein- und -austritte, ist aus ökonomischer Sicht die Betriebsaufnahme einer Airline und die Aufnahme von Flugverbindungen mit Anlaufkosten verbunden. Diese sind zwar fix, aber nur zu einem geringen Teil irreversible Kosten (,sunk costs'). So ist das eingesetzte Fluggerät, identische Strecken in Bezug auf Verkehrsaufkommen und Distanz vorausgesetzt, an keine spezifische Verbindung gebunden. Versunkene Kosten entstehen lediglich durch Werbemaßnahmen und routenspezifische Startkosten. Der darüber hinaus außer in Krisenzeiten gut funktionierende Sekundärmarkt für Fluggeräte lässt die branchenspezifischen irreversiblen Kosten gegen Null tendieren.[7]

---

[6] Vgl. ABERLE (2003), S. 260.
[7] Vgl. KNORR (1998b), S. 421.

Die Beförderungsdienstleistung als solche zeichnet sich durch eine geringe technische Produktdifferenzierung aus.[8] Um sich von den Konkurrenten abzugrenzen, bieten viele Airlines ihren Kunden daher Neben- und Zusatzleistungen (im Sinne von Service und Komfort) an. Um die Kundenbindung zu erhöhen, offerieren einige Airlines zudem Loyalitäts- und Vielfliegerprogramme. Für jeden bezahlten Flug erhalten die Passagiere eine nach Entfernung und Tarifklassen gestaffelte Meilengutschrift. Diese Meilen können gesammelt und gegen Prämien wie beispielsweise Freiflüge, Reisen oder gegen Alltagsgegenstände eingelöst werden.[9] Mittlerweile haben die Fluggesellschaften auch Mietwagenfirmen, Hotelketten oder kooperierende Airlines in ihre Bonusprogramme aufgenommen. Die gesammelten Meilen besitzen in der Regel ein Verfallsdatum, und Freiflüge sind mitunter durch so genannte ‚Blackout-dates‘ oder durch zu geringe Sitzplatzkontingente auf bestimmten Verbindungen nicht immer verfügbar.

Wettbewerbspolitisch sind Vielfliegerprogramme als strategische Marktzutrittsbarriere aber nur relevant, sofern der Flugreisende die Kosten des Flugscheins nicht selbst tragen muss. Bei einer derartigen Konstellation besteht für den Reisenden nämlich der Anreiz, immer den meilenmaximierenden höheren Tarif zu wählen, auch wenn dies dem Geldgeber – in der Regel seinem Arbeitgeber – schadet. In diesem Fall entsteht ein auf Informationsasymmetrien basierendes Principal-Agent-Problem.[10] In letzter Zeit ist allerdings vermehrt zu beobachten, dass Fluggesellschaften wie DELTA AIR LINES oder LUFTHANSA aufgrund der hohen Programmkosten zum einen die Meilenfähigkeit der Tarifklassen einschränken und zum anderen die Meilengutschriften erheblich reduzieren.

Für Selbstzahler gilt es aus Rationalverhalten ohnehin, abzuwägen, ob das anstehende Reisepensum am kostengünstigsten durch eine Kombination von teuren Flügen und Freiflügen der Airline A oder durch die preiswerteren Flüge des Anbieters B, der keine Vielfliegermeilen vergibt, absolviert werden kann. Diese Umstände senken ceteris paribus die Bedeutung des Aktionsparameters Vielfliegerprogramme und gleichzeitig deren mögliche Wirkung als Marktzutrittsbarriere.

Infrastrukturzugang

Selbst wenn eine Airline im Besitz der nötigen Verkehrsrechte für Flüge von Ausgangsort A nach Bestimmungsort B ist, können boden- und/oder luftseitige Infrastrukturengpässe die Aufnahme des Flugbetriebs verhindern.

Zur bodenseitigen Infrastruktur zählen Einrichtungen an Flughäfen, die zur Passagierabfertigung (Check-in-Schalter, Warteräume, Flughafenbusse, Gates) sowie für die Be- und Endladung des Fluggeräts benötigt werden.[11] Darüber hinaus zäh-

---

8   Vgl. SCHMITT (2003), S. 19.
9   Vgl. STEINIGER (1999), S. 209.
10   Vgl. KNORR (1998b), S. 424f.
11   Vgl. ABERLE (2003), S. 260.

len der Betrieb und die Unterhaltung der Vorfeldflächen zu den bodenseitigen Flughafenleistungen. Demgegenüber umfasst die luftseitige Infrastruktur die Lande- und Rollbahnsysteme der Flughäfen sowie das Luftstraßensystem. Beide können unabhängig voneinander den Engpassfaktor bilden und somit ebenfalls eine Marktzutrittsschranke für Newcomer darstellen, oder zumindest dem Erreichen einer Mindestanzahl an Flugfrequenzen, die für eine erfolgreiche Marktpositionierung erforderlich sind, entgegenstehen.

Bodenseitige Infrastrukturengpässe können ihre Ursache auch in den mitunter langfristigen Exklusivverträgen zwischen Flughafenbetreiber und einer Fluggesellschaft über die Mehrzahl der Gates an diesem Flughafen haben. Neue Anbieter, die von dem fraglichen Flughafen aus auf ausgewählten Strecken in Konkurrenz zu der etablierten Airline treten wollen, bleibt dann nur die Möglichkeit des Subleasings, um die benötigten Flugsteige nutzen zu können.[12] Die wettbewerbspolitische Problematik dieser Situation ist offensichtlich.

Bei Engpässen auf den Lande- und Rollbahnsystemen der Flughäfen sind wettbewerbspolitisch generell die Gesamtkapazität der Infrastruktur als auch die Verteilung der Verfügungsrechte in Form von Zeitnischen ('Slots') von Bedeutung. Im Luftverkehrsbereich werden letztere nach dem historischen Großvaterprinzip vergeben. Dieses System wird von Ökonomen seit jeher als ineffizient und wettbewerbsverzerrend kritisiert, da es eine effiziente Allokation knapper Ressourcen verhindert. Durch das gewählte Vergabeverfahren werden im Markt etablierte Fluggesellschaften wirksam vor neuen Konkurrenten geschützt, und die Knappheit der Slots versetzt sie in die Lage, nicht leistungsbedingte Renten zu erwirtschaften. Ökonomen sehen in der begrenzten Verfügbarkeit der Slots eine eindeutige Markteintrittsbarriere.[13]

Schließlich wird die Kapazität des Luftraums bzw. des Luftstraßensystem nicht zuletzt durch die Leistungsfähigkeit der Flugüberwachung (Air Traffic Control oder kurz ATC) exogen vorgegeben.

Vertrieb von Beförderungsdienstleistungen

Für den Verkauf ihrer Beförderungsdienstleistungen stehen den Fluggesellschaften zwei Vertriebswege zur Verfügung: Reisebüros oder der Direktvertrieb (Call-Center, eigene Vertriebsbüros und das Internet). Beide Kanäle greifen auf die in den Computerreservierungssystemen (CRS) verfügbaren Angebotsdaten zurück, wobei die ausgewählte Verbindung sogleich gebucht werden kann. Diese Systeme, die heute in erheblichem Maße zum Verkauf von Flugtickets genutzt werden,[14] wurden zunächst von einer oder mehreren großen etablierten Fluggesell-

---

[12] Vgl. MORRISON und WINSTON (2000), S. 22ff.
[13] Vgl. BARRETT (1992), S. 160ff., sowie KNORR und ARNDT (2002a), S. 19ff.
[14] Etwa achtzig Prozent aller vorgenommen Buchungen weltweit erfolgen mittlerweile mit Hilfe eines Computerreservierungssystems. Vgl. STEININGER (1999), S. 218.

schaften aufgebaut und finanziert.[15] Aus wettbewerbspolitischer Sicht bestand aufgrund dieser Eigentümerstruktur das Problem der bewusst herbeigeführten asymmetrischen Informationsverteilung durch die Betreiber eines solchen Systems zu Lasten ihrer Wettbewerber (,CRS-bias'). Konkret bestand der Anreiz, die Informationen über konkurrierende Flüge verzerrt darzustellen, und somit bei Anfragen die eigenen Flüge systematisch gegenüber den Serviceleistungen anderer Wettbewerber zu bevorzugen. Diese früher durchaus übliche und erfolgversprechende Praxis wurde inzwischen durch Verhaltenskodizes und Verbote weitgehend eingedämmt.[16] Problematisch bleibt allerdings, dass der Betreiber eines CRS zeitnah über die angebotsrelevanten Informationen wie Kapazitätsplanungen und Preisstrukturen seiner ebenfalls in diesem System vertretenen Konkurrenten verfügt, und dieses Wissen ohne Zeitverzögerungen und kostenlos für die Einleitung von Gegenmaßnahmen nutzen kann.[17]

Als eine weitere, wettbewerbspolitisch durchaus relevante Eintrittsbarriere ist das System der Vermittlungsprovisionen für Reisebüros, auch Agentenloyalitätsprogramme genannt, einzustufen. Auch zwischen dem Reisebüro und seinem Kunden besteht eine asymmetrische Informationsverteilung. So hat das Reisebüro ceteris paribus den Anreiz, seinen Kunden die Flüge zu vermitteln, die ihm die prozentual höchsten Provisionen oder einen Sonderbonus zusichern, selbst wenn ein preislich und/oder qualitativ höherwertiges Konkurrenzprodukt verfügbar wäre.

Aufgrund der in jüngster Vergangenheit zu beobachtenden Marktentwicklungen haben jedoch auch die beiden zuletzt genannten Praktiken ihre wettbewerbspolitische Brisanz zu einem gewissen Grad verloren. Zunächst konnte durch unabhängige Intermediäre wie Reisezeitschriften, die computergestützte Tarifvergleiche durchführen, und Internetreisebüros die Markttransparenz für die Kunden erhöht werden. Zahlreiche Newcomer nutzen heutzutage aufgrund der geringeren Distributionskosten zudem die Möglichkeit des Direktvertriebs über eigene Call-Center sowie das Internet und umgehen somit die CRS ihrer Wettbewerber ganz oder teilweise. Mittlerweile haben sich auch mehrere etablierte Anbieter für den Direktvertrieb entschieden, was zu Provisionskürzungen im indirekten Vertrieb geführt hat.

Flugsicherheit und Umweltschutz
Die Sicherheit eines Verkehrsträgers oder eines spezifischen Verkehrsunternehmens ist für die Reisenden kaum direkt zu beobachten und damit schwer zu beurteilen. Eine Flugreise stellt somit, wenn es sich um Sicherheitsaspekte handelt, ein

---

[15]   Eine Auflistung der bestehenden CRS und die jeweiligen Eigentümer findet sich bei BUTTON, HAYNES und STOUGH (1998), S. 106.
[16]   Vgl. WEINHOLD (1995), S. 101ff.
[17]   Vgl. KNORR (1998b), S. 423.

Vertrauensgut[18] dar, da deren Qualität – wenn keine Zwischenfälle auftreten – für die Fluggäste selbst ex post nicht offensichtlich ist.[19] Nichtsdestotrotz stellt das Unfallrisiko einer Fluggesellschaft für die Nachfrager ein Qualitätsmerkmal und somit einen Aktionsparameter im Wettbewerb dar.[20]

Erstaunlich ist aber, dass Passagiere ganz unterschiedlich auf tödlich verlaufende Unfälle reagieren. Ungeachtet der Unfallursache – Eigenverschulden, Wartungsfehler oder externe Faktoren – und der Existenz einer Luftfahrtaufsichtsbehörde sind Newcomer nach einem schweren Unfall wesentlich häufiger von Buchungsrückgängen betroffen als etablierte Anbieter. Zudem werden erfahrungsgemäß auch andere neue Anbieter oder auch Anbieter derselben Kategorie (zum Beispiel Low-cost Carrier) ähnliche Nachfrageeinbrüche wie die vom Unfall betroffene Fluggesellschaft erfahren.[21]

Als wettbewerbspolitisch nicht unproblematisch anzusehen, ist die in jüngster Vergangenheit in einigen Staaten stattfindende selektive Re-Regulierung des Luftverkehrs aus flugsicherheitstechnischen Gründen. Kommen nach Ansicht einiger nationalen Luftaufsichtsbehörden die anderen Staaten ihren durch die Richtlinien der internationalen Zivilluftfahrtbehörde (ICAO) auferlegten Aufsichtspflichten nicht in angemessener Art und Weise nach, können die Fluggesellschaften der fraglichen Länder bei der Ausübung ihrer Verkehrsrechte eingeschränkt möglicherweise sogar vom Marktgeschehen ausgeschlossen werden. An dieser Vorgehensweise ist bedenklich, dass nachweislich kein Zusammenhang zwischen der Qualität einer Aufsichtsbehörde und dem Sicherheitsstandard der nationalen Airlines besteht, sondern dieser – neben der Eigenverantwortung der Airline selbst – wesentlich stärker von der Qualität der Flugsicherung und der Flughäfen sowie von topographischen und klimatischen Bedingungen vor Ort abhängt.[22]

Des Weiteren entstehen bei der Erstellung der Beförderungsdienstleistungen als Kuppelprodukte Schadstoff- und Lärmemissionen. Wie aus der normativen Theorie der Regulierung bekannt, funktionieren Märkte bei der Existenz externer Effekte nicht optimal oder sogar überhaupt nicht. Daher ergibt sich der wirtschaftspolitische Handlungsbedarf, die entstehenden Kosten des Verkehrs zu internalisieren. Die konkreten und im Einzelfall adäquaten Internalisierungsverfahren werden

---

[18] Zu Vertrauens- bzw. Glaubensgütern siehe FRITSCH, WEIN und EWERS (2001), S. 272ff.

[19] Der Vollständigkeit wegen sollte erwähnt werden, dass auch ein Informationsdefizit auf Seiten der Fluggesellschaften besteht, da diese die Zahlungsbereitschaft der Nachfrager für „Sicherheit" nicht kennen. Daher ist es ihnen auch nur möglich, den aus ihrer Sicht langfristig optimalen Sicherheitsstandard anzubieten. Darüber hinaus kann auf jedem Flug nur ein einheitliches Sicherheitsniveau angeboten werden, womit diesbezügliche Präferenzunterschiede zwischen den Nachfragergruppen nicht berücksichtigt werden können.

[20] Vgl. MOSES und SAVAGE (1990).

[21] Vgl. KNORR (1997).

[22] Vgl. KNORR (1998b), S. 455.

seit langem im Bereich der Umweltökonomik intensiv diskutiert.[23] Die Externalitäten des Luftverkehrs werden derzeit noch überwiegend durch Emissionsstandards sowie durch pauschale Verbote ausgewählter Triebwerkstypen internalisiert,[24] obgleich diese Verfahren durch offensichtliche Effizienzmängel gekennzeichnet sind.

Abbildung 2.1: Ebenen der Leistungserstellung im Luftverkehr

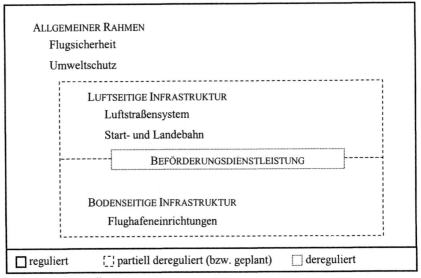

Quelle: eigene Darstellung.

Die vorangegangen Ausführungen zeigen, dass in dem komplexen System der Leistungserstellung im Luftverkehr mehrere rechtlich-institutionelle wie auch strategische Marktzutrittsbarrieren existieren bzw. bewusst geschaffen werden können. So wurde im inneramerikanischen und europäischen Luftverkehr bislang lediglich die Ebene der Beförderungsdienste dereguliert; dazu später mehr. Alle übrigen Teilbereiche des Leistungserstellungsprozesses sowie die Bereiche Flugsicherheit und Umweltschutz werden demgegenüber nach wie vor mehr oder minder stark (siehe Abbildung 2.1) durch einzelstaatliche Vorschriften und internationale Vorgaben reguliert. Die Auswirkungen dieser administrativen Marktzutritts-

---

[23] Eine ausführliche Diskussion der praktischen Möglichkeiten und Probleme der Internalisierung von externen Effekten im Bereich der Umweltpolitik findet sich bei FRITSCH, WEIN und EWERS (2001), S. 160ff.

[24] Vgl. KNORR und ARNDT (2002b) sowie SCHIPPER (2001).

schranken auf den Markterfolg des Luftverkehrs stehen nicht im Fokus dieser Arbeit. Sie stellt lediglich auf jene ökonomischen Effekte ab, welche die Liberalisierung des Dienstleistungsangebots ausgelöst hat.

Kapitel 3

Regulierung und Liberalisierung des Luftverkehrs

Seit seinen Anfängen ist der Luftverkehr einer der am stärksten regulierten Märkte der Welt gewesen. Wegen seines oft grenzüberschreitenden Charakters wurde der Luftverkehr sowohl durch internationale als auch durch nationale Vorschriften reglementiert.[25] Diese rechtlich-institutionellen Eingriffe haben das Angebot an Luftverkehrsdienstleistungen und infolgedessen auch die Entwicklung des Luftverkehrs bis in die heutige Zeit hinein in erheblichem Maße beeinflusst. Oft erfolgte neben einer Preisregulierung auch eine Kontrolle der Frequenzen, der Marktein- und -austritte sowie der angebotenen Kapazitäten. Durch den Erlass dreier Gesetze, namentlich des Air Cargo Deregulation Act 1977, des Airline Deregulation Act 1978 und des International Air Transportation Competition Act 1979, die eine nahezu vollständige Deregulierung des US-amerikanischen Luftverkehrsbinnenmarkts sowie eine erhebliche Liberalisierung des grenzüberschreitenden Luftverkehrs von und nach den USA bewirkten, hat sich die internationale Luftverkehrslandschaft jedoch fundamental verändert. Viele Nationen haben seitdem ihre nationalen Luftverkehrspolitiken marktkonformer gestaltet, und für den grenzüberschreitenden Luftverkehr wurden seither eine Vielzahl liberaler bilateraler Verträge abgeschlossen. Das veränderte verkehrspolitische Umfeld hat in einigen Verkehrsgebieten sogar zu einer vollständigen Deregulierung der Flugtarife, Frequenzen und Markteintritte sowie zu einer Ausweitung des Angebots an Non-Stop-Flügen geführt.

---

[25] Die Ausführungen in diesem Kapitel beziehen sich hauptsächlich auf die Märkte für Linienluftverkehrsdienstleistungen. Der Gelegenheitsverkehr, oft auch Charterverkehr genannt, ist im Gegensatz zum Linienverkehr in der Regel nicht öffentlich und nicht regelmäßig. Er ist zumeist auf die Befriedigung einer nur zeitweise bestehenden Nachfrage ausgerichtet. Der Nachfragerkreis verbringt üblicherweise im Rahmen einer Pauschalflugreise einen Urlaubsaufenthalt in einer festen Unterkunft. Dieser Gelegenheitsverkehr wurde sowohl auf internationaler als auch auf nationaler Ebene in der Vergangenheit weit weniger stark reguliert als der eindeutig abgegrenzte Linienverkehr. Flugtarife waren und sind im Charterverkehr beispielsweise nicht genehmigungspflichtig. Die liberale Behandlung des Gelegenheitsverkehrs ergab sich aus dessen geringer wirtschaftlicher Relevanz in den Anfangsjahren des zivilen Flugverkehrs. Erst durch das restriktive Genehmigungssystem im Bereich des Linienflugverkehrs und durch die in den 50iger Jahren neu aufkommende Nachfrage nach günstigen Urlaubsreisen ins Ausland konnte der Charterverkehr seine außerordentliche und weltweit einmalige Entwicklung vollziehen. In Europa wurde mit Inkrafttreten des 3. Liberalisierungspakets der Linien- und Charterverkehr gleichgestellt. Damit entfiel die einstige Sonderbehandlung des Marktsegments Gelegenheitsverkehr. Vgl. zu den Besonderheiten des Gelegenheitsverkehrs und zu dessen allgemeiner Bedeutung für den Luftverkehrsmarkt u.a. BUTTON, HAYNES und STOUGH (1998), S. 61f; DOGANIS (2002), S. 12ff., S. 39f. und S. 134ff., sowie GRUNDMANN (1999), S. 118ff.

Dieses Kapitel wird einen für das Verständnis des Geschehens unerlässlichen Überblick über die historische Entwicklung der luftverkehrspolitischen Rahmenbedingungen im europäischen Luftverkehr sowie über die ihnen zugrundeliegenden ökonomischen Motive liefern. In der nachfolgenden Übersicht sind die für den europäischen Linienluftverkehr wesentlichen verkehrspolitischen Eckpunkte nach dem Zweiten Weltkrieg aufgeführt. Sie werden in den nächsten Abschnitten näher beschrieben.

Abbildung 3.1: Entwicklung des verkehrspolitischen Umfelds

1944	Abkommen über die Internationale Zivilluftfahrt (Chicagoer Konvention)
1946	Bermuda I-Abkommen (Großbritannien und USA)
1954	Europäische Konferenz über die zivile Luftfahrt
1979	Erstes Memorandum der Europäischen Kommission
1983	Richtlinie zum Interregionalverkehr
1984	Zweites Memorandum der Europäischen Kommission
1987	1. Liberalisierungspaket des Europäischen Rats
1990	2. Liberalisierungspaket des Europäischen Rats
1992	3. Liberalisierungspaket des Europäischen Rats
1997	Uneingeschränkte Kabotage

Quelle: eigene Darstellung.

3.1 Regulierung des Luftverkehrs

Durch den gewählten rechtlich-institutionellen Rahmen soll die Wettbewerbssituation und damit letztlich das Marktergebnis im Luftverkehr entsprechend der gesetzten politischen Vorgaben – auf die im Abschnitt 3.2 noch eingegangen wird – direkt oder indirekt beeinflusst werden. Die staatliche Einflussnahme zeigt sich sowohl in den auf nationaler Ebene erlassenen wettbewerbspolitischen Ausnahmeregelungen im Bereich des Luftverkehrs als auch in den international vertraglich festgelegten Abmachungen. Um das interventionistische Umfeld, in dem sich der Luftverkehr teilweise bis heute befindet, detaillierter zu beschreiben, werden zunächst die luftverkehrspolitischen und rechtlichen Rahmenbedingungen einiger ausgewählter Nationen vorgestellt. Im internationalen Bereich wollten viele Staaten darüber hinaus ihre nationalen Monopolanbieter (‚Flag carrier') vor ausländischer Konkurrenz schützen. Daher ist es in einem weiteren Punkt erforderlich, auch die wichtigsten auf internationaler Ebene abgeschlossenen Verträge zur Regulierung des Luftverkehrs und im Anschluss daran, deren Auswirkungen für die Luftfahrt ausführlicher darzustellen. Aufgrund der Vielzahl einschlägiger Abkom-

men und Regelungen kann diese Darstellung allerdings nur fragmentarisch bleiben und erhebt keinen Anspruch auf Vollständigkeit.[26]

3.1.1 Inländischer Luftverkehr

In den USA wurde der inländische Linienflugverkehr in der Zeit nach dem Inkrafttreten des Civil Aeronautics Act von 1938 bis zum Erlass des Airline Deregulation Act von 1978 staatlich reglementiert.[27] In dieser Phase regulierte die amerikanische Bundesregierung in erheblichem Maße den Luftverkehr zwischen den
einzelnen Bundesstaaten. Innerhalb derselben galten diese Regelungen aber nicht,
da hier die Gesetzgebungskompetenz bei den zuständigen Länderbehörden lag. In
Kalifornien und Texas beispielsweise gab es Verkehrsmärkte mit de facto freiem
Marktzugang und Preiswettbewerb.[28]

Mit dem Civil Aeronautics Act 1938 hob der amerikanische Kongress den freien
Wettbewerb im Luftverkehr zwischen den einzelnen Bundesstaaten auf und ersetz-
te ihn durch das Prinzip der regulierten Konkurrenz. Es galt nunmehr die vollständige und direkte ökonomische Regulierung, und Wettbewerb war nur noch
nach Maßgabe öffentlicher Interessen gestattet. Sämtliche Funktionen zur Regelung des Luftverkehrs wurden auf die CIVIL AERONAUTICS AGENCY (CAA) übertragen, die 1938 gegründet und im Jahre 1940 zum CIVIL AERONAUTICS BOARD
(CAB) reorganisiert wurde. Sie war neben der Vergabe von Streckenzertifikaten,
durch die sie Markteintritte neugegründeter Unternehmen als auch die Eröffnung
neuer Flugrouten durch bereits etablierte Gesellschaften kontrollierte, auch für die
Tariffestlegung im inneramerikanischen Luftverkehr zuständig. Um marktbeherrschende Stellungen von Unternehmen und ruinöse Konkurrenz zu verhindern, be-
saß die CAA zudem kartellrechtliche Befugnisse. Firmenzusammenschlüsse und
Streckenkooperationen mussten beispielsweise von ihr genehmigt werden. Darüber hinaus hatte man der Behörde die Möglichkeit eingeräumt, Fluggesellschaften
durch Subventionszahlungen zu unterstützen, die extrem aufkommensschwache
und daher unrentable Verbindungen bedienten.[29]

In Australien herrschte ab den fünfziger Jahren des letzten Jahrhunderts ein sehr
restriktives und weltweit einzigartiges System zur Regulierung des inländischen
Luftverkehrs – die so genannte Two Airline Policy.[30] Unter diesem System, wel-

---

[26] Für weitere Details siehe u.a. BUTTON, HAYNES und STOUGH (1998); DOGANIS (2002); MEYER (1996); STASINOPOULOS (1992; 1993); STEVENS (1997).

[27] Zu der Luftverkehrspolitik der USA im Zeitraum von 1914, dem Beginn der gewerblichen Zivilluftfahrt, und 1938 siehe KNORR (1998b), S. 426ff.

[28] Vgl. KNORR und ARNDT (2002a), S. 19.

[29] Für weitere Details siehe GRUNDMANN (1999), S. 27ff.; PICKRELL (1991), S. 5ff., und SINHA (2001), S. 85ff.

[30] Ausführlicher dazu siehe FORSYTH (1991), S. 48ff., und SINHA (2001), S. 34ff.

ches im Oktober 1990 aufgehoben wurde, waren zwei große inländische Flugge-sellschaften – das staatliche Luftverkehrsunternehmen TRANS AUSTRALIA AIRLI-NES (später AUSTRALIAN AIRLINES) und das Privatunternehmen ANSETT – neben einer Reihe kleinerer nur regional operierender Fluglinien zugelassen. Darüber hi-naus war die Bedienung der internationalen Flugstrecken in Form eines Angebots-monopols der Fluglinie QUANTAS vorbehalten.

Die damalige Regierung Australiens war der Meinung, dass der Wettbewerb zwi-schen den beiden Unternehmen auf den inländischen Routen ein „besseres" Marktergebnis für die Konsumenten generieren würde als eine Monopollösung.[31] Allerdings griff der Staat durch die Regelungen der Two Airline Policy in erhebli-chem Maße lenkend in das Marktgeschehen ein. Die australische Regierung kon-trollierte beispielsweise den Import von Flugzeugen, was im Endeffekt dazu führ-te, dass neue Unternehmen keine Möglichkeit zum freien Marktzutritt hatten und die etablierten Gesellschaften ihre Kapazitäten nicht nach Belieben ausbauen konnten. Darüber hinaus teilte der Staat die Flugstrecken den einzelnen Flugge-sellschaften zu, wobei die wichtigen Verbindungen zwischen den Metropolen und den Touristengebieten für TRANS AUSTRALIA AIRLINES und ANSETT reserviert wa-ren. Die Höhe der Flugtarife wurde direkt von den zuständigen Behörden festge-setzt.

In Kanada begann die ökonomische Regulierung des Luftverkehrs Ende der drei-ßiger Jahre mit der Verabschiedung des Transport Act von 1938.[32] Die zuständi-gen Institutionen kontrollierten durch Lizenzvergaben sowohl den Marktzutritt allgemein als auch den Zugang zu bestimmten Flugrouten innerhalb Kanadas. Ne-ben der vollständigen Regulierung der Preise, die einheitliche Tarife für alle Flug-gesellschaften vorsah, um einen ruinösen Preiswettbewerb zu verhindern,[33] wur-den auch die Serviceleistungen – genauer die Flugfrequenzen, die anzubietenden Sitzplatzkapazitäten und etwaige Zwischenstopps – den Unternehmen behördlich vorgeschrieben. Als die heimische Staatslinie AIR CANADA (vormals TRANS-CANADA AIR LINES) 1937 ihren Betrieb aufnahm, erhielt sie zunächst für sämtli-che Flugverbindungen Monopolrechte. Dies änderte sich 1948 für die internatio-nalen, 1959 für die transkontinentalen inneramerikanischen und 1967 für die grenzüberschreitenden nordamerikanischen Flugrouten mit der schrittweisen Öff-

---

[31] Vgl. FORSYTH (1991), S. 52f. Man hoffte, dass die beiden Fluggesellschaften über differie-rende Flugfrequenzen, unterschiedliche Abflugzeiten, verschiedene Flugverbindungen oder schlicht über andere Werbemaßnahmen miteinander konkurrierenden würden, um so den Nutzen für die Konsumenten zu erhöhen.

[32] Eine ausführlichere Darstellung dazu findet sich bei OUM, STANBURY und TRETHWAY (1991), S. 124ff., und SINHA (2001), S. 55ff.

[33] Vgl. OUM, STANBURY und TRETHWAY (1991), S. 130.

nung dieser Märkte für eine zweite (private) Fluggesellschaft – CANADIAN PACIFIC AIRWAYS.[34]

Umfassende Regulierungen des Markt- und Streckenzugangs sowie Kontrollen der Flugpreise und des Serviceangebots durch die nationalen Behörden waren schließlich auch in vielen Ländern Europas die Regel. Die restriktiven bilateralen Verträge, welche nach der Chicagoer Konferenz abgeschlossen wurden – dazu später mehr –, führten außerdem dazu, dass die europäischen Staaten jeweils nur einer nationalen Airline die Verkehrsrechte gewährten;[35] der innereuropäische grenzüberschreitende Linienverkehr wurde somit von Duopolen dominiert. Diese staatlich bevorzugten Fluggesellschaften – zumeist die heimischen Staatslinien – erhielten dann in der Regel auch Monopolrechte für den gesamten inländischen Flugverkehr.[36] Dies galt allerdings nicht für Westdeutschland vor der Wiedererlangung der Lufthoheit nach dem Zweiten Weltkrieg am 5. Mai 1955. Hierzulande wurde die bestehende Nachfrage nach Inlands- und Auslandsflügen vollständig durch ausländische Fluggesellschaften, vor allem von SAS und KLM, bedient.[37] Der staatliche Protektionismus im europäischen Luftverkehr wurde erst in den achtziger Jahren gelockert, als Großbritannien eine Vorreiterrolle übernahm und nach und nach begann, seinen heimischen Luftverkehrsmarkt durch die Vergabe von Lizenzen für neue Marktteilnehmer partiell zu öffnen.

3.1.2 Internationaler Luftverkehr

Schon vor dem Zweiten Weltkrieg existierte sowohl zwischen Regierungen als auch zwischen einzelnen Luftfahrtunternehmen eine Reihe von bilateralen Abkommen, auf denen die Abwicklung des internationalen Luftverkehrs beruhte. Diese wurden in den zwanziger und dreißiger Jahren durch drei multilaterale Luftfahrtabkommen ergänzt, mit denen einige Gruppen von Staaten das Ziel verfolgten, die internationale Zivilluftfahrt möglichst einheitlich zu regeln. Das erste dieser drei Abkommen war die Pariser Konvention[38] von 1919, welche sich im Wesentlichen auf Europa beschränkte und den späteren Vertragswerken, namentlich der Ibero-amerikanischen Konvention von 1926 und der Panamerikanischen Konvention von 1928, als Vorlage diente.[39]

---

[34] Vgl. OUM, STANBURY und TRETHWAY (1991), S. 127.

[35] Vgl. MEIER (1994), S. 231.

[36] Vgl. BUTTON und SWANN (1991), S. 93.

[37] Vgl. BRAUNBURG (1978), S. 182 und 232ff.

[38] Das Abkommen von Paris wurde unter dem Namen CINA (Convention Intérnationale Portant de la Navigation Aérienne) bekannt.

[39] Vgl. THIEL (1975), S. 89.

Die Reglementierungen des Luftverkehrs bezogen sich im Wesentlichen auf die ökonomischen Entscheidungen in den drei Schlüsselbereichen Markteintritt, Kapazitätsaufteilung und Preisbildung. Ihre Auswirkungen auf den internationalen Luftverkehr sollen kurz anhand der Grundsätze der Pariser Konvention beschrieben werden. Die Vertragspartner bekannten sich in diesem Abkommen zum Grundsatz der einzelstaatlichen Souveränität über den Luftraum. Damit wurde jedem Staat die vollständige und ausschließliche Lufthoheit über seinem Territorium zugesichert. Zusätzlich erlangten die Unterzeichnerstaaten das Recht, die Hoheitsgebiete der anderen Vertragspartner ohne Einschränkungen überfliegen zu dürfen. Den Nationen, die sich nicht an der Pariser Konvention beteiligten, wurde dieses so genannte Transitrecht dagegen nicht zugestanden. Daher mussten sich diese Staaten, wenn sie das Territorium eines anderen Landes überfliegen wollten, dem Souveränitätsprinzip unterordnen, was beispielsweise bedeutete, dass ihnen eine feste Flugroute vorgegeben oder die Überflugerlaubnis für bestimmte Gebiete verweigert wurde. Diese einschneidenden Regelungen prägten das Erscheinungsbild des internationalen Luftverkehrs in Europa und der restlichen Welt bis in den Zweiten Weltkrieg hinein.

Durch die Ereignisse des Zweiten Weltkriegs kam die zivile Luftfahrt in Europa nahezu zum Erliegen. In der Erwartung einer neuen Friedensordnung trafen auf Einladung der US-Regierung 1944 alle führenden Luftfahrtnationen mit Ausnahme von Deutschland, Italien und der Sowjetunion auf der Konferenz von Chicago zusammen,[40] um eine grundlegende Neuordnung des grenzüberschreitenden Luftverkehrs vorzubereiten. Auf dieser Konferenz sollten multilateral verbindliche Verkehrsrechte festgelegt, eine überstaatliche Luftfahrtorganisation geschaffen und die internationalen Luftverkehrsregeln reformiert werden.[41]

Die Vereinigten Staaten mit ihrer großen Flotte an Militärflugzeugen sprachen sich auf dieser Konferenz für eine durch freien Wettbewerb geprägte internationale Luftverkehrslandschaft aus. Andere Industrieländer, deren Volkswirtschaften in Folge des Krieges nahezu zerstört waren, befürchteten hingegen, dass ihre eigene Luftverkehrsindustrie aus dem Markt gedrängt würde, wenn diese sofort mit der US-amerikanischen konkurrieren müsse. Nationen ohne eigenen Luftverkehrssektor sahen zu diesem Zeitpunkt die Gefahr, durch die angestrebte ‚Open Sky'-Politik der Amerikaner permanent vom Marktgeschehen ausgeschlossen zu bleiben.[42] Aufgrund der unterschiedlichen Vorstellungen der Teilnehmerstaaten über die

---

[40]   Eine Liste der Teilnehmerstaaten befindet sich u.a. bei GIDWITZ (1980), S. 47.

[41]   Vgl. GIESE (1993), S. 78.

[42]   Vgl. GOOD, RÖLLER und SICKLES (1993), S. 1028. Eine ausführliche Darstellung der konträren Ausgangspunkte – insbesondere die divergierenden Positionen Großbritanniens und der Vereinigten Staaten über den Grad der Liberalisierung des internationalen Luftverkehrs – findet sich bei GIESE (1993), S. 78f., und MEYER (1996), S. 62ff.

Ausgestaltung der internationalen Luftverkehrspolitik gelang es auf der Chicagoer Konferenz daher nicht, sich auf eine bindende multilaterale Regelung zu einigen. Als Kompromisslösung wurde das Abkommen über die Internationale Zivilluftfahrt, welches 1947 in Kraft trat, nebst zweier Zusatzabkommen – der Transit- und der Transportvereinbarung – verabschiedet. Als weiteres elementares Ergebnis der Konferenz wird die Gründung der INTERNATIONAL CIVIL AVIATION ORGANIZATION (ICAO) angesehen. Die ICAO mit Sitz in Montreal erhielt später den Status einer Sonderorganisation der Vereinten Nationen und gilt bis heute „*als öffentlich-rechtliche [...] Vertretung aller am zivilen internationalen Luftverkehr beteiligten und als UNO-Mitglied zugelassenen Staaten*".[43] Zu ihren Aufgaben gehören unter anderem die:

- Gewährleistung eines sicheren und geordneten Wachstums der internationalen Zivilluftfahrt weltweit;
- Förderung des Baus und Betriebs von Luftfahrzeugen zu friedlichen Zwecken sowie die Unterstützung der Entwicklung von Luftstraßen, Flughäfen und Luftfahrteinrichtungen;
- Förderung der Flugsicherheit in der internationalen Zivilluftfahrt;
- Sicherung der Rechte der Vertagstaaten und ihrer Möglichkeit, internationale Luftfahrtunternehmen zu betreiben;
- Verhinderung der wirtschaftlichen Verschwendung, die durch übermäßigen Wettbewerb verursacht wird.

Schließlich soll die ICAO den Bedürfnissen der Völker nach einem sicheren, regelmäßigen, leistungsfähigen und wirtschaftlichen Luftverkehr entsprechen.[44]

Das Abkommen von Chicago über die Internationale Zivilluftfahrt bestätigte das Souveränitätsprinzip der Staaten über ihren Luftraum und regelt bis heute die Rechte und Pflichten der Staaten im internationalen Luftverkehr.
In der Transit- und Transportvereinbarung wurde ausgehend von der Lufthoheitstheorie[45] die Freiheit des Luftverkehrs in zunächst fünf einzelne Teilrechte („die fünf Freiheiten der Luft") unterteilt.[46] Das Transitabkommen enthält dabei die ers-

---

[43] POMPL (1998), S. 14.

[44] Vgl. ICAO (1994).

[45] Zur Freiheit der Lüfte existieren insgesamt drei konkurrierende Theorien. Die genannte Luft-hoheitstheorie zählt den Raum über dem Land- und Wassergebiet eines Landes zu dessen Staatsterritorium. Der Luftfreiheitstheorie zufolge, ist in Anlehnung an die Freiheit der Meere der Luftraum grundsätzlich frei. Nach der Luftzonentheorie endet schließlich die Souveränität eines Staates ab einer bestimmten Flughöhe.

[46] In der Praxis der letzten Jahrzehnte entwickelten sich zusätzlich drei „neue Freiheiten der Rechtslehre", die Kombinationen der Grundfreiheiten darstellen. Zu den Einzelheiten siehe den Anhang S. 165.

ten beiden Luftverkehrsfreiheiten, die so genannten „technischen Freiheiten". Sie sind wie folgt definiert:

1. Freiheit der Luft: Das Recht, das Hoheitsgebiet des Vertragstaates zu überfliegen.

2. Freiheit der Luft: Das Recht, im Hoheitsgebiet eines anderen Staates Landungen zu nichtgewerblichen Zwecken (Auftanken, außerplanmäßige Reparaturen, Notlandungen) durchzuführen.

Aufgrund ihrer geringen wirtschaftlichen Bedeutung sind diese Freiheiten international unumstritten.

Um den internationalen Flugverkehr ohne eine Vielzahl von bilateralen Abkommen regeln zu können, sieht das Transportabkommen eine freizügige Gewährung voller Verkehrsrechte für die Unterzeichnerstaaten vor. In dieser Vereinbarung sind die so genannten „kommerziellen Freiheiten", zunächst drei an der Zahl, festgelegt.

3. Freiheit der Luft: Das Recht, Passagiere, Fracht und Post vom Ursprungsland des Flugzeugs in ein anderes Land zu befördern.

4. Freiheit der Luft: Das Recht, Passagiere, Fracht und Post aus einem anderen Land in den Heimatstaat des Luftfahrzeugs zu transportieren.

5. Freiheit der Luft: Das Recht, Passagiere, Fracht und Post in einem Vertragsland aufzunehmen und in einem anderen Vertragsstaat abzusetzen, wobei der Flug im Ursprungsland des Flugzeugs beginnen oder enden muss.

Da sich auf der Chicagoer Konferenz nur eine begrenzte Anzahl von Staaten[47] zu einer entsprechend liberalen Politik im Luftverkehrsbereich, sprich zur Gewährung aller fünf Luftverkehrsfreiheiten für die anderen Vertragspartner, bereit erklärte, und überdies die Vereinigten Staaten im Jahre 1946 von der Transportvereinbarung zurücktraten, wurde dieses Abkommen für den internationalen Luftverkehr nahezu bedeutungslos.

Als Folge dieses Scheiterns der internationalen Liberalisierungsbestrebungen blieb auch der gesamte Inlandsluftverkehr wegen des so genannten Kabotageverbots fortan ausschließlich inländischen Airlines vorbehalten. Damit ausländische Fluggesellschaften dieses Verbot nicht durch Kapitalbeteiligungen an Inlands-

---

[47] Das Transportabkommen wurde lediglich von 13 Staaten unterzeichnet: Äthiopien, Bolivien, Chile, Costa Rica, El Salvador, Griechenland, Honduras, Liberia, den Niederlanden, Paraguay, Schweden, den Vereinigten Staaten von Amerika und (mit Einschränkungen) der Türkei.

Carriern umgehen konnten, entschied man sich, Verkehrsrechte künftig nur denjenigen Luftverkehrsunternehmen zu gewähren, welche das Eigentumskriterium („Ownership rule') „substantially owned and controlled by the country designating them, or by its nationals"[48] erfüllten.

Da es in der Nachkriegszeit keine multinationale Regelung für den grenzüberschreitenden Luftverkehr gab, wurden weltweit bilaterale Luftverkehrsabkommen abgeschlossen, in denen sich die beteiligten Staaten über die Gestaltung des zwischenstaatlichen Luftverkehrs einigten. Diese Vereinbarungen beruhen auf den Grundsätzen der Gegenseitigkeit und der wirtschaftlichen Ausgewogenheit und regelten im Wesentlichen die Kapazitätsaufteilung sowie die Tarifgestaltung. Als prominentes Beispiel gilt hier das „Bermuda I"-Abkommen, welches 1946 von Großbritannien und den Vereinigten Staaten, den beiden Hauptopponenten der Chicagoer Konferenz, vereinbart wurde. Dieses Abkommen beinhaltet – zum Teil bis heute – im Wesentlichen folgende Regelungen:

- Die Flugstrecken zwischen den Ländern werden in einem Fluglinienplan festgelegt. Die Regierungen benennen die Fluggesellschaften, denen sie die bilateral vereinbarten Verkehrsrechte übertragen (Designierung).
- Auf direkten Linienverbindungen gibt es keine Kapazitäts- und Frequenzfestlegung. Das Beförderungsangebot muss sich allerdings an der tatsächlichen Nachfrage orientieren. Eine ex-post Anpassung der Kapazitäten darf nur unter der Voraussetzung erfolgen, dass ein Vertragspartner die Überprüfung der Verhältnismäßigkeit der angebotenen Kapazitäten zum Verkehrsaufkommen beantragt hat.
- Die Flugtarife wurden im Rahmen der IATA[49]-Konferenzen festgelegt und den beteiligten Regierungen lediglich zur Genehmigung vorgelegt. Zur

---

[48] BUTTON (2001), S. 258.

[49] IATA steht für die INTERNATIONAL AIR TRANSPORT ASSOCIATON mit Sitz in Montreal. Vorläufer der IATA war die 1919 von europäischen Fluggesellschaften gegründete INTERNATIONAL AIR TRAFFIC ASSOCIATION. Obwohl sich dieser Vereinigung im Laufe der Zeit auch außereuropäische Airlines anschlossen, behielt sie ihren regionalen Charakter (vgl. WOLF (1967), S. 95). Nachdem die Arbeit der Organisation durch die kriegerischen Auseinandersetzung unterbrochen worden war, wurde 1945 die IATA in Havanna als weltweite Interessenvertretung internationaler Linienluftverkehrsgesellschaften – mit Ausnahme der US-Carrier allesamt staatseigene Unternehmen – neu gegründet. Sie war lange Zeit für die Tarifkoordinierung im weltweiten Fluglinienverkehr verantwortlich (zur Bildung der Fluglinienverkehrstarife der IATA vgl. MEYER (1996), S. 82ff.). Durch den Druck der USA, die den US-Fluglinien unter Androhung kartellrechtlicher Schritte die Teilnahme an den IATA-Konferenzen untersagte, und das Unterlaufen der IATA Aktivitäten durch nichtbeteiligte Fluggesellschaften aus dem Fernen Osten, kam es Anfang der siebziger Jahre zu einem Bedeutungsverlust der IATA im Bereich der Tariffestsetzung, insbesondere bei den Verkehren in der Nordatlantikregion. Dies führte zu einer Reorganisation und zu einer Neuformulierung ihrer Aufgaben-

Vermeidung von Preiskriegen müssen die Preise für beide Flugrichtungen gleich hoch sein.[50]

Diese auch als „Bermuda-Prinzipien" bezeichneten Regelungen bildeten die Grundlage für die Mehrzahl der nachfolgenden bilateralen Luftverkehrsverträge. In vielen Fällen ließ sich die liberale Handhabung der Kapazitätsbestimmungen aber nicht durchsetzen, da vor allem die „schwächeren" Vertragspartner, die ihre eigenen Transportkapazitäten erst aufbauen mussten, die internationale Wettbewerbsfähigkeit ihrer Fluggesellschaften dadurch beeinträchtigt sahen. Sie optierten aus diesem Grund für Prädeterminationsverträge zur Kapazitätsfestlegung, d.h. das Transportvolumen zwischen den beiden Staaten musste je zur Hälfte auf die jeweiligen nationalen ‚Flag carrier' aufgeteilt werden. So wollte man den Aufbau unrentabler Überkapazitäten und das Entstehen von Wettbewerbsverzerrungen zwischen den designierten Gesellschaften vermeiden, die durch differierende Stückkosten infolge der Bedienung von unterschiedlich großen Heimatmärkten entstünden.

Dieses verkehrs- und wettbewerbspolitische Umfeld wirkte sich auch auf das europäische System der bilateralen Verträge aus. Der Luftverkehrsmarkt in Europa war zunächst relativ intensiv reguliert. Dies änderte sich, was noch zu zeigen sein wird, schrittweise im Laufe der Zeit. Die jeweiligen Verträge zwischen den einzelnen europäischen Mitgliedsstaaten waren zwar nicht einheitlich. Dennoch existierten einige typische Merkmale:[51]

- Der Marktzutritt war stark eingeschränkt. Oft wurde festgelegt, dass jedes Land nur einem Luftfahrtunternehmen die Nutzung der in den bila-

---

bereiche. Seitdem hat die IATA eher die Funktion eines Dienstleistungsverbandes angenommen (vgl. dazu POMPL (1998), S. 19). Allerdings ist sie bis heute auf vielen anderen Verkehrsgebieten der Welt das „Kartellhauptquartier" in Fragen der Tarifvereinbarungen geblieben. Inzwischen umfasst die IATA-Mitgliedschaft nur noch die freiwillige Beteiligung an den Tarifkonferenzen, neben einer obligatorischen Zugehörigkeit in der Handelsorganisation. Im Jahre 2002 waren insgesamt 278 Fluggesellschaften Mitglieder der IATA, davon 250 als aktive Mitglieder (von denen sich 125 an den Tarifkonferenzen beteiligen) und 28 als assoziierte Mitglieder (vgl. IATA (2002), S. 2f.).

[50] Tarifregulierungen wurden vorgenommen, um Wettbewerbsungleichgewichte zwischen den Anbietern zu vermeiden, die sich durch Preisunterschiede für inländische Produktionsfaktoren, oder durch unterschiedlich hohe Subventionszahlungen oder staatlicher Verpflichtungen eingestellt hätten.

[51] Vgl. BUTTON (2001), S. 258. Diese Merkmale beziehen sich wie bereits an andere Stelle erwähnt nicht auf den Charterverkehr. In diesem eindeutig vom Linienverkehr abgegrenzten Marktsegment galten weitaus liberalere Regeln. So waren beispielsweise Flugtarife im Charterverkehr nicht genehmigungspflichtig. Diese liberale Behandlung verdankte der Gelegenheitsverkehr seiner in den ersten Jahren der Zivilluftfahrt zunächst geringen wirtschaftlichen Relevanz.

teralen Vereinbarungen erworbenen Rechte gewähren durfte (‚Single designation'). Noch 1987 galt nur für 48 der insgesamt 988 Strecken des EU-Luftverkehrsnetzes das Prinzip der multiplen Designierung; nur dort dürfte also mehr als eine Fluggesellschaft jedes Landes aktiv sein.

- Die Gewährung der 5. Freiheit der Luft blieb eine absolute Ausnahme. Von den 988 Routen erlaubten lediglich 88 die 5. Freiheit. Die angebotenen Transportkapazitäten jeder Vertragsseite waren begrenzt. Üblicherweise durfte auf jede Nation nicht mehr als 50% des Verkehrsaufkommens entfallen.

- Die Aufteilung des Markts wurde oft durch die Bildung so genannter „Pools" begleitet, in die die Airlines je nach angebotener Kapazität ihre erzielten Erlöse einbrachten. Selbst wenn eine Seite mehr als 50% der Erlöse erwirtschaftete, wurden diese nichtsdestotrotz zu gleichen Teilen ausgeschüttet.

- Die zuständigen Behörden der beiden Vertragspartner mussten die Tarife für sämtliche Flugstrecken genehmigen, so dass es keinen Preiswettbewerb gab.

- Designierte Fluggesellschaften jedes Lands mussten die für eine Designierung erforderlichen ‚Ownership rules' erfüllen.

- Zahlreiche Luftverkehrsunternehmen, viele von ihnen in Staatsbesitz oder über Mehrheitsbeteiligungen von den nationalen Regierungen kontrolliert, erhielten wettbewerbsverzerrende Beihilfen.

Auch wenn dieser Überblick in Umfang und Detail unvollständig und der geographisch betrachtete Raum stark begrenzt ist, wird deutlich, dass die national und international getroffenen Vereinbarungen und Regeln dem freien Wettbewerb im Bereich der zivilen Luftfahrt entgegenstanden. Auf die politischen und ökonomischen Motive der Regulierung des Luftverkehrs geht der nachfolgende Abschnitt ausführlich ein.

3.2 Motive der Regulierung des Luftverkehrs

Die Argumente für wettbewerbsbeschränkende Maßnahmen im Luftverkehr haben sich im Laufe der Zeit kaum verändert.[52] Traditionell werden die Markteingriffe mit zumindest einer der folgenden ökonomischen Theorien begründet.

Infant-Industry
Wie bereits in Abschnitt 3.1.2 erwähnt, sahen viele Nationen die Gefahr, dass die USA aufgrund ihrer politischen Vormachtstellung in der westlichen Welt und ih-

---

[52]   Vgl. DOGANIS (1993), S. 56ff.

rer luftverkehrstechnischen Vorteile, die sie im Verlauf des Zweiten Weltkriegs gewinnen konnten, über Jahre hinweg eine dominierende Position auf den zivilen Luftverkehrsmärkten einnehmen könnten.[53] Dies führte in vielen Ländern zu einer Abschottung der heimischen Märkte. Mit der Abkehr vom freien Wettbewerb sollte zum einen die heimischen Flugzeughersteller und zum anderen die inländischen Fluggesellschaften vor zu starker Konkurrenz geschützt werden.

Um den heimischen Flugzeugherstellern eine Chance zum Aufbau zu geben, übernahmen beispielsweise die jeweiligen Regierungen die Defizite aus dem Betrieb eigenentwickelter Fluggeräte oder sie wiesen ihre Staatslinien an, Flugzeuge der heimischen Industrie abzunehmen.[54] Man hoffte, dass die heimische Industrie nach solch einer Aufbauphase wettbewerbsfähig sei, und sich unter Umständen sogar gegen die amerikanische Industrie durchsetzen könne. Für ihre Fluggesellschaften sahen viele Schwellen- und Entwicklungsländer sowie kleinere Industrienationen die Gefahr, dass diese ohne die systemimmanente Garantie eines Mindestmarktanteils nicht in der Lage sein werden, eine für das wirtschaftliche Überleben erforderliche minimale Betriebsgröße zu erreichen, um langfristig an der Entwicklung der Verkehrsmärkte partizipieren zu können.[55]

Die Gültigkeit des Infant-Industry-Arguments lässt sich aus mehreren Gründen hinterfragen. Der Schutz inländischer Flugzeugbauer ist aus ökonomischer Sicht problematisch, da ceteris paribus nur Industrien mit dynamisch steigenden Skalenerträgen[56] temporär geschützt werden sollten. Die Identifikation solcher Wirtschaftszweige ist in der Realität ex ante aber oft nicht möglich. Aus dieser Ungewissheit abzuleiten, dass alle in Betracht kommenden Branchen unterstützt werden sollten, kann – so die Theorie der komparativen Kostenvorteile – nicht sinnvoll sein, da kein Land in sämtlichen Wirtschaftssektoren wettbewerbsfähig sein kann.[57] Auch wenn im Bereich des Flugzeugbaus mit Skaleneffekten zu rechnen gewesen ist, sollte der Schutz zeitlich solange befristet sein, bis die komparativen Kostenvorteile zum Tragen kommen. In vielen Ländern zählt die Flugzeugpro-

---

[53]   Vgl. TEUSCHER (1994), S. 39.

[54]   Derart vorgegangen wurde beispielsweise im europäischen Airbus-Projekt, das die beteiligten Staaten 1967 offiziell ins Leben riefen, oder im englisch-französischen Kooperationsvorhaben „Concorde" von 1962. Eine ausführliche Darstellung dieser beiden luftverkehrstechnischen Großprojekte und der jeweils verfolgten Strategien der staatlichen Technologieförderung findet sich bei BERG und MAMMEN (1981).

[55]   Vgl. KNORR (1998a), S. 383.

[56]   Bei dynamischen Skalenerträgen hängen die Durchschnittskosten im Gegensatz zu denen bei statischen Skalenerträgen nicht nur von der zur Zeit produzierten Stückzahl ab, sondern von der kumulierten Produktionsmenge. Es können daher in einem Fertigungsprozess (statisch) sinkende Skalenerträge bezüglich der momentan hergestellten Menge vorliegen, zugleich treten jedoch (dynamisch) steigende Skalenerträge aus der kumulierten Produktionsmenge über den Zeitablauf auf.

[57]   Vgl. MAENNIG und WILFING (1998), S. 188.

duktion heutzutage zu den ausgereiften Wirtschafszweigen, ungeachtet dessen, schützen einige Regierungen ihre heimischen Hersteller weiterhin oder gewähren ihnen staatliche Beihilfen.

Schließlich unterstellt der Infant-Industry-Ansatz, dass die in der Aufbauphase anfallenden Wohlfahrtsverluste des Markteingriffs durch die zukünftig anfallenden Wohlfahrtsgewinne überkompensiert werden. Ein Staatseingriff ist somit nur dann gerechtfertigt, falls sich trotz dieser Gewinnmöglichkeiten keine privaten Kapitalgeber finden, die eine Finanzierung der anfänglichen Verluste des Aufbaus des neuen Wirtschaftszweigs übernehmen würden. Dies wird jedoch nur der Fall sein, wenn die privaten Entscheidungsträger einen Informationsnachteil bezüglich der zu erwartenden Gewinne haben oder wenn die private Diskontrate über der sozialen liegt, oder wenn aus Sicht der Privaten das Investitionsrisiko zu hoch ist. Dann läge aber jeweils ein Versagen des Kapitalmarkts vor, welches die Wirtschaftspolitik an seiner eigentlichen Wurzel korrigieren sollte.[58]

Als Begründung für den Schutz neuer oder kleiner Fluggesellschaften erweist sich das Infant-Industry-Argument vor dem Hintergrund der gegenteiligen Erfahrungen auf dem deregulierten US-Luftverkehrsbinnenmarkt und dem liberalisierten europäischen Markt als nicht stichhaltig. Auf diesen Märkten gelang es einer Reihe von Newcomern, sich fest am Markt zu etablieren. Als Beispiele für erfolgreiche Neuanbieter können für den US-amerikanischen Markt die Neugründung AMERICA WEST sowie vor allem die frühere innertexanische Fluggesellschaft SOUTHWEST AIRLINES[59] und für Europa der irische Anbieter RYANAIR sowie der Low-cost Carrier EASYJET genannt werden.[60]

Markteintritte im Luftverkehr sind darüber hinaus wie bereit erwähnt nur mit sehr geringen (versunkenen) Kosten verbunden, was ebenfalls gegen die Validität des Infant-Industry-Arguments spricht. Stattdessen stellt die meist marktwidrige Regulierung des Infrastrukturzugangs die schwerwiegendste Markteintrittschranke für neue Anbieter dar. Diese administrative Barriere ließe sich zum einen relativ leicht beseitigen und ist zum anderen sachlich unabhängig von der Gewährung von nationalen bzw. internationalen Verkehrsrechten. Sie kann damit auch nicht als Gegenargument einer Marktöffnung gelten.[61]

---

[58] Hierbei stellt sich natürlich die Frage, inwieweit der Staat bei der Bereitstellung und Finanzierung von technischen Großprojekten in den Markt eingreifen sollte. Oft wird argumentiert, dass der typische Weg der Risikodiversifikation bei Großprojekten nicht mehr gangbar ist und daher der Staat das Risiko auf die Gesamtheit der Steuerzahler aufteilen sollte. Im Rahmen einer Nutzen-Kosten-Analyse wäre dann aber zu überprüfen, ob die Wohlfahrtsgewinne der Großprojekte die entstehenden Kosten wirklich übersteigen.

[59] Vgl. KNORR und ARNDT (2002a).

[60] Vgl. WILLIAMS (2002), S. 93ff. und DOGANIS (2001), S. 126ff.

[61] Vgl. KNORR (1998a), S. 384.

Versorgungssicherheit

Ein weiteres Argument, welches die Notwendigkeit einer Regulierung der Luftverkehrsmärkte unterstreichen sollte, war, dass der Luftverkehr direkt oder indirekt auch soziale, strategische und politische – also nicht ausschließlich ökonomische sondern vielmehr gemeinwirtschaftliche – Aufgaben erfüllen müsse. Dadurch stifte die zivile Luftfahrt zusätzlichen Nutzen für die Bevölkerung eines Landes.[62] Zu diesen außerverkehrlichen Zielvorgaben kann die Anbindung von peripheren Regionen an das Zentrum oder die Aufrechterhaltung von Flugverbindungen auch in nachfrageschwachen Zeiten gezählt werden, die aus rein privatwirtschaftlicher Sicht nicht kostendeckend angeboten werden könnten. Zu nennen wäre hier auch, die sicherheitspolitische Forderung, für Notfälle jeglicher Art nationale Transportreserven zu besitzen, oder der außenpolitische Wunsch, Verbindungen zu bestimmten Ländern trotz geringer Marktnachfrage aufrechtzuerhalten.[63] Dieser zusätzliche Nutzen, der durch die zivile Luftfahrt entstünde, werde, so die Argumentation weiter, jedoch durch den freien Wettbewerb gefährdet, und die Regulierung des Luftverkehrsmarkts sei daher unausweichlich.[64] Dieses Ansinnen hat in vielen Ländern neben der Regulierung des Luftverkehrsmarkts auch zum Aufbau einer eigenen nationalen Linienfluggesellschaft geführt, die über die Aufrechterhaltung der Versorgungssicherheit hinaus außerdem hochqualifizierte Arbeitsplätze im Inland schaffe.[65]

Die logische Ausweitung des angeführten Arguments hat in seiner Konsequenz auch zu einer Abkehr von einem freien und unregulierten Wettbewerb auf internationaler Ebene geführt. Denn der internationale Luftverkehr hätte negative Auswirkungen auf die Situation der nationalen Fluggesellschaft haben und somit nationale Interessen gefährden können.

Ein Problem bei der Erfüllung solcher gemeinwirtschaftlichen Zielvorgaben ergibt sich aus ökonomischer Sicht aus der zwangsläufigen Umwidmung von Produktionsfaktoren. Müssen beispielsweise, um die gestellten Aufgaben erfüllen zu können, Kapazitäten aus produktiven bzw. rentablen Verwendungen abgezogen werden, birgt dies die Gefahr von allokativen Ineffizienzen auf dem Luftverkehrsmarkt selbst.[66] Nur wenn die erzielten Nutzensteigerungen in den gemeinwirt-

---

[62]   Man geht hier also davon aus, dass sich die eigentlichen Präferenzen der Bürger nicht direkt am Markt äußern (können), und diese durch den Staat offengelegt werden.
[63]   Vgl. TEUSCHER (1994), S. 42.
[64]   Vgl. DOGANIS, (2002), S. 48.
[65]   Vgl. KNORR (1998a), S. 383.
[66]   Die Gefahr der ökonomischen Ineffizienz kann sich sowohl bei der Güter- als auch bei der Faktorallokation ergeben. Damit eine pareto-optimale Güterallokation erreicht werden kann, müssen unter anderem die Grenzraten der Substitution bzw. die Grenzzahlungsbereitschaften der Haushalte für die betrachteten Güter gleich sein. Dieses Verhältnis wird durch die administrativ angeordnete Umwidmung des Güterangebots erheblich verzerrt. Eine effiziente Al-

schaftlichen Bereichen größer sind als die durch Ineffizienzen im Luftverkehr hervorgerufenen Kosten, wäre eine Umwidmung der Beförderungskapazitäten somit zu befürworten. Die Frage, ob derartige Nutzenzuwächse durch die nichtkostendeckende Bereitstellung von Linienflugverbindungen zu verkehrsschwachen Zeiten oder in dünnbesiedelte Regionen, für die größtenteils alternative Verkehrsträger zu Verfügung stehen, in der Tat realisiert werden, muss somit mangels diesbezüglicher empirischer Evidenz eher verneint werden. Ist aus regionalpolitischen Gründen die verkehrswirtschaftliche Anbindung einer Region gleichwohl erstrebenswert, sollte die Lösung über einen marktkonformen Ansatz wie beispielsweise Ausschreibungen[67] gefunden werden.

Darüber hinaus erweist sich dieses Argument aus mehreren Gründen als wenig überzeugend. Gegen die These, dass die Versorgung der Bevölkerung eines Landes mit Transportdienstleistungen in Zeiten freien Wettbewerbs nur durch eine staatseigene Airline zu gewährleisten sei, sprechen die bereits angesprochenen Erfahrungen in Westdeutschland nach dem Zweiten Weltkrieg. Bis zur Wiedererlangen der Lufthoheit im Jahr 1955 (sowie noch einige Jahre darüber hinaus) befriedigten, dank der großzügigen Vergabe der Verkehrechte durch die Westalliierten, eine Vielzahl ausländischer Airlines die hierzulande bestehende Nachfrage in vollem Umfang.

Zurückzuweisen ist ebenfalls die Behauptung, dass sich die Aufhebung der Regulierung negativ auf das Beschäftigungsniveau im Inland auswirken könne. Es zeigt sich, dass gerade die großen, international operierenden Luftverkehrsunternehmen schon seit langem einen nicht unerheblichen Teil ihres Personals wegen der bestehenden Sprach- und Mentalitätsunterschiede sowie ob deren lokalen Marktkenntnisse im Ausland rekrutieren müssen, um konkurrenzfähig zu bleiben.[68]

Darüber hinaus scheint es zumindest fraglich zu sein, ob in nationalen Krisenzeiten der Einsatz von Zivilflugzeugen und zivilen Besatzungen einem Einsatz militärischen Spezialfluggeräts vorzuziehen ist. Zeichnet sich letzteres doch durch ei-

---

lokation der Produktionsfaktoren erfordert, dass a) die Faktoren in der Produktion vollständig ausgeschöpft werden, b) einzelwirtschaftliche Effizienz geben ist und c) eine optimale Allokation der Faktoren vorliegt. Eine optimale Allokation der Faktoren ist gegeben, wenn das Faktoreinsatzverhältnis solange variiert wurde, bis sich die gleiche Relation der Grenzproduktivitäten der Faktoren in den alternativen Verwendungszwecken ergibt. Werden nun aber unproduktive Verbindungen mit Transportkapazitäten, die man aus produktiven Verwendungen abgezogen hat, bedient, ist fraglich, ob die aufgestellte Bedingung nach der gleichen Grenzrate der technischen Substitution noch erfüllt ist.

[67]   Im Rahmen einer Ausschreibung erhält der Anbieter mit dem geringsten Subventionsbedarf den Auftrag, das Transportangebot bereitzustellen.

[68]   Vgl. KNORR (1998a), S. 384f.

ne stabilere Panzerung und bessere Kurzstarteigenschaften auch auf unbefestigtem Untergrund aus.

Ruinöse Konkurrenz

Traditionell wird argumentiert, dass freier Wettbewerb zwischen den Fluggesellschaften zu massiven Überkapazitäten[69] und demzufolge zu einem anhaltenden Verfall der Flugpreise führe, da eine Auslastung der angebotenen Sitzplatzkapazitäten nur noch durch relativ starke Preissenkungen möglich sei.[70] Aufgrund dieser sich ergebenden „ruinösen" Konkurrenz sei jedoch kein Anbieter auf den Luftverkehrsmärkten mehr in der Lage, seine Kosten vollständig zu decken.[71] Folge dieser Kostenunterdeckung wäre ein Verdrängungs- und Vernichtungswettbewerb, in dessen Verlauf auch technisch effiziente und anpassungswillige Anbieter aus dem Markt ausscheiden müssten. Diese chaotischen ökonomischen Bedingungen erhöhen, so das Argument weiter, darüber hinaus unnötig das Investitionsrisiko für Anleger und verringern die Sicherheitsmarge.[72] Da der Markt bei der Bewältigung der notwendigen Anpassungen offensichtlich nicht ausreichend funktioniere, seien Eingriffe der nationalen Verkehrspolitik erforderlich. Als Regulierungsmaßnahmen wurden zumeist administrative Marktzutrittsschranken für die „zu kleinen" Märkte und Mindesttarife, die den Unternehmen eine Vollkostendeckung ermöglichen, gefordert.

Drei Punkte sind diesem Argument jedoch von einem ökonomischer Standpunkt aus entgegenzuhalten. Zunächst ist die beschriebene Wirkungskette bestenfalls für die kurzfristige Preispolitik der Unternehmen zur Auslastung temporärer Leerkapazitäten (Stichwort: Lastminute) typisch. Eine dauerhafte Orientierung der Fluggesellschaften an ihren kurzfristigen Grenzkosten, also an den variablen Kosten

---

[69]   Diese Überkapazitäten können grundsätzlich drei Ursachen haben. Zum einen eine langfristig zurückgehende Nachfrage, die sich über einen längeren Zeitraum erstreckt – auch Strukturkrise genannt. Zum anderen Kapazitätsausweitungen, die entweder durch zusätzliche Frequenzen oder durch den Markteintritt eines weiteren Anbieters sprungartig entsteht, und das geschaffene Angebot die bereits vorhandene und die induzierte Nachfrage übersteigt.

[70]   Vgl. zum Phänomen der „ruinösen" Konkurrenz auf Verkehrsmärkten ABERLE (2003), S. 99ff., sowie KÖBERLEIN (1997), S. 124ff., und speziell auf Luftverkehrsmärkten TEUSCHER (1994), S. 65f.

[71]   Grundlage dieser Aussage ist die Theorie der Grenzkostenpreisbildung. Auf planmäßigen Flügen verursacht der Transport eines weiteren Gastes außer den ohnehin anfallenden Fixkosten kaum zusätzliche Kosten. Die Unternehmen werden daher bei freiem Wettbewerb und unterstellter Durchschnittskostendegression jene Preise fordern, die ihnen die höchste Auslastung des jeweiligen Fluges garantieren. Die Preise werden dabei solange angepasst, bis der letzte Reisende zumindest noch seine variablen Kosten und möglicherweise einen Teil der Fixkosten deckt. Die Preisuntergrenze liegt beim Betriebsminimum, also in Höhe der kurzfristigen Grenzkosten. Da die totalen Kosten aber nicht gedeckt werden, muss die langfristig Produktion eingestellt werden, wenn es nicht gelingt, die Kosten zu senken.

[72]   Vgl. DOGANIS (2002), S. 48.

der Beförderung eines zusätzlichen Passagiers bei der Festlegung der Preise, ist ökonomisch gesehen dagegen äußerst unwahrscheinlich. Entscheidet sich eine Gesellschaft für den Ausbau ihrer Transportkapazitäten im Markt, wird es bei der Preissetzung alle zusätzlichen Kosten der Kapazitätsausweitung inklusive Abschreibungen und Kapitalverzinsung, die irreversiblen Kosten also eingeschlossen, berücksichtigen müssen. Relevant für die Preisbildung sind daher die langfristigen Grenzkosten und nicht die kurzfristigen. Geht man von konstanten Skalenerträgen bei der Kapazitätserweiterung aus, verlaufen die langfristigen Durchschnittskosten horizontal, und die langfristigen Grenzkosten sind mit ihnen identisch. Veränderungen der Nachfrage und der Zahlungsbereitschaften der Konsumenten würden nur dann noch zu Kapazitätsänderungen führen, wenn sie über mehrere Flugplanperioden hinweg anhielten.[73] Der Aufbau von massiven Überkapazitäten scheint daher bei freiem Wettbewerb fraglich.

Ob es aufgrund von Irreversibilitäten zu „ruinöser Konkurrenz" kommt, ist in erheblichem Maße von den ‚sunk costs' der einzelnen Unternehmen abhängig und kann daher nicht zwangsläufig gefolgert werden. Zudem ließ sich dieser Effekt bislang empirisch nicht belegen.[74]

Angenommen die Anbieter weisen identische Stückkosten, aber unterschiedlich hohe irreversible Kosten auf, droht bei einem dauerhaften Nachfragerückgang in der Tat zwar „ruinöse" Konkurrenz, aber nur solange bis Ersatzinvestitionen in die irreversible Ressourcen notwendig werden. Eine Preiskalkulation auf Basis der reversiblen Durchschnittskosten kann keine Reserven für die entsprechenden Ersatzinvestitionen erwirtschaften. Daher ist zum Investitionszeitpunkt ein Marktaustritt für die betroffenen Unternehmen ökonomisch rational, und die angebotenen Kapazitäten werden auf das volkswirtschaftlich optimale Niveau zurückgeführt. Bei dieser Angebotsmenge stellt sich dann wieder ein kostendeckender Gleichgewichtspreis ein.[75]

Ob im Verlauf des Anpassungsprozesses die Anbieter mit den höheren Durchschnittskosten im Markt verbleiben, während die relativ effizienten Unternehmen den Markt verlassen, hängt im Wesentlichen vom Zeitpunkt der Ersatzinvestitionen in irreversible Ressourcen und dem finanziellen Durchhaltevermögen der jeweiligen Anbieter ab. Sollte sich im Verdrängungswettlauf die falsche Reihenfolge der Marktaustritte ergeben haben, dürfte das neue Marktgleichgewicht aus theoretischer Sicht nicht stabil sein. Verbleiben die Unternehmen mit der ungünstigsten Kostenstruktur im Markt, lohnt sich für die technisch effizienten Anbieter

---

[73]   Vgl. TEUSCHER (1994), S. 65ff.
[74]   Vgl. KÖBERLEIN (1997), S. 129.
[75]   Vgl. FRITSCH, WEIN und EWERS (2001), S. 336.

nämlich ein Wiedereintritt, und die ruinöse Preissetzung begänne von neuem.[76] Es entstünden zwar Fehlallokationen auf dem Weg in ein neues stabiles Marktgleichgewicht, letztendlich würde aber die richtige Reihenfolge der Marktaustritte realisiert.[77]

Da es während des Anpassungsprozesses zu Ineffizienzen kommen kann, wäre ein Eingriff der Politik in derartige Strukturkrisen aus ökonomischer Sicht durchaus zu befürworten. Allerdings ist das Festlegen von Mindesttarifen wie zeitlang gefordert nicht das geeignete Mittel. Diese Preisregulierung birgt die Gefahr, Tarife über den (nicht bekannten) Gleichgewichtspreis festzulegen und somit nicht wettbewerbsfähige Anbieter zu schützen. Zudem werden die Knappheitsinformationen verzerrt und der Anpassungsprozess zum neuen Marktgleichgewicht verlängert.[78] Auch die geforderten administrativen Marktzutrittsbarrieren sind bei Strukturkrisen unzweckmäßig, da sie das Auftreten neuer, technisch effizienter Unternehmen und somit einen niedrigeren Gleichgewichtspreis verhindern.

Die hier beschriebenen Argumentationen und Ansätze sind hauptsächlich in einem politisch motivierten Entscheidungsprozeß entstanden. Dabei stellt sich aus ökonomischer Sicht zumeist die Frage, ob die geforderten Regulierungsmaßnahmen eine Verbesserung des Marktergebnisses herbeiführen oder lediglich dem Schutz von Partikularinteressen dienen.

3.3   Deregulierung des Luftverkehrs

In den 60iger Jahren begannen Ökonomen weltweit, die behaupteten Vorteile der Regulierung der Verkehrsmärkte kritisch zu hinterfragen. Das bis dahin vorherrschende Ordnungssystem hatte die Preissetzungsfreiheit und die Möglichkeiten der Produktdifferenzierung erheblich begrenzt, das Kapazitätswachstum eingeschränkt und Markteintritte neuer, effizienter Unternehmen verhindert. Von einer Lockerung des Regulierungsrahmens und der Schaffung eines durch Wettbewerb statt durch staatliche Angebotslenkung geprägten Umfelds im Luftverkehr versprach man sich Vorteile für die Konsumenten in Form geringerer Tarife und stärkerer Produktdifferenzierung. Zusätzlich würden sinkende Tarife die Fluggesellschaften dazu veranlassen, ihre Kostenstrukturen zu überprüfen und sie gleichzeitig dazu zwingen, ihre Effektivität und Produktivität zu steigern. Die Kosteneinsparungen zögen wiederum geringere Tarife nach sich und der Markt werde durch die Austritte ineffizienter Anbieter bereinigt.

---

[76] Dies hängt natürlich auch vom Ausmaß der irreversiblen Investitionen für den Wiedereintritt ab.

[77] Vgl. FRITSCH, WEIN und EWERS (2001), S. 338.

[78] Vgl. TEUSCHER (1994), S. 72.

Darüber hinaus verbreitete sich seit der Mitte der siebziger Jahre unter Ökonomen die Ansicht – unter Führung der strikt marktwirtschaftlich orientierten CHICAGO SCHOOL OF ECONOMICS –, dass Eingriffe des Staates in den Markt, die in der Regel mit Nachfragerinteressen begründet werden, meist denen schaden, denen sie eigentlich nutzen sollten.[79] Auch wenn der Schutz der Konsumenten das offizielle Regulierungsziel darstellt, werden letztendlich durch die Wettbewerbseinschränkungen den etablierten Gesellschaften marktbeherrschende Stellungen und somit höhere Preise und Gewinne ermöglicht. Jede Branche wird daher versuchen, die Politik zu instrumentalisieren und auf diesem Wege die Markteintritte neuer Anbieter zu kontrollieren. Ein Grund für die politische Einflussnahme derer, die eigentlich kontrolliert werden sollten, liegt einerseits in den ‚Vested interests‘ der Regulierten am für sie gewinnmaximalen Status quo festzuhalten sowie andererseits nach den Überlegungen der ‚Capture‘-Theorie in der Übernahme der Interessen der Regulierten durch die Regulatoren begründet.[80]

Darüber hinaus sehen Ökonomen das Problem, dass notwendig gewordene Erneuerungen des geltenden rechtlich-institutionellen Regelwerks Raum für Manipulationen bieten. Um das regulatorische System angemessen modifizieren zu können, sind spezielle Kenntnisse über die Märkte und deren Strukturen notwendig. Über ein derartiges Wissen verfügen aber zumeist nur die Branchenvertreter selbst, weswegen die Gefahr von Manipulationen der Regulatoren durch die Regulierten nicht effektiv ausgeschlossen werden kann. Aus diesem Grunde, so argumentiert die CHICAGO SCHOOL OF ECONOMICS, sollten jeweils die Befürworter der Regulierung bestimmter Märkte die Notwendigkeit von staatlichen Eingriffen belegen. Können dabei nicht alle Zweifel der Vorteilhaftigkeit einer Abkehr von freien Wettbewerbsbedingungen beseitigt werden, sei eine liberalere Politik einer regulatorischen vorzuziehen.[81]

Eine bedeutende Rolle in der Frage der Deregulierung der Märkte spielten des Weiteren die noch jungen wirtschaftswissenschaftlichen Arbeiten zur potenziellen Konkurrenz. Traditionell wurde die Notwendigkeit von Markteingriffen im Luftverkehr durch Konzentrationstendenzen besonders auf nachfrageschwachen Flug-

---

[79] Vgl. zu diesen Ausführungen STIGLER (1971). An dieser Stelle sei noch auf das Problem des ‚Rent-seeking‘ hingewiesen. Aufgrund der allgemeinen Anfälligkeit von Politikern für ordnungswidrige Interventionen zugunsten von Partikularinteressen, ist es äußerst wahrscheinlich, dass Unternehmen, Verbände und Gewerkschaften stets versuchen werden, Zusatzeinkommen zu erzielen, die sie allein durch ihr Marktengagement nicht erreichen konnten. Vgl. BERG, CASSEL und HARTWIG (1999), S. 235f.

[80] Ein derartiges ‚Rent-seeking‘ lässt sich am besten durch die Bildung von Interessensgruppen durchsetzten. Die Aktivitäten dieser Lobby zielen darauf ab, den Parteien und Politikern glaubhaft zu machen, dass Zugeständnisse an diese Gruppe die benötigten Wählerstimmen und die finanzielle Unterstützung der Wahlkämpfe garantieren.

[81] Vgl. BUTTON, HAYNES und STOUGH (1998), S. 25.

strecken begründet. Die Konsumenten sollten vor marktbeherrschenden Stellungen einzelner oder mehrerer Unternehmen geschützt werden. Unter der Annahme, dass Marktein- und -austritte völlig frei sind, also keine versunkenen Kosten existieren, folgt aus der Theorie der bestreitbaren Märkte[82], dass die Notwendigkeit einer staatlichen Regulierung solchermaßen „wettbewerbsfähiger", bzw. bestreitbarer Märkte entfiele, da potenzielle Konkurrenz gleich wirksam sei wie tatsächliche Konkurrenz. Durch einen kurzfristig möglichen Marktzutritt von Wettbewerbern mit geringeren Marktpreisen drohe etablierten Anbietern der Verlust von Marktanteilen, was sie davon abhielte, zu hohe und damit volkswirtschaftlich suboptimale Tarife zu verlangen. Allein die disziplinierende Wirkung dieser so genannten ‚Hit-and-run'-Strategie potenzieller Neuanbieter sorge für einen funktionierenden Wettbewerb und damit für Effizienz auf den fraglichen Märkten.

Dem Luftfahrtsektor wurde zunächst ein hohes Maß an „Bestreitbarkeit" attestiert, da man keine wesentlichen Beeinträchtigungen außer den künstlichen Barrieren bei möglichen Marktein- und -austritten vermutete.[83] Alle Fluggesellschaften hätten Zugang zu den erforderlichen Technologien und jeder Anbieter könne eine Transportdienstleistung auf den Märkten (Städteverbindungen) anbieten, auf denen er ein Flugzeug einzusetzen gedenkt. Da dasselbe Fluggerät auf einer Vielzahl von Routen eingesetzt und genauso problemlos veräußert werden könne, käme es beim Verlassen des Markts lediglich zu vernachlässigbaren Verlusten.[84]

Fasst man die Argumente der Theorie der bestreitbaren Märkte und der CHICAGO SCHOOL zusammen, besagen sie, dass regulatorische Eingriffe in den Markt im Verhältnis zu den Verzerrungen, die sie ursprünglich korrigieren sollten, zu höheren Kosten für die Allgemeinheit führen können. Präziser formuliert lässt sich festhalten, dass der Fall vollkommener Konkurrenz in der Theorie der bestreitbaren Märkte einen Spezialfall darstellt.[85] Es ist nicht mehr, wie es der Ansatz der vollkommenen Konkurrenz verlangt, eine Vielzahl von Konkurrenten auf einem Markt nötig, um eine effiziente Marktversorgung zu gewährleisten. Stattdessen diszipliniert die Gefährdung durch potenzielle Konkurrenz die Altsassen bei ihrer Preisgestaltung.

Die Theorie der bestreitbaren Märkte und speziell deren Relevanz für den Luftfahrtsektor wurden später sowohl auf Grundlage theoretischer als auch empiri-

---

[82]   Siehe zur Theorie der ‚Contestable Markets' beispielsweise BAUMOL (1982).
[83]   Vgl. BUTTON, HAYNES und STOUGH (1998), S. 25.
[84]   Vgl. GRUNDMANN (1999), S. 38.
[85]   Es ist natürlich darauf hinzuweisen, dass der Ansatz der vollkommenen Konkurrenz grundsätzlich ein solcher theoretischer Extremfall ist. DEMSETZ bezeichnete daher Vergleiche realer Marktprozesse mit dem wettbewerbstheoretischen Leitbild der vollkommenen Konkurrenz als methodisch unzulässigen Nirwana-Ansatz. Vgl. DEMSETZ (1969).

scher Überlegungen und Arbeiten jedoch stark kritisiert.[86] Dessen ungeachtet diente sie als zentrale ökonomische Rechtfertigung für die Deregulierung des US-amerikanischen Luftverkehrsbinnenmarkts.[87]

Die politische Umsetzbarkeit der Deregulierung des Luftverkehrs in den USA wurde schließlich durch einen so genannten „Demonstrationseffekt" wesentlich erleichtert. Im Jahre 1974 führte das amerikanische CAB erneut eine generelle Überprüfung der Tarifstruktur und Tarifniveaus durch, in deren Folge die Flugpreise für Inlandsflüge deutlich anstiegen. Für die amerikanische Bevölkerung und die damaligen Regierung wurden die Auswirkungen der Preisregulierung augenscheinlich, da zum gleichen Zeitpunkt im weit weniger regulierten innerkalifornischen und innertexanischen Flugverkehr die Tarife für vergleichbare Routen um rund ein Drittel bis zur Hälfte unter den CAB genehmigten Preisen lagen.[88] Diese Unterschiede der Tarifstrukturen im eigenen Land, die auf regulierungsbedingte Fehlentwicklungen aufmerksam machten, leiteten den politischen Paradigmenwechsel in der amerikanischen Luftverkehrspolitik ein.

Die Deregulierung des Luftverkehrs auf dem amerikanischen Binnenmarkt galt später als Vorbild für die Durchsetzung ähnlicher Reformen in Kanada und Europa.[89]

3.4 Die Liberalisierung des Luftverkehrs in Europa

In der Zeit nach dem Zweiten Weltkrieg wurde Europa wirtschaftlich und politisch in zwei Sphären geteilt. Da der Fokus dieser Arbeit auf der Liberalisierung des rechtlich-institutionellen Rahmens in der EU liegt, wird für die historische Entwicklung in Osteuropa und für die verkehrspolitischen Entscheidungen des Rates für gegenseitige Wirtschaftshilfe (RGW) auf die Untersuchung von MEIER verwiesen.[90]

Auf westlicher Seite kam es in dieser Zeit aufgrund der verstärkten Zusammenarbeit zwischen den einzelnen Ländern zu einer Belebung der verkehrspolitischen

---

[86] Siehe dazu u.a. die Abhandlung von SPENCE (1983) oder die Studie von MORRISON und WINSTON (1987). So wurde beispielsweise die im Modell der bestreitbaren Märkte wichtige Prämisse der Preisrigidität bei den etablierten Liniengesellschaften empirisch widerlegt: Es zeigte sich, dass die Altsassen durchaus in der Lage waren, ihre Preise täglich zu ändern, und so durch enorme Preissenkungen kurzfristig auf Markteintritte reagieren konnten. Darüber hinaus ergab sich das Problem, dass nur eine partielle Liberalisierung des Luftverkehrsmarkts in den USA stattgefunden hatte, und der Infrastrukturzugang weiterhin reguliert blieb. Diese indirekte Subventionierung verhinderte die aus theoretischer Sicht notwendigen zeitnahen Marktein- und -austritte zur Disziplinierung der Altsassen bei ihrer Preisgestaltung.

[87] Vgl. SCHIPPER (2001), S. 15.
[88] Vgl. KNORR (1998b), S. 431f., und 435.
[89] Vgl. BUTTON UND SWANN (1991), S. 100f.
[90] Vgl. MEIER (1994).

Diskussion. Erste Vorschläge zur Durchbrechung des Systems bilateraler Verträge sowie zur Integration des europäischen Luftverkehrs stammten von dem Franzosen BONNEFOUS, der die Errichtung einer überstaatlichen Transportbehörde mit umfangreichen Vollmachten in Europa vorschlug, und vom italienischen Außenminister SFORZA, der im Jahre 1951 dem europäischen Ministerrat einen Plan zur Schaffung eines europäischen Binnenluftverkehrsmarkts vorlegte.[91] Beide Pläne wurden vom Europarat mit dem Hinweis auf die Probleme, die bei der Errichtung und Ausgestaltung einer supranationalen Behörde entstünden, abgelehnt.

Augrund dieser Pläne und einer Initiative der ICAO wurde jedoch 1954 zumindest eine europäische Konferenz zur Koordinierung der Zivilluftfahrt nach Strasbourg einberufen. Auf Betreiben des Europarates kam es während dieser Tagung zur Gründung der Europäischen Zivilluftfahrtkonferenz (ECAC). Die Aufgabe der ECAC besteht darin, in Zusammenarbeit mit der ICAO die Entwicklung und die Wirtschaftlichkeit des europäischen Luftverkehrs zu fördern, und luftverkehrspolitische und technische Maßnahmen zu koordinieren und zu harmonisieren.[92] Der Versuch der ECAC, ähnlich der Chicagoer Konferenz von 1944, eine einheitliche Regelung der europäischen Verkehrsrechte und damit die Verbesserung der verkehrspolitischen Situation in Europa zu erreichen, blieb aufgrund der unterschiedlichen Auffassungen der Teilnehmerstaaten freilich erfolglos.[93]

Zu weiteren Veränderungen der Luftverkehrslandschaft in Europa kam es dann Ende der siebziger Jahre, als das regulatorische System des europäischen Luftverkehrs durch die Deregulierung des inneramerikanischen Zivilluftverkehrs 1978 und durch die seit 1978 von den USA neu ausgehandelten liberaleren Luftverkehrsabkommen auf einigen nordatlantischen Flugrouten unter Reformierungsdruck geriet. Die ersten Liberalisierungsschritte konnten die USA mit den Niederlanden durch eine am 31. März 1978 in Kraft getretene Zusatzvereinbarung erreichen.[94] Trotz der unterschiedlichen Inhalte gelang es den USA in der Mehrzahl ihrer bilateralen Abkommen eine Auflockerung der hälftigen Kapazitätsaufteilungen, eine Verankerung des Prinzips der Mehrfachdesignierung durchzusetzen und im Bereich der Tarifpolitik das extrem restriktive Verfahren der doppelten Zustimmung (‚Double-approval‘) durch das Ursprungslandprinzip (‚Country of origin‘-Prinzip), und manchmal sogar durch das Verfahren der doppelten Ablehnung (‚Double-disapproval‘) zu ersetzen.[95]

---

[91]   Vgl. THIEL (1975), S. 104.
[92]   Mittlerweile sind mit Ausnahme Bosnien-Herzegowinas, Jugoslawiens, der Russischen Föderation und Weißrusslands nahezu alle europäischen Staaten der ECAC beigetreten. Weitere Mitglieder sind Armenien und die Türkei.
[93]   Vgl. THIEL (1975), S. 106.
[94]   Vgl. DE MURIAS (1989), 158 ff.
[95]   Vgl. KNORR (1998b), S. 453. Für den europäischen Luftverkehr sind hier insbesondere die ab Ende der achtziger Jahre neu verhandelten ‚Open-Skies‘-Luftverkehrsabkommen zwischen

Der nachfolgende Liberalisierungsprozess in Westeuropa entwickelte sich hauptsächlich auf zwei Ebenen. Zum einen schlossen die europäischen Staaten vermehrt untereinander liberale bilaterale Luftverkehrsabkommen ab (siehe Abschnitt 3.4.2), und zum anderen verfolgte die Europäische Kommission parallel eine EU-weite Lösung zur Integration des Luftverkehrs in den Binnenmarkt (Abschnitt 3.4.3).

3.4.1 Reformen des Luftverkehrs in einzelnen EU-Staaten

In den achtziger kam es in einigen europäischen Ländern zu partiellen Reformen. Hierbei ist besonders Großbritannien zu erwähnen, das die strikte Regulierung der Preise und Markteintritte, die seit 1946 durch die CIVIL AVIATION AUTHORITY (CAA) vorgenommen worden war, nach und nach lockerten. Zunächst wurde die Vergabe von Lizenzen erleichtert und den Airlines erstmals Spielräume bei der Tarifgestaltung eingeräumt. In den Folgejahren erteilte man dann auch anderen britischen Fluggesellschaften Lizenzen für Konkurrenzdienste zum Angebot von BRITISH AIRWAYS auf inländischen Verbindungen von und nach London Heathrow. Später wurde die Preisbildung für inländische Tarife sukzessive liberalisiert, und die CAA griff nur noch bei Verdacht auf räuberische Preissetzung oder beim (vermuteten) Missbrauch von Monopolmacht in den Markt ein.[96] Andere Nationen wie Deutschland, Frankreich, Italien oder Spanien standen derartigen Liberalisierungsschritten jedoch skeptisch gegenüber und hielten daher nahezu unverändert am alten Regulierungsrahmen fest.

Zusätzlich zu den Reformen der regulatorischen Systeme vollzog Großbritannien 1987 die vollständige Privatisierung der ehemaligen Staatslinie BRITISH AIRWAYS. In anderen Ländern wie beispielsweise in Deutschland oder in den Niederlanden entschied man sich hingegen, dem privaten Sektor nur schrittweise die Möglichkeit des Anteilserwerbs an den nationalen Fluggesellschaften einzuräumen und die Beteiligungen der öffentlichen Hand nach und nach zu reduzieren.[97] Flughäfen und anderen Infrastruktureinrichtungen des Luftfahrtsektors in Europa verblieben dagegen zumeist in öffentlicher Hand, wiederum mit Ausnahme Großbritanniens, das 1987 auch die BRITISH AIRPORT AUTHORITY (BAA) privatisierte.

---

den USA und den kleineren europäischen Staaten wie den Benelux-Ländern, Österreich oder Island zu nennen.

[96] Vgl. BUTTON und SWANN (1991), S. 96.

[97] Vgl. BUTTON, HAYNES und STOUGH (1998), S. 28.

3.4.2   Reformen bilateraler Luftverkehrsabkommen

Die Liberalisierung der bilateralen Luftverkehrsabkommen zwischen den Ländern Europas begann Mitte der achtziger Jahre. Die Reformen beschränkten sich zunächst aber auf eine geringe Zahl zwischenstaatlicher Märkte. Initiator dieser Liberalisierungsbetstrebungen war erneut Großbritannien, das 1984 mit den Niederlanden das erste liberale Abkommen innerhalb der EG abschloss. Diese Vereinbarung diente den liberalen bilateralen Luftverkehrsabkommen zwischen Großbritannien und einigen anderen europäischen Staaten als Vorlage.

Abbildung 3.2: Bilaterale Liberalisierung des Luftverkehrs in der EU

		Strecken- zugänge	Kapazitäts- anpassung	Tariffest- legung
1984	Großbritannien- Niederlande	ja	ja	nein
	Großbritannien- Deutschland	ja	ja	begrenzt
1985	Großbritannien- Niederlande	ja	ja	ja
	Großbritannien- Luxemburg	ja	ja	ja
	Großbritannien- Belgien	ja	ja	ja
	Großbritannien- Frankreich	begrenzt	begrenzt	nein
	Großbritannien- Spanien	begrenzt	begrenzt	nein
	Großbritannien- Italien	begrenzt	begrenzt	nein
1986	Großbritannien- Irland	begrenzt	nein	ja
1988	Großbritannien- Irland	ja	ja	ja
1989	Deutschland- Spanien	begrenzt	begrenzt	nein
	Deutschland- Frankreich	begrenzt	begrenzt	nein

Quellen: BARRETT (1987b), S. 21f; BUTTON und SWANN (1991), S. 94; SHIPPER (2001), S. 154.

In diesen Abkommen konnte überwiegend das Prinzip der Mehrfachdesignierung verankert werden. Somit durfte jeder der beiden Unterzeichnerstaaten zumindest zwei inländischen Anbietern die Verkehrsrechte zuteilen. Im Bereich der Tarifpolitik wurde in den meisten Fällen die Abschaffung der obligatorischen Tarifkartelle erreicht. Das bis zu diesem Zeitpunkt generell angewandte und extrem restriktive ,Double-approval'-Genehmigungsverfahren konnte sehr häufig durch das ,Country of origin'-Prinzip und teilweise sogar durch das ,Double-disapproval'Verfahren ersetzt werden. Die liberale Ausgestaltung der bilateralen Verträge erfolgte für andere innereuropäische Märkte jedoch mit variierendem Liberalisierungsgrad in den Bereichen Marktzugang, Kapazitätsangebot und Preissetzung; dies zeigt Übersicht 3.2.

Diese Entwicklungen waren zwar ein wichtiger Schritt, um die Liberalisierung des Luftverkehrs in Europa anzutreiben. Dennoch fehlte weiterhin ein gemeinschaftsweiter, d.h. von allen Staaten mitgetragener Liberalisierungsakt.

3.4.3   Die Luftverkehrspolitik der EU

In der Europäischen Gemeinschaft ergriff 1979 die Europäische Kommission erstmals die Initiative für eine Liberalisierung des Luftverkehrs, indem sie dem Ministerrat ihr Erstes Luftfahrt-Memorandum vorlegte. Die Kommission wollte damit mittelfristig „...den Aufbau eines leistungsstarken und preisgünstigen Luftverkehrsnetzes innerhalb der Gemeinschaft bei gleichzeitiger Eigenwirtschaftlichkeit der Luftfahrtunternehmen unter Wahrung der sozialen Interessen des Luftfahrtpersonals und der Verbesserung der Umweltbedingungen"[98] erreichen. Zur Verwirklichung dieser Ziele sollten nach Ansicht der Kommission Sondertarife in der Gemeinschaft häufiger angewendet, die Möglichkeiten zur Einrichtung neuer Linienflugverbindungen verbessert und ein breiterer Handlungsspielraum für Bedarfsflüge geschaffen werden.[99] In den Folgejahren erarbeitete die Kommission mehrere konkrete Vorschläge, die sie dem Rat zur Entscheidung vorlegte. Der Ministerrat verabschiedete zwar auf Empfehlung der Kommission einige dieser Richtlinien.[100] Diese förderten aber eher die Zusammenarbeit zwischen den europäischen Staaten als die Liberalisierung des Luftverkehrsmarkts in Europa insgesamt.

1983 erließ der Ministerrat die Richtlinie zur Zulassung des interregionalen Linienflugverkehrs zur Beförderung von Personen, Post und Fracht zwischen den Mitgliedstaaten[101], die eine partielle Öffnung des Marktes für Flugdienstleistungen zwischen Regionalflughäfen ermöglichte. Durch diese Richtlinie sollten neue Anbieter vor allem auf bisher nicht bedienten Flugstrecken im Regionalluftverkehr

---

[98]   NIEJAHR (1998), S. 5.

[99]   Vgl. GIESE (1993), S. 86.

[100]   Es handelte sich um die Richtlinien zur Einführung eines Konsultationsverfahrens im Bereich der Außenbeziehungen im Luftverkehr, zur Verringerung der Schallemissionen von Unterschallflugzeugen und über die Zusammenarbeit und gegenseitige Unterstützung der Mitgliedstaaten auf dem Gebiete der Flugunfalluntersuchung.

[101]   Richtlinie 83/416/EWG vom 25.07.1983, Abl. Nr. L 237, 14.12.1983, S. 19ff. (Regionalflugrichtlinie).

zum Zuge kommen. Konkret sah sie dabei eine vereinfachte Vergabe von Verkehrsrechten für neue Verbindungen vor. So bestand die Möglichkeit, Tarifanträge bei den jeweiligen Regierungen des Heimat- und Ziellandes einzureichen, ohne dass eine Einigung der verschiedenen Anbieter auf einen einheitlichen Tarif vorlag. Entsprachen die angesetzten Preise den tatsächlichen Flugkosten auf dieser Strecke durften die Tarifanträge behördlicherseits nicht mehr abgelehnt werden. Aufgrund der nach wie vor unterschiedlichen nationalen Interessenslagen, den Schutz der ‚Flag carrier' und der Bodenverkehrsträger betreffend, unterlag die Richtlinie allerdings starken Einschränkungen. Sie galt nur für internationale Flugstrecken innerhalb der EG mit mehr als 400 Kilometern Länge, und es durften nur Flughäfen der so genannten zweiten und dritten Kategorie[102] angeflogen werden, falls bis dato kein indirekter Linienverkehr zwischen den betreffenden Flughäfen oder weniger als 50 Kilometer entfernten Luftlandehäfen existiert hatte. Das zugelassene Fluggerät war auf maximal 70 Sitzplätze oder alternativ auf ein maximales Startgewicht von 30 Tonnen begrenzt.[103] Die Regionalflugrichtlinie stellte somit zwar den ersten zaghaften Liberalisierungsschritt in der Europäischen Gemeinschaft dar, hatte aber aufgrund ihres begrenzten Anwendungsbereichs kaum spürbare Auswirkungen auf den Wettbewerb auf dem europäischen Luftverkehrsmarkt.[104]

In ihrem Zweiten Luftfahrtsmemorandum, das 1984 an den Rat weitergeleitet wurde, beschrieb die Kommission die aus ihrer Sicht erforderlichen Schritte, um das bestehende System der bilateralen Luftverkehrsverträge zwischen den Mitgliedstaaten und die daraus resultierenden Wettbewerbsbeschränkungen zu beseitigen. Die Kommission sprach sich vor allem für die multiple Designierung von Luftfahrtgesellschaften, eine freie Preisgestaltung innerhalb festgesetzter Bandbreiten und für eine großzügigere Aufteilung der Kapazitäten auf einzelnen Flugstrecken aus. Außerdem sollten staatliche Beihilfen an die Fluggesellschaften künftig stärker kontrolliert werden. Dieser Vorstoß zur Liberalisierung des Luftverkehrs wurde von Interessensverbänden wie der ASSOCIATION OF EUROPEAN

---

[102] Regionalflüge durften daher keine internationalen Verkehrsknotenpunkte – 1. Kategorie – berühren, sondern lediglich Flughäfen mit regionaler Bedeutung bedienen. In Deutschland zählten Frankfurt, Düsseldorf und München zu den Flughäfen der 1. Kategorie. Hamburg, Köln/ Bonn und Stuttgart wurden der Kategorie 2 zugerechnet. Alle anderen deutschen Luftlandehäfen, die für den internationalen Linienflugverkehr offen standen, gehörten der 3. Kategorie an (vgl. Anhang A der Regionalflugrichtlinie).

[103] Vgl. GIESE (1993), S. 87f.

[104] Die Vorschriften dieser Richtlinie wurden 1989 weiter liberalisiert und mit Inkrafttreten des zweiten Liberalisierungspakets 1990 gänzlich aufgehoben. Somit unterlag der Regionalverkehr ab diesem Zeitpunkt keinen Reglementierungen mehr.

AIRLINES (AEA)[105] oder der IATA abgelehnt. Auch der Ministerrat nahm keinen einzigen der Kommissionsvorschläge auf. Diese Passivität des Ministerrates in der Verkehrspolitik führte 1985 jedoch zu der so genannten Untätigkeitsklage des Europäischen Parlaments gegen den Rat vor dem Europäischen Gerichtshof. In seinem Urteil gab der EuGH dem Antrag des Parlaments auf Verurteilung des Rates, aufgrund dessen Versäumnis, gemeinschaftliche Regeln zur Schaffung der Dienstleistungsfreiheit auf dem Verkehrssektor zu erlassen, statt. In den Folgejahren wurde eine Reihe von Klagen beim Europäischen Gerichtshof eingereicht, die die Anwendung der Wettbewerbsregeln des EWG-Vertrags auf den Luftverkehr betrafen.[106] De jure wie de facto erzwang also der EuGH gegen die Mehrzahl der Mitgliedstaaten die Integration des Luftverkehrs in den gemeinsamen Binnenmarkt.

In den nachfolgenden Jahren beschloss der Ministerrat drei Maßnahmenbündel[107], um die bestehenden bilateralen Vorschriften in der Gemeinschaft sukzessive durch europarechtliche Regelungen zu ersetzen. Das erste dieser Maßnahmenpakete, wurde im Dezember 1987 vom Rat verabschiedet. Es gliederte sich im Wesentlichen in zwei Teile:

- Durch die Entscheidung 87/601/EWG[108] des Rates wurde eine automatische Genehmigung von Flugtarifen eingeführt, wenn diese sich innerhalb gewisser Flexibilitätszonen befanden.
- Die Ratsrichtlinie 87/602/EWG[109] räumte den Mitgliedsstaaten die Möglichkeit ein, auf Strecken mit einem höheren Verkehrsaufkommen mehrere Luftfahrtunternehmen zu designieren und die Rechte der dritten, vierten und in einem eingeschränkten Umfang der fünften Luftverkehrsfreiheit zu nutzen.

---

[105] Die ASSOCIATION OF EUROPEAN AIRLINES (AEA), ansässig in Brüssel, wurde 1954 von den nationalen Linienfluggesellschaften der ECAC-Mitgliedstaaten ursprünglich als EUROPEAN AIRLINES RESEARCH BUREAU gegründet. Die Hauptaufgaben der AEA sind noch bis heute die Bereitstellung von Daten und Analysen über die Entwicklung des europäischen Luftverkehrs sowie die Förderung der Zusammenarbeit ihrer Mitglieder im Flugbetrieb. Allerdings hat die AEA inzwischen auch die Funktion eines politischen Interessenverbandes übernommen und vertritt die Anliegen ihrer Mitgliedsgesellschaften gegenüber den EU-Organen und der ECAC.

[106] Zu den Hintergründen und Inhalten der Rechtsstreits siehe MEYER (1996), S. 170ff.; POMPL (1998), S. 346ff.

[107] Neben diesen Maßnahmenpaketen wurden mehrere flankierende Maßnahmen wie beispielsweise der Code of Conduct für die Slotvergabe oder der Code of Conduct für die Betreiber von Computerreservierungssystemen erlassen. Siehe dazu POMPL (1998), S. 368ff.

[108] Richtlinie 87/601/EWG vom 14.12.1987, Abl. Nr. L 374, 31.12.1987, S. 12.

[109] Richtlinie 87/602/EWG vom 14.12.1987, Abl. Nr. L 374, 31.12.1987, S. 19.

- Darüber hinaus wurde eine einseitige Ausweitung der Kapazitäten innerhalb eines bestimmten Verhältnisses gestattet (siehe Abbildung 3.3).

Aufgrund der Freistellungsmöglichkeiten der Verordnung (EWG) Nr. 3976/87[110], von der die Kommission Gebrauch machte, der komplex ausgestalteten Tarifregelungen und Kapazitätsaufteilungen sowie der mangelnden Akzeptanz der beschlossenen Maßnahmen sowohl bei den Linienfluggesellschaften als auch der nationalen Behörden waren die Auswirkungen dieses Pakets auf den europäischen Luftverkehrsmarkt insbesondere auf die Flugpreise jedoch gering.[111]

Im Juli 1990 verabschiedete der Ministerrat das zweite luftverkehrspolitische Maßnahmenbündel, dass den Liberalisierungsprozess fortsetzte. Konkret lockerte es die Kapazitätsrestriktionen im bilateralen Verkehr und die bestehenden Beschränkungen der dritten, vierten und fünften Freiheitsrechte der Luft weiter auf. Um den Wettbewerb auf den weniger stark frequentierten Flugstrecken zu erhöhen, kam es zu einer weiteren Absenkung der Grenzwerte für die Mehrfachdesignierung von Luftverkehrsunternehmen. Durch die Verordnung 2342/90[112] des Rates wurden außerdem die Flexibilitätszonen für Sondertarife ausgeweitet (siehe Abbildung 3.3).

Mit der Einrichtung des gemeinsamen Binnenmarktes am 01. Januar 1993 wurde das Dritte Maßnahmenpaket zur Liberalisierung des Fluglinienverkehrs wirksam. Es galt nicht nur wie die beiden vorherigen Pakete ausschließlich für den Linien- sondern auch in vollem Umfang für den Gelegenheitsluftverkehr, der fortan mit dem Linienverkehr rechtlich gleichgestellt wurde. Eingeführt wurden ein gemeinschaftsweit einheitliches Betriebsgenehmigungsverfahren, das seitdem allen in der Gemeinschaft registrierten Luftverkehrsgesellschaften das Recht garantiert, Tochtergesellschaften auf dem Territorium der Union zu gründen bzw. Mehrheitsbeteiligungen an bereits bestehenden Unternehmen zu erwerben. Damit nahm man in Europa auch Abstand von den marktwidrigen Eigentumsregeln. Es besteht für europäische Wirtschafteinheiten also die Möglichkeit, Beteiligungen an anderen Airlines zu erwerben, ohne verkehrsrechtliche Folgen für diese Airline im europäischen Luftverkehr in Kauf nehmen zu müssen.[113]

---

[110]   Verordnung Nr. 3976/87/EWG des Rates vom 14.12.1987, Abl. Nr. L374/9, 31.12.1987.

[111]   Vgl. GRUNDMANN (1999), S. 130.

[112]   Verordnung Nr. 2342/90/EWG des Rates vom 24.07.1990, Abl. Nr. L 217, 11.08.1990, S. 1ff.

[113]   Dass von dieser Möglichkeit aber kein Gebrauch gemacht wird, liegt an den im internationalen Bereich immer noch weit verbreiteten marktwidrigen Eigentumsregeln. Erwirbt eine europäische Fluggesellschaft eine Mehrheitsbeteiligung an einer anderen europäischen Airline, dann verliert diese Airline sämtliche Verkehrrechte außerhalb der EU.

Abbildung 3.3: Die Liberalisierungspakete im EG-Fluglinienverkehr

		Ausgangssituation	1. Paket (01.01.1988)	2. Paket (01.11.1990)	3. Paket (01.01.1993)
Tarife	Tarifgenehmigung	Zustimmung beider beteiligter Staaten notwendig	Zustimmung beider beteiligter Staaten notwendig	Zustimmung beider beteiligter Staaten notwendig	Gültigkeit des Tarifs ist aufgehoben, wenn beide beteiligte Staaten ihn ablehnen.
	Tarifzonen	keine EG-Regelung	---- / 95-65 % / 65-45 % (autom. genehmigter Tarif in % des Bezugstarifs)	Economy 105-95 % / Rabatt 94-80 % / Superrabatt 79-30 % (autom. genehmigter Tarif in % des Bezugstarifs)	völlige Tariffreiheit[+]
Marktzugang	Streckenzugang	im Regelfall nur eine LVG aus jedem Land („Flag carrier")	Lockerung des Streckenzugangs; Verbindungen zwischen Flughäfen 1. Kategorie ausgenommen; viele Ausnahmen, mehr Regionaldienste	Lockerung des Streckenzugangs; Reziprozitätszwang; Einschränkungen bei Kapazitätsengpässen; gewisser Schutz für „dünne" Strecken	freier Zugang;[++] limitierte Binnenkabotage bis 31.03.1997
	Designierung	im Regelfall nur eine LVG aus jedem Land („Flag carrier")	Mehrfachdesignierung 1988 > 250.000 / 1989 > 200.000 / 1990 > 180.000 (Passagiere pro Jahr und Strecke)	Mehrfachdesignierung 1991 > 140.000 / 1992 > 100.000 (Passagiere pro Jahr und Strecke)	Mehrfachdesignierung[++]
	5. Freiheit	keine EG-Regelung	bis 30 % (der angebotenen Sitzplatzkapazität)	bis 50 % (der angebotenen Sitzplatzkapazität)	freigegeben[++]
Kapazitäten	Bilateraler Verkehr	feste Kapazitätsanteile im Verhältnis 50:50 für LVGs aus beiden Staaten	Lockerung der Restriktionen 55:45 (1989) / 60:40 (1990) (freie Ausdehnung innerhalb der Grenzen)	Lockerung der Restriktionen 67,5:32,5 (1991) / 75,0:25,0 (1992) (freie Ausdehnung innerhalb der Grenzen)	Keine Kapazitätsbeschränkung

Entnommen aus folgenden **Quellen:** GRUNDMANN (1999), S. 136; MEYER (1996), S. 179f.

[+] Die Kommission und die Mitgliedsstaaten haben aber weiterhin das Recht, übermäßig hohe Flugpreise aufzuheben oder weitere Preissenkungen bei einem anhaltenden Verfall der Flugpreise zu verbieten.

[++] Es besteht weiterhin die Möglichkeit, nichtdiskriminierende, zeitlich begrenzte Beschränkungen bei Überlastung der Infrastruktur und/oder Umweltproblemen zu erlassen. Darüber hinaus kann die Kommission bei erheblicher finanzieller Schädigung von Luftverkehrsgesellschaften Kapazitäten vorübergehend einfrieren.

Durch die neue Marktzugangsverordnung des dritten Pakets erhielten die Fluggesellschaften zumindest de jure vollkommen freien Zugang zu sämtlichen innergemeinschaftlichen Strecken, da – mit Ausnahme der Binnenkabotage (siehe unten)
– fast alle existierenden Kapazitätsbeschränkungen aufgehoben wurden. Abge-
schafft wurden darüber hinaus die Tarifzonen für die Preisgestaltung. Die Luftverkehrsunternehmen konnten nun die Flugpreise frei und nach ausschließlich kommerziellen Gesichtspunkten festlegen. Neben diesen allgemeinen Grundsätzen legen die verabschiedeten Verordnungen einen Katalog von Voraussetzungen fest,
die erfüllt sein müssen, damit die Kommission und die Mitgliedstaaten aus Gründen des Allgemeinwohls (z.B. des Umweltschutzes) diese neu gewährten Freiheiten wieder einschränken können.

Um Deutschland, Frankreich, Italien und Spanien, die eine zeitlich gemäßigte Liberalisierung forderten, eine gewisse Anpassungsfrist für ihre Fluggesellschaften
einzuräumen,[114] blieb das Recht auf Binnenkabotage bis zum 31. März 1997 eingeschränkt. Seit April 1997 haben aber sämtliche in einem der Unionsländer re-
gistrierte Luftverkehrsgesellschaften das Recht, Passagiere zwischen zwei Flughäfen des gleichen Staates, der nicht der Staat der Registrierung des Flugzeugs ist,
zu befördern.

---

[114]   Vgl. MEYER (1996), S. 177.

Kapitel 4

Modellierung der Luftverkehrsnachfrage

Seit Inkrafttreten des Dritten Maßnahmenpakets ist die Nachfrage nach grenzüberschreitenden Luftverkehrsdienstleistungen im innergemeinschaftlichen Personenverkehr der EU bis zum Jahre 2001 jährlich um durchschnittlich 7,9% gewachsen.[115] Will man den Anteil des Wachstums bestimmen, der auf die Liberalisierung zurückzuführen ist, ist es unabdingbar, das gesamte Marktwachstum anhand angebots- und nachfrageseitiger Determinanten zu erklären. Grundsätzlich lässt sich die Nachfrage im Luftverkehr – folgt man der verkehrswissenschaftlichen Literatur – auf zwei Gruppen von Haupteinflussgrößen zurückführen. Auf der einen Seite stehen die geographischen und sozioökonomischen Faktoren, die sich aus der ökonomischen Entwicklung und den geographischen Gegebenheiten der Regionen ergeben, in denen der Verkehr stattfindet. Diese Größen liegen darüber hinaus außerhalb des Kontrollbereichs der Anbieterseite. Die zweite Gruppe der Einflussgrößen bildet sich aus den service-bezogenen Faktoren also jenen Größen, die sowohl durch die Qualität als auch durch die preislichen Komponenten der Transportdienstleistung bestimmt werden.

Nach einer einführenden Beschreibung der Entwicklung des Luftverkehrsaufkommens in der Europäischen Union wird in diesem Kapitel der Einfluss einzelner geographischer, makroökonomischer und angebotsseitiger Faktoren auf das Nachfragevolumen ermittelt. Das Ziel dieser Analyse ist es, in einem ersten indirekten Untersuchungsschritt, den Effekt der Marktliberalisierung auf das realisierte Verkehrswachstum zu bestimmen. Kann nämlich in einer separaten Analyse ein Einfluss der Liberalisierung auf die Parameter der Angebotsseite wie Preise oder Qualität nachgewiesen werden, dann lassen sich aus den Ergebnissen eines Nachfragemodells, in dem diese Angebotsparameter stützende erklärende Variablen sind, indirekt die Auswirkungen der Liberalisierung auf das Transportvolumen abschätzen.

Da aufgrund der Datenmasse nicht sämtliche grenzüberschreitenden Flugverbindungen innerhalb der EU im Rahmen dieser Analyse berücksichtigt werden können, basiert die Untersuchung auf den Daten für vierzig Städteverbindungen in der Europäischen Union im Zeitraum von 1989 bis 1999. Bevor auf dieses Streckensample und die verfügbaren Datensätze im Einzelnen eingegangen wird, muss jedoch zunächst in den weiteren Abschnitten dieses Kapitels eine Beschreibung der Modellvariablen, eine Vorstellung der Eigenschaften und Besonderheiten des ökonometrischen Schätzverfahrens sowie die Darstellung der Modellspezifikation

---

[115] Eigene Berechnungen nach EUROSTAT (2000; 2001; 2003).

erfolgen. Abschließend werden die Schätzungen sowie deren Ergebnisse vorgestellt und interpretiert.

4.1   Entwicklung des Verkehrsvolumens

Um sich einen Überblick über die Situation des innergemeinschaftlichen Luftverkehrs verschaffen und Informationen für die Auswahl der repräsentativen Flugstrecken gewinnen zu können, ist kurz die Entwicklung des grenzüberschreitenden Fluggastverkehrs innerhalb der Europäischen Union im Zeitraum von 1993 bis 2000 zu analysieren. Die Ausführungen beruhen auf ausgewählten Statistiken und Datensätzen von EUROSTAT, dem Statistischen Amt der EU.

In der zugrunde gelegten Periode stieg das Transportvolumen in der Personenbeförderung im grenzüberschreitenden Linienluftverkehr innerhalb der Europäischen Union von ungefähr 110 Millionen Fluggästen 1993 auf über 200 Millionen im Jahre 2000 an. Dies entspricht einer durchschnittlichen jährlichen Zunahme von nahezu 8 %.[116]
Dieser Anstieg verlief allerdings ungleichmäßig, was eine Betrachtung der jährlichen Wachstumsraten deutlich zeigt. So war im Jahre 1994 ein Zuwachs im zweistelligen Prozentbereich zu verzeichnen. Während die Passagierzahlen 1995, 1997, 1998, 1999 und 2000 um Werte zwischen 6 % und 9 % anstiegen, fiel das Wachstum 1996 mit ungefähr 4 % nur unterdurchschnittlich aus.
Für die im Rahmen dieser Arbeit relevanten Untersuchungen ist die Betrachtung der Luftverkehrsentwicklung auf der Ebene der Europäischen Union allerdings unangemessen, da die Aggregation der Daten die ungleiche Entwicklung und das unterschiedliche Wachstum der einzelnen Luftverkehrsmärkte in der EU unterschlägt. Will man die Auswirkungen der Liberalisierung auf der letztlich relevanten Ebene der City-pairs erfassen und bewerten, muss die Verkehrssituation solchermaßen disaggregiert betrachtet werden.
Da sich die EU-Mitgliedsstaaten wirtschaftlich ungleich entwickeln und somit auch das Wachstum der Luftverkehrsnachfrage in den Ländern – was es noch zu zeigen gilt – unterschiedlich stark ausfällt, ist es ratsam, die Situation der jeweiligen Luftverkehrsmärkte – hier definiert als Länderverbindungen – zu analysieren. Daher sind in der nachfolgenden Tabelle die zehn wichtigsten Länderpaare in der

---

[116]   Vgl. EUROSTAT (2000; 2001; 2003). EUROSTAT hat für die Jahre 1993 bis 1996 von Finnland, für die Jahre 1998 und 1999 von Dänemark und für das Jahr 1997 von Griechenland keine Daten erhalten, so dass die Abflugzahlen für die Länder anhand der von anderen Ländern gemeldeten entsprechenden Ankunftszahlen geschätzt wurden. Darüber hinaus stellte Belgien nur Daten für Brüssel und Irland lediglich für Dublin, Shannon und Cork bereit. Daher können die hier dargestellten Ergebnisse für diese quantitativ aber weniger bedeutsamen Teilmärkte (aufgrund des geringen Passagieraufkommens der restlichen Städteverbindungen) verzerrt sein.

EU im Jahre 2000 und deren Position 1999 aufgeführt. Der größte Anteil am innergemeinschaftlichen Luftverkehr entfällt mit 11,5 % auf das Länderpaar Großbritannien-Spanien. Auf dem zweiten Platz folgen mit einem Anteil von über 8 % die Verbindungen zwischen Deutschland und Spanien. Ein Grund für diese relativ hohen Anteile (der Anteil des drittplatzierten Länderpaars Großbritannien-Irland ist nicht einmal mehr halb so groß wie der des Zweitplatzierten) ist natürlich der starke Urlaubsreiseverkehr zwischen diesen Ländern.

Tabelle 4.1: Die wichtigsten Länderpaare im innergemeinschaftlichen Luftverkehr 2000

Rang	Länderpaar	Anteil am Passagier-aufkommen [in %]	Rang 1999
1	Großbritannien – Spanien	11,5	1
2	Deutschland – Spanien	8,3	2
3	Großbritannien – Irland	4,1	3
4	Deutschland – Großbritannien	3,8	4
5	Frankreich – Großbritannien	3,6	5
6	Griechenland – Großbritannien	3,3	8
7	Großbritannien – Niederlande	3,1	6
8	Großbritannien – Italien	3,0	7
9	Deutschland – Griechenland	2,8	9
10	Deutschland – Italien	2,4	11

Quelle: EUROSTAT (2003), S. 3. Die Zahl der Fluggäste bezieht sich jeweils auf den Verkehr in beide Richtungen. Alle Zahlen beruhen auf den von den Airlines gemeldeten Abflügen.

Die starke Orientierung des Luftverkehrs auf relativ wenige zentrale Punkte in Europa wird durch eine Analyse der Verkehrsströme deutlich. Auf die zwölf wichtigsten Länderpaare entfielen 2000 knapp 51% des gesamten innergemeinschaftlichen Fluggastaufkommens. Dabei war Großbritannien in sieben der zehn in Tabelle 4.1 aufgeführten Länderpaare Start- bzw. Landeort des Fluges und Deutschland in vier von zehn Fällen. Verbindungen von bzw. nach Deutschland und Großbritannien vereinen somit einen Großteil des gesamten Passagieraufkommens im innergemeinschaftlichen Flugverkehr auf sich. Denn auf Flüge von bzw. nach Großbritannien entfiel 2000 ein Anteil von 37,2%, auf Verbindungen von und nach Deutschland ein Anteil von 25,9%. Der Anteil Deutschlands an der Gesamtzahl der Reisenden in der EU wird allerdings noch durch die an zweiter Stelle liegenden Flugrouten von und nach Spanien mit einem Anteil von 30,5% übertroffen.[117]

Tabelle 4.2: Die wichtigsten Städtepaare im innergemeinschaftlichen Luftverkehr 2000

Rang	Städteverbindung	Passagierzahl [in Tsd.]	Rang 1999
1	Dublin – London	4.392	1
2	Amsterdam – London	3.619	2
3	London – Paris	2.926	3
4	Frankfurt – London	2.184	4
5	London – Madrid	1.739	8
6	London – Mailand	1.676	5
7	London – Malaga	1.646	11
8	London – Rom	1.642	6
9	Madrid – Paris	1.586	12
10	Brüssel – London	1.395	7
11	London – Barcelona	1.375	17
12	London – Palma de Mallorca	1.372	14

Quelle: EUROSTAT (2003), S. 3. Die Zahl der Fluggäste bezieht sich jeweils auf den Verkehr in beide Richtungen. Alle Zahlen beruhen auf den von den Airlines gemeldeten Abflügen.

Aus einer von EUROSTAT veröffentlichten Aufstellung über die wichtigsten Städteverbindungen im Luftverkehr zwischen den Mitgliedstaaten des Jahres 2000 geht hervor, dass die europäischen Metropolen ebenfalls sehr unterschiedlich in das Luftverkehrsgeschehen und die Verkehrsströme eingebunden sind. Im Jahr 2000 existierten in der EU lediglich 26 Städtepaare mit einem Fluggastaufkommen von mehr als eine Million Fluggästen, 1999 waren es nur 19 gewesen.[118] Tabelle 4.2 liefert eine Übersicht über die zwölf wichtigsten innereuropäischen Städteverbindungen. In dieser Auflistung ist besonders auffällig, dass London bei elf der aufgeführten Städteverbindungen den Abflugs- oder Landepunkt einer Reise darstellt.[119]

---

[117] Vgl. EUROSTAT (2001), S. 3.
[118] Vgl. EUROSTAT (2003), S. 3.
[119] Diese Zahlen zeigen, dass trotz des intermodalen Wettbewerbs (Fähren und Kanaltunnel) und der so geschaffenen Substitutionsmöglichkeit im Personenverkehr London für den innereuropäischen Luftverkehr weiterhin eine wichtige Rolle spielt, was zum einen auf die Insellage

Andere europäische Metropolen wie Amsterdam, Frankfurt, Paris oder Madrid waren maximal zweimal Ausgangs- oder Endpunkt eines Fluges.

Die ausgewählten Statistiken zeigen die ungleichmäßige Verteilung des Luftverkehrsaufkommens im europäischen Verkehrsgebiet, welche sich aus der geographischen Lage der urbanen und industriellen Agglomerationen ergibt, und zu einer Konzentration des Nachfragepotenzials auf einige zentrale Punkte in Europa führt.[120] Diese Konzentration des Luftverkehrs auf die europäischen Wirtschafts- und Tourismuszentren spiegelt sich im Kurz- und Mittelstreckencharakter des innereuropäischen Luftverkehrsmarkts wider, da die Entfernungen zwischen den wichtigsten Verkehrspunkten selten über 1.000 km liegen. Diese relativ kurzen Reisedistanzen führen auf den Luftverkehrsmärkten innerhalb der EU – mit Ausnahme der Märkte von und nach Großbritannien – zu der starken Substitutionskonkurrenz durch die Bodenverkehrsträger.

4.2 Das ökonometrische Modell

In diesem Abschnitt werden die ökonometrischen Grundlagen des Nachfragemodells herausgearbeitet. Von besonderer Bedeutung sind bei einer empirischen Analyse sowohl die Spezifikation der Schätzfunktion als auch das gewählte Schätzverfahren. Das dieser Arbeit zugrunde liegende Datenmaterial aus Zeitreihen- und Querschnittsdaten, das im weiteren Verlauf dieses Kapitels noch näher beschrieben wird, erlaubt jedem Anwender eine Auswahl aus mehreren alternativen ökonometrischen Schätzmethoden. Die hier durchgeführten Schätzungen basieren auf dem Verfahren der so genannten Paneldatenanalyse. Die Eigenschaften und Besonderheiten dieser Methode werden daher kurz in Abschnitt 4.2.3 umrissen.

Die Spezifikation der Schätzfunktionen orientiert sich an der bisherigen verkehrswissenschaftlichen Literatur für Nachfragemodelle im Luftverkehrsbereich. Der nächste Abschnitt stellt einleitend die gängigsten Determinanten der Luftverkehrsnachfrage vor. Dazu zählen insbesondere der Flugpreis sowie einige Servicevariablen wie beispielsweise die Abflughäufigkeit oder die Flugzeuggröße.

4.2.1 Die Luftverkehrsnachfrage und ihre Determinanten

In der verkehrswissenschaftlichen Literatur ist eine Vielzahl von Arbeiten entstanden, die sich mit der Modellierung und Schätzung von Nachfragefunktionen

---

Großbritanniens und zum anderen auf die Stellung Londons als Drehkreuz für Interkontinentalflüge in Europa zurückzuführen ist.
[120] Vgl. ARNDT (2001), S. 1ff.

im Luftverkehr beschäftigt hat.[121] Diese Studien unterscheiden sich sowohl in ihrer Strecken- und Datenauswahl als auch in der Wahl der geeigneten ökonometrischen Schätzverfahren. Der Großteil der Arbeiten, der bisher für den innereuropäischen Luftverkehrsmarkt erschienen ist, hat sich entweder nur auf einzelne Flugstrecken oder Länderverkehre konzentriert oder benutzte relativ kurze Datenreihen für seine Schätzungen. Nichtsdestotrotz wurden in diesen Abhandlungen für den jeweils zugrundegelegten Datensatz unterschiedliche Einflussgrößen der Luftverkehrsnachfrage ermittelt.[122] Sämtliche dieser Variablen en detail vorzustellen, würde den Rahmen dieses Abschnitts sprengen. Hier werden deshalb lediglich die gängigsten und wichtigsten Faktoren ausführlich diskutiert. Begonnen wird mit der zu erklärenden Variablen (dem Regresssanden), d.h. der Luftverkehrsnachfrage selbst. Danach werden die geographischen und sozioökonomischen Determinanten der Nachfrage beschrieben, bevor auf die service-bezogenen Variablen genauer eingegangen wird.

Die abhängige Variable

Stellvertretend für die Luftverkehrsnachfrage wird wie allgemein üblich die Zahl der tatsächlich beförderten Passagiere auf einer Flugstrecke als zu erklärende Variable benutzt. Die Verwendung dieser Streckendaten anstelle von Fluggastdaten auf Airlineebene erfordert allerdings eine strenge Symmetrieannahme bezüglich des Anbieterverhaltens. Wie bereits von DRESNER und TRETHEWAY ausgeführt, muss dabei entweder vereinfachend unterstellt werden, dass die abgebildeten Verhaltensfunktionen der Anbieterseite das durchschnittliche Marktverhalten sämtlicher Anbieter widerspiegeln oder dass die Marktgleichgewichte bezogen auf die Tarifhöhe und das Serviceangebot symmetrisch sind.[123] Anders ausgedrückt: Man setzt bei der Verwendung dieser Zeitreihe als die zu erklärende Variable voraus, dass die mögliche, aber nicht zu beobachtende Unternehmensheterogenität keinen Einfluss auf die Schätzergebnisse hat. Prinzipiell wäre die Validität einer derartigen Annahme jedoch empirisch zu überprüfen, allerdings erlauben die vorhandenen Datensätze einen solchen Test nicht.

Auch inhaltlich ist die Verwendung dieser Datenreihe mit Problemen behaftet. Zum einen werden alle Fluggäste auf einer Städteverbindung als Passagiere auf dieser speziellen Flugroute angesehen, unabhängig davon, ob ihre Reise wirklich am Abflugs- oder Zielort begann oder dort endete (Stichwort: Umsteigepassagiere). Darüber hinaus ist keine Unterscheidung zwischen Geschäfts- und Privatreisenden möglich. Dies wäre aber eigentlich notwendig, da die Nachfrage nach

---

[121] Einen Literaturüberblick über Arbeiten zu Nachfragefunktionen im Luftverkehr bietet beispielsweise JORGE-CALDERON (1997), S. 23ff.

[122] Eine große Auswahl der möglichen Determinanten findet sich in der Arbeit von ODENTHAL (1983).

[123] Vgl. DRESNER und TRETHEWAY (1992), S. 178.

Luftverkehrsdienstleistungen eng mit dem Reisezweck verbunden ist, d.h. stets eine abgeleitete Nachfrage darstellt. Erschwerend kommt hinzu, dass bei diesen Datensätzen der Ausgangs- bzw. Endpunkt eines Fluges immer eine Stadt und kein Flughafen ist. So beziehen sich bei europäischen Metropolen mit mehren Flughäfen wie London oder Paris die Datenreihen auf sämtliche Luftlandeplätze, die dieser Stadt zugeordnet sind.

Geographische und sozioökonomische Faktoren
Die Bedeutung der geographischen und sozioökonomischen Einflussgrößen beruht auf den Überlegungen zu so genannten Aufkommensmodellen. Sie stellen eine Erweiterung der ursprünglichen Gravitationsmodelle dar[124] und sollen die ökonomischen Aktivitäten in einer Region sowie das soziale und wirtschaftliche Zusammenspiel zwischen Start- und Zielregion erfassen und im Modell widerspiegeln.
Die wichtigste geographische Einflussgröße ist die Entfernung zwischen Start- und Landepunkt. Von dieser Variable wird angenommen, dass sie die Luftverkehrsnachfrage in zweierlei Weise beeinflusst.[125] Einerseits wird ein negativer Nachfrageeffekt vermutet, da mit steigender Distanz, die sozialen und wirtschaftlichen Verflechtungen zwischen den beiden Regionen ceteris paribus abnehmen. Andererseits wächst bei zunehmender Entfernung der relative Wettbewerbsvorteil des Flugverkehrs in Bezug auf die Reisezeit, was sich wiederum positiv auf die Nachfrage auswirken sollte.
Die soeben angesprochenen Zeitvorteile des Flugzeugs gegenüber den konkurrierenden Verkehrsmitteln auf bestimmten Verbindungen führen zur Rolle des intermodalen Wettbewerbs in Nachfragemodellen. Neben der zurückzulegenden Entfernung ergeben sich auch durch topographische Gegebenheiten, die in Form von Gebirgszügen und Wasserstrecken den Oberflächenverkehr behindern, Zeitvorteile für den Luftverkehr. Um den intermodalen Wettbewerb in Nachfragefunktionen berücksichtigen zu können, werden entweder Variablen für die Reisekosten mit den Bodenverkehrsträgern in die Schätzungen aufgenommen,[126] Reisezeitvergleiche durchgeführt[127] oder Dummy-Variablen eingeführt, die bei der Überquerung von Gebirgszügen oder Wasserflächen den Wert eins annehmen und Null sonst,

---

[124] Zu den Unterschieden zwischen Aufkommens- und Gravitationsmodellen siehe ODENTHAL (1983), S. 151ff. Zu der funktionalen Formulierung und den Eigenschaften von Gravitationsmodellen sei u.a. auf RICHTER (1995), S. 245ff., verwiesen.
[125] Vgl. VAKIL und RUSSON (1996), S. 176f.
[126] Vgl. beispielsweise ABRAHMS (1983), der in seinem Ansatz für den Luftverkehrsmarkt der USA nach 1978 die durchschnittlichen Kosten einer Autofahrt zwischen den betrachteten Städten als Variable in seine Schätzfunktion aufgenommen hat.
[127] Vgl. ODENTHAL (1983), S. 176ff.

um die Wirkung dieser natürlichen Barrieren auf die Verkehrsträgerwahl berücksichtigen zu können.[128]

In der Literatur werden zur Erfassung der industriellen, ökonomischen und sozialen Aktivitäten innerhalb ökonometrischer Modelle im Wesentlichen zwei Indikatoren angeführt: zum einen die Bevölkerungsentwicklung und zum anderen das Pro-Kopf-Einkommen.[129] Für die Bedeutung der Bevölkerungszahlen gilt allgemein, dass je mehr Menschen in den beiden Regionen leben, desto größer ist das Interaktionsbedürfnis, was sich zum Teil auch in der Luftverkehrsnachfrage widerspiegeln wird. Der Einfluss des Einkommens auf das Verkehrsvolumen ergibt sich aus einfachen mikroökonomischen Plausibilitätsüberlegungen. Betrachtet man Luftverkehrsreisen als superiore Güter[130] und wird Rationalverhalten seitens der Wirtschaftssubjekte angenommen, dann erhöht sich bei steigendem Einkommen ceteris paribus die Nachfrage nach Flugreisen.[131]

Als ein weiterer Verkehrspotenzial erzeugender Faktor setzte sich in einigen Aufkommensmodellen das Handelsvolumen zwischen den Quell- und Zielorten durch.[132] Diese Größe repräsentiert die wirtschaftliche Verflechtung der Regionen untereinander. Der Zusammenhang zwischen Verkehrs- und Handelsvolumen geht auf die Überlegung zurück, dass vor jeder Handelstransaktion das Knüpfen von Geschäftsbeziehungen steht, die überwiegend des persönlichen Kontakts bedürfen.[133] Sofern keine alternativen Verkehrsmittel zur Verfügung stehen, wird sich die Nachfrage nach Luftverkehrsdienstleistungen erhöhen.

Service-bezogene Faktoren

Unter die Gruppe service-bezogener Determinanten können sämtliche von den Luftverkehrsbetrieben zu beeinflussenden Faktoren subsumiert werden, also jene Einflussgrößen, die von den Airlines durch ihre Preis-, Produkt-, Distributions- und Kommunikationspolitik gesteuert werden.

Die Standardvariable ist hierbei der Flugpreis. In der Literatur wird davon ausgegangen, dass eine Luftverkehrsreise bezogen auf die direkte Preiselastizität ein

---

[128]   Vgl. JORGE-CALDERON (1997), S. 27.

[129]   Vgl. VERLEGER (1972). In dieser Arbeit werden verschiedene Modelle, die mittels Preis-, Bevölkerungs- und Einkommensvariablen das Nachfragevolumen erklären, detailliert und in verschiedenen Varianten diskutiert.

[130]   Diese Annahme ergibt sich aus dem ENGELschen Gesetz. Geht man davon aus, dass Luftverkehrsreisen aus dem Einkommen finanziert werden, dass nicht der Existenzsicherung dient. Steigt das Einkommen der Wirtschaftssubjekte, dann wird der finanzielle Spielraum für Flugreisen größer und die private Nachfrage nach Luftverkehrsdienstleistungen steigt ceteris paribus.

[131]   Vgl. MUTTI und MURAI (1977).

[132]   Vgl. MAILLEBIAU und HANSEN (1995).

[133]   Vgl. POMPL (1998), S. 151.

normales Gut darstellt und somit ceteris paribus ein negativer Zusammenhang zwischen Flugpreis und Nachfrage zu erwarten ist. In verschiedenen empirischen Studien ließ sich ein signifikant negativer Einfluss des Preises auf die Luftverkehrsströme nachweisen. Aufgrund der uneinheitlichen Streckencharakteristika (inländischer vs. internationaler Flugverkehr oder Freizeit- vs. Geschäftsreiseverkehr) und der alternativen ökonometrischen Schätzmethoden der einzelnen Arbeiten unterscheiden sich die ermittelten Werte für die Preiselastizität der Nachfrage in erheblichem Maße.[134]

Ein weiteres Problem bei der Verwendung des Flugpreises als erklärende Variable ergibt sich daraus, dass aufgrund der im Luftverkehr üblichen Preisdiskriminierung nicht nur ein Preis pro Flug existiert, sondern mittlerweile eine Vielzahl von Tarifen und Produkten für jeden einzelnen Flug berechnet werden. Darüber hinaus hat die Zahl an Sondertarifen für die einzelnen Flüge zugenommen. Allerdings existieren keine öffentlich zugänglichen statistischen Daten, die eine Identifikation der genauen Passagierzahlen für jede einzelne Tarifklasse zulassen. Eine exakte empirische Ermittlung der Preiselastizitäten der Nachfrage pro Kundensegment ist daher ohne Zugang zu Airline-internen Daten unmöglich bzw. nur näherungsweise möglich.[135]

Zur Lösung dieses Problems werden in der Literatur mehrere Ansätze diskutiert.[136] So bietet es sich an, als Preisvariable entweder den Standard-Economy-Tarif für jede Flugreise, auch Y-fare genannt, den Yield (Preis für die Luftbeförderung eines Passagiers über einen Kilometer oder eine Meile) oder einen Tarifindex als Preissurrogat zu benutzen. Möglich wäre auch die Verwendung eines Durchschnittspreises, der sich aus den verschiedenen Preisklassen eines Fluges errechnen lässt. Diese Arbeit folgt den beiden zuerst genannten Ansätzen und greift bei ihren Untersuchungen ähnlich wie andere Studien über den europäischen Luftverkehrsmarkt auf den Standard-Economy-Tarif zur Berechnung des Yield zurück.[137] Dieser wird in aller Regel in empirischen Untersuchungen als relevanter

---

[134] In einer Studie, in der eine Vielzahl von empirischen Arbeiten zur Luftverkehrsnachfrage miteinander verglichen werden, präsentierten OUM, WATERS II und YONG (1992) (absolute) Werte für die Preiselastizität der Nachfrage in einer Spannbreite von 0,4 bis 4,51. Dabei liegen die meisten Schätzergebnisse im Bereich von 0,8 bis 2,0. Die Ergebnisse einer Literaturrecherche von GILLEN, HINSCH, MANDEL und WOLF (2001), S. 124, liefern ein ähnliches Bild. Hier liegen die Werte der Preiselastizitäten zwischen −0,51 und −1,65.

[135] Einige Wissenschaftler sind manchmal aufgrund von Forschungsarbeiten für einzelne Gesellschaften in der Lage, auf deren unternehmensinterne Daten zurückgreifen zu können. Sie können dabei die Einflüsse der verschiedenen Faktoren auf die Nachfrage in den einzelnen Kundensegmenten bestimmen. Als Beispiel sei hier die Arbeit von CASTELLI, PESENTI und UKOVICH (2003) zu nennen, die bei ihren Berechnungen die Datensätze von AIR DOLOMITI nutzen durften.

[136] Vgl. beispielsweise STRASZHEIM (1978), S. 180ff., und VERLEGER (1972), S. 441f.

[137] Hierzu zählen beispielsweise die empirischen Studien von JORGE-CALDERON (1997), MARIN (1995) und SCHIPPER, RIETVELD und NIJKAMP (2002). Die Verwendung des Yield anstelle

Flugtarif angesehen. Geht man von Preisdiskriminierung dritten Grades aus, dann maximieren Fluggesellschaften ihre Gewinne unter der Nebenbedingung einer maximal zu erhebenden Preisdifferenz zwischen zwei Nachfragegruppen.[138] Diese Preisdifferenz kann als Kosten der Geschäftsreisenden interpretiert werden, die sie zu entrichten haben, um sich von den Freizeitreisenden abzugrenzen. Diese Differenz ist ceteris paribus von zwei Faktoren abhängig: Der Preiselastizität der Nachfrage und der Kreuzpreiselastizität. Nimmt man ferner an, dass diese beiden Größen auf den Strecken des Samples konstant sind, kann davon ausgegangen werden, dass ein fester Zusammenhang in Form eines Preisauf- bzw. -abschlags zwischen den einzelnen Tarifgruppen besteht.[139] Daher ist es vertretbar, den Standard-Economy-Tarif als relevanten Preis anzusehen. Auch wenn zurzeit keine elegantere Lösung des Problems greifbar ist, bleibt festzuhalten, dass die Wahl dieses relativ einfachen Wegs der Vielzahl der in der Realität verfügbaren Tarife nicht gerecht wird.

Denkbar wäre zusätzlich zu einer Preisdeterminante der Einsatz von Variablen, die das Angebot von Sondertarifen auf den Strecken berücksichtigen. So könnten in die Schätzgleichung einerseits die Anzahl der gewährten Sondertarife aufgenommen oder andererseits ein Satz von Dummy-Variablen integriert werden, die jeweils die Verfügbarkeit von unterschiedlichen Arten von Discount-Tarifen (beispielsweise je nach Rabatthöhe) auf bestimmten Relationen repräsentieren.

Neben dem Preis spielt auch die Qualität der Transportdienstleistung bei der Wahlentscheidung der Passagiere für eine Airline bzw. das Verkehrsmittel Flugzeug eine wichtige Rolle. Aus der Literatur lassen sich im Wesentlichen drei stellvertretende Variablen für die Qualität der Serviceleistung deduzieren: die Abflugfrequenz, die Ladefaktoren und die Flugzeuggröße.[140] Die Häufigkeit der Flüge

---

des Flugpreises soll das Problem der Multikollinearität in den Schätzungen vermeiden, da ein Zusammenhang zwischen dem Flugpreis und der zurückgelegten Entfernung zu vermuten ist. Vgl. JUNG und FUJII (1976), S. 258.

[138]   Vgl. HOLMES (1989), S. 245ff.

[139]   Diese Annahme lässt sich durch die Ergebnisse empirischer Studien rechtfertigen. MARÍN (1995) weist beispielsweise in seiner Abhandlung über die Preisentwicklung im europäischen Luftverkehr eine konstante Kovarianz von 0,91 zwischen Business- und Freizeittarifen nach.

[140]   Vgl. IPPOLITO (1981), S. 9f. Darüber hinaus lassen sich natürlich weitere Servicedeterminanten für die Verkehrsmittelwahl finden. Da ist zum Beispiel die gesamte Reisedauer zu nennen. Wie lange dauert es mit Berücksichtigung der An- und Abfahrt vom bzw. zum Bahnhof oder Flughafen, der Check-in-Zeit und der eigentlichen Beförderungszeit (beim Flugzeug inklusive der Rollzeiten) von einem Start- zu einem Zielort. Derartige Angaben stehen für den europäischen Verkehrsmarkt nur begrenzt zur Verfügung, so dass diese Größe hier keine Berücksichtigung findet. Als weitere Einflussgröße lässt sich die Sicherheit einer Verkehrsträgers oder auch einer Fluggesellschaft anführen. Da in Europa die Fluggesellschaften in Sicherheitsangelegenheiten doch eher als homogene Gruppe und darüber hinaus die Verkehrsträger in der EU als relativ sicher anzusehen sind, sollte dieser Aspekt in Europa kein allzu schwerwiegendes Entscheidungskriterium sein.

sowie die Ladefaktoren stellen eine Maßzahl für die Verspätungskosten der Reisenden dar. Je höher die angebotene Flugfrequenz, desto geringer die Differenz zwischen der vom Nachfrager präferierten Abflugzeit und dem nächstmöglichen Abflugtermin einer Maschine. Diese Differenz wird als Frequenzverspätung ('Frequency delay' oder 'Schedule delay') bezeichnet. Ladefaktoren hingegen stehen für die stochastische Verzögerung, also für die Gefahr aufgrund von Überbuchungen die gewünschte Abflugszeit nicht realisieren zu können und Nutzeneinbußen hinnehmen zu müssen. Während eine Reihe von Studien einen positiv signifikanten Zusammenhang zwischen Abflugfrequenz und Nachfragevolumen nachweisen, konnte kein eindeutig negativer Einfluss der Ladefaktoren auf die Luftverkehrsnachfrage ermittelt werden.[141]

Abbildung 4.1: Determinanten der Luftverkehrsnachfrage

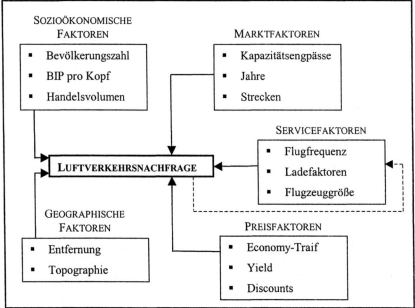

Quelle: eigene Darstellung in Anlehnung an CASTELLI, PESENTI und UKOVICH (2003).

---

[141] Die Werte für die Elastizität der Nachfrage bezogen auf die Abflughäufigkeit liegen, so andere empirische Studien, zwischen 0,56 und 1,01. Vgl. JORGE-CALDERON (1997), S. 24f. In der bereits angesprochenen Literaturrecherche von GILLEN, HINSCH, MANDEL und WOLF (2001), S. 124, ließen sich Werte für die Flugfrequenzelastizität der Nachfrage zwischen 0,05 und 0,2 finden.

Die durchschnittliche Flugzeuggröße repräsentiert mehrere Qualitätsgesichtspunkte zugleich. Ein größeres Flugzeug kann aufgrund der Kabinengröße subjektiv zu einem höheren Behaglichkeitsgefühl bei den Passagieren führen oder ihnen möglicherweise ein höheres Sicherheitsempfinden vermitteln. Ein zusätzlicher den Komfort betreffender Punkt liegt in den Geräusch- und Vibrationsniveaus der einzelnen Fluggeräte. Abgesehen von einigen Ausnahmen wie beispielsweise die strahlgetriebenen Regionalflugzeuge der Unternehmen BOMBARDIER, EMBRAER und FAIRCHILD DORNIER, sind Fluggeräte mit geringeren Sitzplatzkapazitäten in der Regel Propellerflugzeuge. Diese sind meist langsamer, lauter und vibrationsintensiver als die größeren düsenbetriebenen Verkehrsflugzeuge.

Die soeben beschriebenen möglichen Determinanten der Luftverkehrsnachfrage sind noch einmal in Abbildung 4.1 zusammengefasst dargestellt. Zu den beschriebenen Größen sind der Abbildung so genannte Marktfaktoren beigefügt worden, die als Dummy-Variablen in die Schätzfunktion eingehen und auf die Besonderheiten der betrachteten Märkte bzw. Strecken abstellen. Auf diese Weise sollen wachstumshemmende Wirkungen von Kapazitätsengpässen auf einigen europäischen Flughäfen und die einmaligen Effekte einzelner Ereignisse wie beispielsweise dem Golfkrieg in dem Modell aufgefangen werden. Da zusätzlich die Existenz streckenspezifischer Effekte nicht gänzlich ausgeschlossen werden kann, ist darüber hinaus der Einsatz von Routen-Dummies empfehlenswert, um diese nicht im Modell beobachteten Einflüsse zu erfassen. Die Relevanz dieser Effekte für das Nachfragemodell wurde statistisch getestet und wird später näher diskutiert.

4.2.2   Die Schätzfunktion

Anhand der in diesem Abschnitt spezifizierten Funktion sollen die jeweiligen Einflüsse der verschiedenen Variablen auf die Marktnachfrage identifiziert werden. Auf der Basis der Ausführungen des vorherigen Abschnitts und des ökonometrischen Verfahrens der vorwärtsgerichteten Variablenauswahl[142] für das vorhandene Datenmaterial wurden die Einflussfaktoren für die Schätzgleichungen bestimmt. Da die Schätzansätze jedoch nicht Modellen in reduzierter Form entsprechen, wurde zur Aufdeckung von fehlenden Variablen in den Schätzfunktionen der RAMSEY-RESET-Test (Regression Specification Error Test) durchgeführt.[143] Die

---

[142]   Die Ergebnisse dieses mehrstufigen Verfahrens sind im Anhang S. 167ff., dargestellt. Zu dem Verfahren selbst siehe beispielsweise TANEJA (1978), S. 145ff.

[143]   Vgl. zum Konzept und zur Prozedur des RAMSEY-RESET-Test u.a. STUDENMUND (2001), S. 193ff.

Hypothese wichtiger fehlender Variablen in den formulierten Modellen wurde in den meisten Fällen abgelehnt.[144] Die Variable *dist* steht für die einfache in Kilometern gemessene Nonstopentfernung zwischen Start- und Landepunkt. Zur Erfassung der sozialen Verflechtung wird die Bevölkerungszahl in den Regionen genutzt, wobei *pop* dem Produkt der Einwohnerzahlen in der jeweiligen Quell- und Zielregion eines Markts entspricht.[145] Die Größe *inc* repräsentiert das Einkommen der Wirtschaftssubjekte und ergibt sich aus der Multiplikation des jeweiligen Bruttoinlandsprodukts pro Kopf in den beiden Regionen, die durch die betrachtete Flugroute miteinander verbunden werden.

Die berücksichtigten Servicefaktoren auf der Angebotsseite sind Flugfrequenz, Flugzeuggröße sowie der Flugpreis. Als Preisvariable *fare/km* nutzt dieses Modell den durchschnittlichen Yield für Economy-Class-Passagiere pro Strecke. Die Flugfrequenz *freq* entspricht der Anzahl der Flüge pro Städteverbindung umgerechnet auf eine wöchentliche Basis. *Asize* als Variable der durchschnittlichen Flugzeuggröße wird mittels Division der angebotenen Gesamtsitzplatzzahl auf einer Strecke durch die Zahl der insgesamt durchgeführten Flüge berechnet. Die spezifizierte Schätzfunktion ist zusammengefasst in Gleichung 4.1 dargestellt:

$$pax_{kt} = f\left(dist_{kt}, pop_{kt}, inc_{kt}, fare/km_{kt}, freq_{kt}, asize_{kt}\right) \qquad (4.1)$$

wobei für jede Strecke *k* und für jeden Zeitpunkt *t*

pax	=	die Anzahl der tatsächlich beförderten Passagiere
dist	=	die einfache Nonstopflugdistanz
pop	=	das Produkt der Bevölkerungszahlen von Quell- und Zielregion
inc	=	das Produkt der Bruttoinlandsprodukte pro Kopf von Quell- und Zielregion
fare/km	=	durchschnittlicher Yield für Economy-Class Passagiere
freq	=	Zahl der Flüge
asize	=	Anzahl der angebotenen Sitzplätze pro Flug

---

[144] Für die letztendlich favorisierten Schätzansätze – dazu später mehr – wies der RAMSEY-RESET-Test lediglich für die Gruppe der liberalisierten Strecken auf fehlende Variablen hin.

[145] Alternativ flossen für die Variablen *pop* und *inc* auch die Summen der Bevölkerungszahlen bzw. der Pro-Kopf-Einkommen in die Schätzungen ein. Aufgrund des in allen untersuchten Fällen ermittelten höheren Erklärungsgehalts der multiplizierten Werte erhielten diese den Vorzug gegenüber den jeweiligen Summen.

ist. Zusätzlich verwendet das spezifizierte Modell noch folgende Kontrollvariablen, die auf die Besonderheiten und die Charakteristika der Flugstrecken und des Flugnetzes Rücksicht nehmen.

Um die Probleme von Kapazitätsengpässen auf einigen Flughäfen und damit Einschränkungen des Wachstumspotenzials im Modell erfassen zu können, wurden zwei Dummy-Variablen einbezogen. Die Variablen nehmen immer dann einen Wert von eins an, wenn einer der Flughäfen ($infra_1$) oder beide Flughäfen ($infra_2$) in den betrachteten Regionen Infrastrukturengpässen unterliegen; ansonsten erhalten sie den Wert Null. Nach den Untersuchungen der CIVIL AVIATION AUTHORITY (CAA) waren 1998 mehrere der großen europäischen Flughäfen an ihre Kapazitätsgrenzen gestoßen.[146] Dazu gehören die Flughäfen in Barcelona, Brüssel, Frankfurt, London, Madrid und Mailand. Daher werden sämtliche Flugrouten, deren Start- bzw. Endpunkt in einer bzw. in beiden der genannten Metropolen liegen, im Modell mit einem Wert von eins berücksichtigt.

Im europäischen Luftverkehr könnte es im Zuge der Liberalisierung zu einer Bildung eines Hub-and-Spoke-Netzwerks gekommen sein.[147] Um diese besondere Struktur von Zuliefer- und Hauptverkehren auf den verschiedenen Flugstrecken zu berücksichtigen, beinhaltet das Modell die Variablen (hub_1) und (hub_2). Diese Dummy-Variablen zeigen jeweils, ob ein oder beide Endpunkte einer Flugroute einen Hubflughafen darstellen. BURGHOUWT und HAKFOORT ermitteln im Rahmen einer Clusteranalyse unter Zuhilfenahme der WARD-Methode für den europäischen Verkehrsmarkt vier große Hubflughäfen mit starken internationalen sowie innereuropäischen Verbindungen und einer hohen durchschnittlich angebotenen Sitzplatzkapazität: Amsterdam, Frankfurt am Main, London Heathrow und Paris Charles des Gaulle.[148] Die Nutzung der Dummy-Variablen ermöglicht es, im Modell, die Unterschiede zwischen Hub-and-Hub- und Hub-and-Spoke-Verkehren zu erfassen.

Schlussendlich wird wie bereits erwähnt eine Gruppe strecken- und zeitspezifischer Dummy-Variablen integriert, die zur Bestimmung von nicht beobachtbaren Unterschieden zwischen den Flugrouten und den Beobachtungszeiträumen dienen.[149]

---

[146]   Vgl. CIVIL AVIATION AUTHORITY (1998), S. 78.
[147]   Anzeichen für ein derartiges Netzwerk im innereuropäischen Luftverkehr fanden BURGHOUWT und HAKFOORT (2001) sowie DE WIT, UITTENBOGAARD und WEI-YUN (1999).
[148]   Vgl. BURGHOUWT und HAKFOORT (2001).
[149]   Darüber hinaus empfiehlt sich stets die Aufnahme zeitspezifischer Dummy-Variablen bei Paneldatenanalysen, wenn T < N ist, also die vorhandene Periodenzahl kleiner ist als die Zahl der beobachteten Gruppen. Vgl. WOOLDRIDGE (2002), S. 448.

4.2.3 Schätzverfahren

In diesem Abschnitt sollen die theoretischen Grundlagen des „Pooling" von Quer-schnittsdaten im Zeitablauf kurz erläutert werden. Dies ist erforderlich, da das in dieser Arbeit genutzte ökonometrische Verfahren auf diese Weise in seinen we-sentlichen Grundzügen vorgestellt werden soll. Für eine umfassende Beschrei-bung der Methode muss aus Platzgründen aber auf die einschlägige Fachliteratur verwiesen werden.[150]

Im Vergleich zu einzelnen Regressionsanalysen, die für jede der ausgewählten Flugrouten hätten durchgeführt werden können, liegen die wesentlichen Vorteile des verwendeten „Pooling"-Verfahrens in der Erhöhung der Freiheitsgrade sowie der Reduktion von Multikollinearität.[151]

Die Beschreibung beginnt mit dem einfachsten Verfahren – dem „gepoolten" Schätzer (i.e. das Zusammenführen der Beobachtungen aller Strecken zu einer ho-mogenen Datenmenge) – bevor weiterentwickelte ökonometrische Verfahren des „Pooling" vorgestellt werden. Im Gegensatz zum einfachen „Poolen" von Quer-schnittsdaten berücksichtigen neuere Ansätze bei ihren Schätzungen die Panel-struktur im Störterm der Regression. Durch das Erfassen der Panelstruktur ist im Rahmen der Analyse eine Kontrolle der Heterogenität der Individuen und eine Isolation spezifischer Effekte möglich. Zu unterscheiden sind hierbei zwei Ansät-ze: Modelle mit so genannten „festen Effekten" (‚fixed effects') und Modelle mit „zufälligen Effekten" (‚random effects'). Vor der Vorstellung des Paneldaten-Ver-fahrens erfolgt eine Einführung in die Notation.

Die Grundstruktur von Regressionsmodellen bleibt bei diesen Verfahren erhalten, allerdings erhalten die Modelle doppelte Indizes:

$$y_{it} = \alpha + X'_{it}\,\beta + u_{it} \tag{4.2}$$

wobei i die Querschnittsreihen bezeichnet und t die Zeitperioden mit $i = 1, 2,..., N$ und $t = 1, 2,..., T$. α ist ein Skalar, β eine $K \times 1$ Matrix und X_{it} ist die it-te Beo-bachtung von K erklärenden Variablen. u_{it} beschreibt den Störmterm der i-ten Ein-heit zum Zeitpunkt t, und erfasst sämtliche Einflüsse, die nicht in der Regressor-matrix X enthalten sind.

Ausgehend von der Überlegung, dass die Ausprägungen der Koeffizienten appro-ximativ korrespondieren – also sowohl die Steigungen als auch die Achsenab-schnitte zwischen den Flugstrecken nicht variieren –, lassen sich die Beobachtun-

---

[150] Siehe beispielsweise BALTAGI (1995) oder HSIAO (1986).
[151] Vgl. zu diesen und weiteren Vorteilen der Paneldaten BALTAGI (1995), S. 3ff.

gen aller Gruppen i zu einer homogenen Datenmenge der Länge $N*T$ zusammenfügen. Unter der Annahme, dass

$$\alpha^P = \alpha_i$$
$$\beta^P = \beta_i \qquad \forall i = 1, \ldots, N$$

lässt sich das „gepoolte" Modell wie folgt formulieren:

$$y = \alpha^P i_N + X'\beta^P + u \tag{4.3}$$

wobei i_N ein Einservektor der Länge N ist.
Wie bereits erwähnt setzt dieses Verfahren die Gleichheit sämtlicher Koeffizienten voraus. Bei empirischen Arbeiten sind in der Regel aber nur die Steigungsparameter von Interesse, wogegen die qualitativen Variablen (die Achsenabschnitte) durchaus variabel sein dürfen. Die Einbeziehung von individuellen Lageparametern, die eine Isolierung spezifischer Effekte und eine Kontrolle heterogener Individuen ermöglicht, bildet die Grundidee und gleichzeitig die Stärke der Paneldatenanalyse gegenüber dem „Pooling"-ansatz.
Ansatzpunkt ist das Residuum eines ökonometrischen Modells, in dem sich der Erklärungsgehalt quantitativ nicht messbarer und anderer fehlender Variablen wiederfindet. Im Paneldatenmodell setzt sich der Störterm formal wie folgt zusammen:[152]

$$u_{it} = \mu_i + v_{it} \tag{4.4}$$

wobei die μ_i die querschnittsspezifischen, zeitinvarianten Komponenten – in dieser Analyse also die streckenspezifischen Effekte – und die v_{it} die restlichen Störungen im Modell sind. Die v_{it} sind die klassischen IID Zufallsvariablen mit einem Erwartungswert von Null und einer Varianz σ^2_v. In Matrixnotation kann Gleichung (4.2) dargestellt werden als

---

[152]   Hier wird der Regressionsansatz mit einem ,One-way'-Störterm beschreiben. In der ökonometrischen Praxis existiert ein zweiter Ansatz der Paneldatenanalyse, der zusätzlich zu den querschnittsspezifischen auch periodenspezifische Effekte erfasst. Dieser Ansatz wird in der Regel für mikroökonomische Analysen eingesetzt, in denen die periodenspezifischen Effekte makroökonomische Einflüsse darstellen, die sämtliche Wirtschaftssubjekte betreffen. Auf die Analyse dieser Arbeit übertragen, handelt es sich um übergeordnete oder globale Effekte, die einen Einfluss auf sämtliche Flugrouten haben. Da sich die theoretischen Aussagen des ,One-way' im Vergleich zum ,Two-Way'-Ansatz nur unwesentlich voneinander unterscheiden, wird hier nur der Weg des ,One-way'-Störterm beschrieben und für Regressionsmodelle mit einem ,Two-Way'-Störterm auf BALTAGI, (1995), S. 27ff., verwiesen.

$$y = \alpha i_{NT} + X\beta + u \tag{4.5}$$

wobei y die Dimension $NT \times 1$ hat, X eine $NT \times K$ Matrix und i_{NT} ein Einservektor der Dimension NT ist. Ebenso kann Gleichung (4.4) umgeschrieben werden als

$$u = Z_\mu \mu + v \tag{4.6}$$

mit $u' = (u_{11},...,u_{1T},u_{21},...,u_{2T},...,u_{N1},...,u_{NT})$ und $Z_\mu = I_N \otimes i_T$. Dabei ist I_N eine $N \times N$ Einheitsmatrix, i_T stellt einen Einservektor der Länge T dar und $\otimes$ beschreibt das KRONECKER-Produkt. Z_μ ist eine Auswahlmatrix aus Nullen und Einsen. μ und v ergeben sich zu $\mu' = (\mu_1,...,\mu_N)$ und $v' = (v_{11},...,v_{1T},...,v_{N1},...,v_{NT})$.

Es gilt an dieser Stelle, eine Entscheidung bezüglich der Annahme über die querschnittsspezifischen Komponenten μ_i zu treffen und sich somit für das Modell „fester" oder „zufälliger" Effekte zu entscheiden. Dies ist notwendig, da zwischen den Modellen sowohl Unterschiede in der Wahl des Schätzers als auch in den Schätzergebnissen existieren. Sind die μ_i feste Parameter in der jeweiligen Schätzfunktion oder sind die zeitinvarianten Komponenten reine Zufallsvariablen zwischen den Gleichungen des Panels? Oder wie es JOHNSTON und DINARDO formuliert haben, korrelieren die individuellen Effekte mit den Regressoren oder nicht?[153]

Leider existiert im Vorfeld einer empirischen Schätzung keine eindeutige Handlungsempfehlung für oder gegen den einen oder anderen Ansatz. Erst nachdem die Schätzungen sowohl für das Modell mit „festen" und mit „zufälligen" Effekten vorliegen, kann mittels des von HAUSMAN (1978) entwickelten Spezifikationstests überprüft werden, welcher Regressionsansatz besser geeignet ist, um die bestehenden Zusammenhänge zu erklären.[154]

Aus theoretischen und anwendungsbezogenen Überlegungen heraus – die nachfolgend aufgeführt sind – fiel die Wahl an dieser Stelle der Arbeit auf das Modell mit festen Effekten, also auf individuelle Achsenabschnitte für jede Flugstrecke. Im vorherigen Abschnitt wurde bereits erwähnt, dass für jede Strecke eine Dummy-Variable eingeführt werden soll, um die Unterschiede zwischen den Flugrouten zu erfassen. Die dahinterstehende Überlegung war, dass auf jeder Strecke spezifische Charakteristika existieren die einen Einfluss auf die erklärenden Variablen ausüben. Diese überaus realitätsnahe Annahme begründet gerade den Einsatz fester Effekte. Der Vorteil eines Modells mit zufälligen Effekten ist, dass es immer dann eine adäquate Spezifikation ist, wenn aus einer großen Beobachtungsmenge N Individuen zufällig ausgewählt werden, um von deren Verhalten Schlüsse auf das

---

[153] Vgl. JOHNSTON und DINARDO (1997), S. 391.

[154] Für eine Beschreibung des HAUSMAN Spezifikationstests wird auf BALTAGI (1995), S. 68ff., sowie auf GREENE (2000), S. 576ff., verwiesen.

der Gesamtheit zu ziehen.[155] Im Rahmen dieser Untersuchung werden aber alle vierzig Beobachtungen der Grundgesamtheit analysiert und nicht nur eine Auswahl derselben. JOHNSTON und DINARDO weisen außerdem darauf hin, dass ein Modell fester Effekte selbst dann konsistente Parameterschätzungen liefert, wenn ein Modell zufälliger Effekte gültig ist.[156] Daher liegt der Schluss nahe, sich für Modelle mit festen Effekten zu entscheiden, wenn keine eindeutigen Anzeichen für die Unkorreliertheit der individuellen Effekte mit den Regressoren vorliegen. Die Nachteile der Modellspezifikation mit festen Effekten im Vergleich zu Modellen zufälliger Effekte liegen in einer weitaus größeren Zahl an Parametern, in einem Verlust an Freiheitsgraden und einer Verschwendung von Informationen aus dem Vergleich der Individuen und Perioden.

Im Modell fester Effekte wird aus Gleichung (4.2)

$$y_{it} = \alpha + X'_{it}\beta + \sum_{i=1}^{N} \mu_i D_i + v_{it} \qquad (4.7)$$

wobei D_i die Dummy-Variable der i-ten Strecke ist. Unter der Voraussetzung, dass die Restriktion

$$\sum_{i=1}^{N} \mu_i = 0 \qquad (4.8)$$

erfüllt ist und die klassischen Eigenschaften des Störterms – hier v_{it} – Gültigkeit haben, ist der OLS-Schätzer BLUE (beste lineare und unverzerrte Schätzfunktion). Obwohl die Bedingung (4.8) impliziert, dass bereits eine Dummy-Variable aus dem Gleichungssystem eliminiert wurde, um das Auftreten perfekter Multikollinearität zu vermeiden,[157] besteht aufgrund der noch vorhandenen Dummies weiterhin die Gefahr der Multikollinearität. Zusätzlich wird aufgrund der Vielzahl der benötigten Dummy-Variablen die beim OLS-Verfahren zu invertierende Matrix $X'X$ sehr groß.

Um diese Probleme zu umgehen, könnte der Vektor β zunächst ohne länderspezifische Effekte geschätzt werden. Dazu findet eine Transformation des Modells durch eine Mittelwertsbereinigung statt. Für eine Einfachregression wird Gleichung (4.2) zu

$$y_{it} = \alpha + \beta x_{it} + \mu_{it} + v_{it} \qquad (4.9)$$

---

[155] Vgl BALTAGI (2002), S. 311.
[156] Vgl. JOHNSTON und DINARDO (1997), S. 403.
[157] Siehe zum Problem perfekter Multikollinearität der Dummy-Variablen mit dem Achsenabschnitt α, auch Dummy-Variablen-Falle genannt, BALTAGII (2002), S. 85f.

Bildet man die Periodendurchschnitte $\bar{y}_{i.}$ und danach unter Berücksichtigung von (4.8) die Beobachtungsdurchschnitte $\bar{y}_{..}$ von (4.9), ergibt sich

$$y_{it} - \bar{y}_{i.} = \beta(x_{it} - \bar{x}_{i.}) + (v_{it} - \bar{v}_{i.}) \tag{4.10}$$

Auch bei dieser Gleichung führt das OLS-Verfahren zum gleichen Schätzer von β wie Gleichung (4.7). Dieses Verfahren wird in der Literatur ,Least squares dummy variable estimator' (LSDV) oder $\tilde{\beta}$ genannt. Dieser wird auch als ,Within-Schätzer' bezeichnet, da nach der Ausblendung der Variationen zwischen den Beobachtungen und der spezifischen Effekte lediglich die Schwankungen innerhalb eines Individuums berücksichtigt werden. Im Nachhinein lassen sich noch die Werte für den mittleren Achsenabschnitt

$$\tilde{\alpha} = \bar{y}_{..} - \tilde{\beta}\bar{x}_{..} \tag{4.11}$$

und für die individuellen Effekte

$$\tilde{\mu}_i = (\bar{y}_{i.} - \bar{y}_{..}) - \tilde{\beta}(\bar{x}_{i.} - \bar{x}_{..}) \tag{4.12}$$

berechnen.

In Matrixnotation kann die Transformation dargestellt werden, indem der Störterm (4.6) in (4.5) eingesetzt wird. Daraus ergibt sich

$$y = \alpha i_{NT} + X\beta + Z_\mu \mu + v \tag{4.13}$$

Z_μ ist eine $NT \times N$ Matrix der individuellen Dummies.[158] Um die bereits genannten Probleme bei der Anwendung des OLS-Verfahrens zur Schätzung der Parameter α und β zu umgehen, kann man aus Gleichung (4.13) den LSDV-Schätzer erhalten, indem man die Z_μ Variablen zurücklässt. Dies geschieht durch das Modell

$$Qy = QX\beta + Qv \tag{4.14}$$

mit

$$Q = I_{NT} - P \tag{4.15}$$
$$P = I_N \otimes \bar{J}_T \tag{4.16}$$
$$\bar{J}_T = \frac{J_T}{T} \tag{4.17}$$

---

[158] Zur Vermeidung der perfekten Multikollinearität mit der Einserspalte bleibt in der Matrix Z_μ eine Spalte frei.

wobei J_T eine Einsermatrix der Dimension $T \times T$ ist. P ist eine Matrix, die jedes Individuum um seinen Periodendurchschnitt bereinigt. Und die erzeugte Matrix Q der Dimension $NT \times NT$ enthält sämtliche Abweichungen von den individuellen Mittelwerten. Da sie symmetrisch und idempotent ist und zusätzlich orthogonal auf Z_μ steht, ist das Skalarprodukt der beiden Matrizen gleich Null. Die Multiplikation des Modells mit Q „vernichtet" die spezifischen Effekte der Individuen. Der OLS-Schätzer lautet:

$$\tilde{\beta} = \left(X'QX\right)^{-1} X'Qy \tag{4.18}$$

mit der Varianz $\mathrm{var}\left(\tilde{\beta}\right) = \sigma_v^2 \left(X'QX\right)^{-1}$.

Wenn (4.7) das wahre Modell darstellt, dann ist der LSDV, solange die v_{it} die klassischen Eigenschaften des Störterms erfüllen, BLUE. Bei unendlichem Zeithorizont ist der „Feste Effekte"-Schätzer konsistent. Allerdings ist bei begrenzter Periodenlänge T und bei N $\to \infty$ nur der Schätzer für β konsistent, der Schätzer für die individuellen Effekte (α + μ$_i$) hingegen nicht.[159]

4.3   Streckenauswahl

Die Grundlage für die empirischen Untersuchungen bilden die Datensätze für vierzig Städteverbindungen innerhalb der Grenzen der Europäischen Union. Die Daten beziehen sich ausschließlich auf Verbindungen des grenzüberschreitenden Passagierflugverkehrs im Liniendienst. Die alleinige Berücksichtigung dieser Strecken ergibt sich zum einen aus dem gesetzten Untersuchungsziel, die Auswirkungen der Liberalisierungsmaßnahmen in den Ländern der EU für den internationalen Luftverkehr zu bewerten, und zum anderen pragmatisch aus der Verfügbarkeit und Vergleichbarkeit der benötigten Datensätze. Der Untersuchungszeitraum reicht von 1989 bis zum Jahre 1999. In diesem Abschnitt sollen neben der Vorstellung des Streckensamples auch die Kriterien erläutert werden, die zu dieser Routenauswahl geführt haben.

Wie bereits in Kapitel drei dargestellt, erfolgte die Liberalisierung des Luftverkehrs in Europa auf unterschiedlichen Ebenen. Um die differierenden rechtlich-institutionellen Rahmenbedingungen im europäischen Luftverkehr zu berücksichtigen, wurden daher drei verschiedene Gruppen von Flugverbindungen gebildet. Gruppe eins beinhaltet jene Städtepaare, die während des gesamten Untersuchungszeitraums aufgrund von bilateralen Verträgen vollständig liberalisiert waren. Gruppe zwei umfasst die Flugstrecken, die in dieser Periode durch ein teilweise liberalisiertes Umfeld geprägt waren. Damit sind jene Routen gemeint, auf

---

[159]   Vgl. BALTAGI (2002), S. 310.

denen entweder nur der Streckenzugang oder nur die Kapazitätsanpassung oder nur die Tariffestlegung liberalisiert wurde. Dabei kann die Liberalisierung vollständig oder begrenzt stattgefunden haben. In der dritten Gruppe sind schließlich die Verbindungen enthalten, die erst durch die Liberalisierungspakete für den Wettbewerb geöffnet wurden. Aus dieser Dreiteilung ergibt sich auch die Abgrenzung des Untersuchungszeitraums, da eine überschneidungsfreie Einteilung der Gruppen erst seit 1989 möglich ist.[160] „Vollkommen liberalisiert" waren neun der vierzig ausgewählten Flugrouten, zehn der betrachteten Städtepaare waren teilweise reglementiert, und 21 durchliefen den Liberalisierungsprozess der EU-Kommission. Diese Aufteilung wurde gewählt, um gemessen an den Fluggastzahlen auf drei ungefähr gleich „stark" besetzte Beobachtungsgruppen – die je ein Drittel der Grundgesamtheit repräsentieren – zurückgreifen zu können.[161] Damit ist die Vergleichbarkeit der Untersuchungsergebnisse unter den drei Gruppen gewährleistet.

Aus der Untersuchung wurden sämtliche Verbindungen von und nach Finnland, Österreich und Schweden ausgeklammert, da diese drei Nationen erst 1995 der EU beitraten, und vom Prozess der Liberalisierung des innergemeinschaftlichen Luftverkehrs erst nach dessen Ende erfasst wurden.[162] Mögliche Verzerrungen innerhalb des Datensatzes, die zu verfälschten Untersuchungsergebnissen führen können, wurden so vermieden.

Neben dem jeweils geltenden rechtlich-institutionellen Rahmen waren zwei weitere Kriterien für die Auswahl der vierzig internationalen Flugstrecken verantwortlich. Um die Entwicklung des unionsweiten Luftverkehrs innerhalb des Streckensamples so realistisch wie möglich nachzubilden, wurde die Bedeutung der einzelnen Städteverbindungen für den innergemeinschaftlichen Flugverkehr mit berücksichtigt. Sechzehn der ausgewählten Flugverbindungen gehören – gemessen in Fluggastzahlen des Jahres 1998[163] – der Gruppe der 29 am stärksten frequentierten Strecken in der EU an. Um die Position Londons als wichtigstes Drehkreuz im

---

[160] Die endgültige Liberalisierung des Luftverkehrs zwischen Irland und dem Vereinigten Königreich erfolgte erst 1988. Die neu verhandelten bilateralen Verträge zwischen Deutschland und Spanien sowie zwischen Deutschland und Frankreich traten 1989 in Kraft. Vgl. Kapitel drei, Abbildung zwei.

[161] Vgl. Anhang, S. 177.

[162] In einigen Arbeiten über Luftverkehrsangelegenheiten in der Europäischen Union werden Finnland, Österreich und Schweden nicht aus den Betrachtungen ausgeschlossen, da diese bis zu ihrem Beitritt zur EU Angehörige des Europäischen Wirtschaftsraums (EWR) waren und somit die Wettbewerbsregeln der Europäischen Gemeinschaft auch für sie galten. Vgl. BETANCOR und CAMPOS (2000). Allerdings traten die Verordnungen im Bereich des Luftverkehrs erst am 01.07.1994 in Kraft, also 1 ½ Jahre nach den Regelungen für die EU-Mitgliedstaaten. Damit ist ein Ausschluss dieser Nationen aus dem Streckensample zu rechtfertigen. Vgl. Beschluss des Gemeinsamen EWR-Ausschusses Nr. 7/94 vom 21.03.1994, Abl. Nr. L 160, 28.06.1994, S. 87ff.

[163] Vgl. EUROPÄISCHE KOMMISSION (2001), S. 174.

europäischen Luftverkehr adäquat zu berücksichtigen,[164] stellt die englische Metropole auf vierzehn der vierzig ausgesuchten Routen den Start- bzw. Zielort dar. Auf Frankfurt und Paris entfallen noch acht bzw. sieben der City-pairs. Das dritte Kriterium, das zur Auswahl der Strecken herangezogen wurde, ist geographischer Natur. Die Flugstrecken sollten weitestgehend das ganze Gebiet der Europäischen Union abdecken. Daher wurde pro Mitgliedsstaat zumindest eine Flugroute – mit Ausnahme Luxemburgs, das nicht berücksichtigt wurde[165] – in das Sample aufgenommen. Die durchschnittliche Streckenlänge beträgt 928,7 km, die kürzeste – die Städteverbindung von Dublin nach Liverpool – misst 223 km Länge, die längste führt über 2.413 km von Athen nach London.

In Abbildung 4.2 sind die ausgewählten Städtepaare – ihrer jeweiligen Gruppe zugeordnet – mit der entsprechenden Entfernungsangabe in Kilometern und ihrer Position im unionsweiten Vergleich der 29 am stärksten frequentierten Flugverbindungen aufgeführt.

Abbildung 4.2: Streckensample

	Entfernung [km]	EU-Städteverbindungen [Rang 1998]
Vollkommen liberalisiert		
Amsterdam-London	372	2
Amsterdam-Manchester	484	
Brüssel-London	350	5
Brüssel-Manchester	536	
Dublin-Liverpool	223	
Dublin-London	450	1
Dublin-Manchester	264	
Frankfurt-London	653	4
London-München	940	15
Partiell liberalisiert		
Barcelona-Frankfurt	1.092	
Barcelona-London	1.145	18
Frankfurt-Madrid	1.422	
Frankfurt-Paris	471	17

---

[164]   Siehe Abschnitt 4.1 dieser Arbeit.
[165]   Da Belgien bei 8 und die Niederlande bei 3 der ausgewählten Routen den Abflugs- bzw. Ankunftsort darstellen, dürfte unter der Annahme einer relativen Homogenität der Beneluxstaaten die Ausklammerung Luxemburgs nicht zu schwerwiegenden Verzerrungen innerhalb des Streckensamples führen.

London-Madrid	1.244	11
London-Mailand	979	5
London-Nizza	1.039	22
London-Paris	365	3
London-Rom	1.441	6
München-Paris	681	
Reguliert		
Amsterdam-Kopenhagen	630	
Athen-Brüssel	2.092	
Athen-Frankfurt	1.807	
Athen-London	2.413	16
Athen-Rom	1.071	
Barcelona-Brüssel	1.081	
Barcelona-Lissabon	994	
Brüssel-Kopenhagen	755	
Brüssel-Madrid	1.315	
Brüssel-Mailand	703	
Brüssel-Paris	284	
Dublin-Frankfurt	1.085	
Frankfurt-Kopenhagen	678	
Frankfurt-Mailand	512	
Kopenhagen-London	978	
Kopenhagen-Paris	1.002	
Lissabon-London	1.563	27
Lissabon-Madrid	513	
Madrid-Paris	1.064	13
Madrid-Rom	1.358	
Paris-Rom	1.099	14

Quellen: ICAO (1991-2002c); EUROPÄISCHE KOMMISSION (2001), S. 174.

4.4 Datenquellen, Datenbeschreibung und Datenaufbereitung

Die in den Schätzungen verwendeten Daten sind allesamt öffentlich zugänglich. Die benötigten Passagierzahlen, die angebotenen Sitzplatzzahlen, die Anzahl der Flüge und die Zahl der operierenden Luftverkehrsunternehmen auf einer bestimmten Flugroute entstammen dem ICAO Digest of Statistics, Series TF (Traffic by Flight Stage). Die Daten stehen dabei jeweils für beide Flugrichtungen zur Verfügung. Da in den hier durchgeführten Untersuchungen die Flugstrecke an sich von Interesse ist, wurden die Passagierzahlen, die Zahl der angebotenen Sitzplätze und die Anzahl der Flüge zur Streckensumme addiert. In Gänze ergab sich somit ein Panel von 440 Beobachtungen (vierzig Flugrouten über elf Jahre). Aufgrund von fehlenden Werten in den einzelnen Datensätzen sind die Beobachtungen auf einigen Flugstrecken allerdings nicht vollständig.[166] Als besonders schwierig erwies sich die Datenbeschaffung für sämtliche Strecken von und nach Dublin, da in fast allen Beobachtungsjahren von 1989 bis 1999 in den Statistiken der ICAO die Angaben der irischen Fluggesellschaften aus unbekannten Gründen fehlen. Zur Schließung dieser Lücken in den Datensätzen kamen an den verschiedenen Stellen unterschiedliche lineare Glättungsmaßnahmen zur Anwendung. Fehlte eine Angabe für eine Fluggesellschaft in einem Jahr, wurde der Wert durch Inter- oder Extrapolation ermittelt und eingesetzt. Ergaben sich Datenlücken über mehrere Perioden hinweg, dann kamen zwar die gleichen Verfahren zum Tragen, allerdings wurden die errechneten Werte mit den Angaben der weiteren Anbieter verglichen und gegebenenfalls um Ausreißer korrigiert.

Die Tarifinformationen wurden aus der Worldwide Edition des OAG Official Airline Guide[167] zusammengetragen. Diese monatlich erscheinende Serie enthält neben Angaben über sämtliche Flüge auf einer Städteverbindung auch detaillierte Informationen über die gültigen Preise. Die Tarife sind jeweils in der Landeswährung für den Hin- und Rückflug zwischen zwei Städten für die kürzeste Verbindung angegeben. Wenn lediglich der Preis für eine einfache Flugverbindung aufgeführt war, wurde dieser für die hier anstehenden Untersuchungen verdoppelt. Da die Passagierzahlen der ICAO auf Jahresbasis vorliegen, aber kein gültiger durchschnittlicher Jahresflugtarif existiert, bedurfte es einer adäquaten Näherungslösung. Wie bereits in Abschnitt 4.2.1 erwähnt benutzt diese Arbeit den Standardflugtarif (Y-fare oder Full-Fare-Economy-Class) als Preisvariable. Dieser Tarif wurde, soweit vorhanden, in der Periode von 1989 bis 1999 jeweils für die Monate Juni und Dezember für jede der vierzig Strecken herausgesucht.[168] Bei

---

[166] Siehe zu fehlenden Werten in Beobachtungsreihen, zu deren Auswirkungen und zu Methoden zu deren Behebung u.a. STUDENMUND (2001), S. 400f., oder ausführlicher und zugleich mathematischer GREENE (2000), S. 259ff.

[167] Diese statistische Reihe wurde im Jahre 1991 von ihrem Herausgeber überarbeitet. Die benötigten Tarifinformationen befanden sich seit diesem Zeitpunkt im OAG Desktop Flight Guide, Worldwide Edition. Im Juni 1994 erfolgte eine inhaltliche Umgestaltung dieses Verzeichnisses. Die Flugtarife wurden seitdem im OAG Worldwide Fare Supplement des OAG Desktop Guide separat herausgegeben. Mit Ablauf des Jahres 1998 wurde die Publikation des Tarifbandes gänzlich eingestellt. Für das Jahr 1999 stammen die Tarifinformationen daher aus der statistischen Reihe „Air tariff" der SITA. Der Vollständigkeit halber bleibt zu erwähnen, dass mittlerweile auch diese Publikationsserie eingestellt wurde, und im Jahr 1999 zusammen mit dem „Airline Passenger Tariff (APT)" der IATA in dem neuen Nachschlagwerk „Passenger Air Tariff (PAT)" aufging.

[168] Dies gilt mit Ausnahme des Jahres 1992, da für diesen Jahrgang nicht die Ausgabe Juni, sondern Juli vorlag. In den Jahren 1993 und 1994 musste aus den gleichen Gründen anstatt der Juni- die Mai-Ausgabe benutzt werden. 1995 gelten die Tarifdaten für den Monat November und nicht für den Monat Dezember.

multiplen Tarifen fiel die Wahl auf den jeweils niedrigsten Preis, um auf diese Weise den größtmöglichen Liberalisierungseffekt erfassen zu können. Somit lagen pro Jahr vier Tarifangaben in den entsprechenden Landeswährungen (je zwei pro Quellregion) vor. Für jedes Land wurde dann der Durchschnittspreis der Transportdienstleistung aus den zwei vorliegenden Tarifen gebildet. Um diese Preise länder- und zeitübergreifend miteinander vergleichen zu können, erfolgte eine Deflationierung sämtlicher Tarife zu Preisen des Jahres 1989 mittels der jeweiligen Preisindizes der Lebenshaltung der Quellenländer.[169] Die Vergleichbarkeit der Tarife wird durch eine Umrechnung der Preise in eine Einheitswährung ermöglicht. Die Wahl fiel hier aus zweierlei Gründen auf den US-Dollar. Zum einen können die Untersuchungsergebnisse dieser Arbeit mit denen anderer Studien verglichen werden. Und zum anderen ist der US-Dollar eine der offiziellen Währungen der ICAO, die in einigen ihrer Übersichten die amtlichen Wechselkurse veröffentlicht. Der Ausgleich der Kaufkraftunterschiede der einzelnen Währungen konnte abschließend durch die Preisbereinigung der US-Dollar Werte erreicht werden.[170] Abschließend entstand durch erneute Mittelwertsbildung der beiden existierenden Tarife der repräsentative Preis für die einzelnen Städteverbindungen.

Die Bevölkerungs- und Einkommensdaten des Modells stammen aus den Regionalstatistiken der makroökonomischen Datenbank NEWCRONOS von EUROSTAT. Die verwendeten Angaben entsprechen den Werten der sogenannten NUTS Ebene 1. Diese Systematik der Gebietseinheiten für die Statistik (NUTS) nimmt zwar eine einheitliche Einteilung des Territoriums der EU vor, führt aber aufgrund von Ober- und Untergrenzen bei den in einer Region zu verzeichnenden Bevölkerungszahlen und aufgrund einer nicht einheitlichen Klassifikation der Verwaltungseinheiten in den einzelnen Mitgliedstaaten zu unterschiedlichen Regionengrößen. Dies kann natürlich zu Verzerrungen bei den Schätzungen führen.
Die gewählten Variablen Einkommen und Einwohnerzahlen sollen die unterschiedlichen Fluggastpotenziale der Regionen repräsentieren. Da die Reichweiten der Einzugsgebiete der jeweiligen Abflughäfen unterschiedlich sind und auch

---

[169] Die Angaben stammen aus STATISTISCHES BUNDESAMT (2000), S. 330f. – Da der Preisindex für die Lebenshaltung in Deutschland in dieser Statistik erst ab dem Jahre 1991 einschließlich zur Verfügung steht, mussten die Daten mit den Angaben des Statistischen Jahrbuchs für die Bundesrepublik Deutschland abgeglichen werden.

[170] Durch die einzelnen Umrechnungsschritte wurden die Tarife mittels des realen Wechselkurses in die US-Währung umgerechnet. Der reale Wechselkurs ermöglicht einen Vergleich der Kaufkraft zwischen in- und ausländischer Währung und berechnet sich wie folgt:

$$w_r = w \frac{p^{ausl.}}{p^{inl.}}$$

wobei w dem nominellen US-Dollar-Kurs und $p^{ausl}/p^{inl.}$ dem Preisverhältnis entspricht.

nicht den Gebieten der NUTS Ebene 1 oder den Gesamtterritorien der Mitgliedsländer entsprechen sei darauf hingewiesen, dass die Daten nur Näherungslösungen darstellen können. Die Daten des Bruttoinlandsprodukts pro Kopf wurden ebenfalls preisbereinigt und in die entsprechenden deflationierten US-Dollar-Werte umgerechnet.

Die Einfuhrvolumina der Länder, deren jeweiligen Summen das Handelsvolumen der an einer Flugverbindung beteiligten Nationen darstellt, wurde aus dem Statistischen Jahrbuch für das Ausland des STATISTISCHES BUNDESAMTS entnommen.[171] Die Angaben des Intra-EU-Handels wurden ebenso wie die Flugtarife und die Angaben für das Pro-Kopf-Einkommen für jedes Jahr anhand des realen Wechselkurses in US-Dollar-Werten ausgedrückt.

4.5   Ergebnisse

Die Ergebnisse der empirischen Untersuchungen werden im Folgenden in zwei Schritten präsentiert. Da aufgrund der Berechnungen zu den einzelnen luftverkehrsspezifischen Datensätzen erste Ergebnisse zu erkennen sind, sollen zunächst diese Erkenntnisse im Rahmen einer komparativ-statischen Analyse kurz aufgezeigt werden. Allerdings erfolgt an dieser Stelle keine Interpretation dieser Werte, da wichtige kausale Zusammenhänge, wie bereits in der Einleitung dieses Kapitels erwähnt, für bestimmte Variablen wie die Flugfrequenzen oder Tarife erst im Verlauf der weiteren Arbeit offengelegt werden können. Hier soll es zunächst darum gehen, den Einfluss bestimmter angebotsseitiger Variablen auf das realisierte Nachfragevolumen zu identifizieren. Die Schätzergebnisse für das ökonometrische Nachfragemodell sowie deren Interpretation folgt anschließend.

4.5.1   Deskriptive Ergebnisse

In Tabelle 4.3 sind die luftverkehrsrelevanten Daten des Streckensamples sowie deren Entwicklungen im Zeitablauf von 1989 bis 1999 für die drei Untersuchungsgruppen zusammengefasst dargestellt. Neben den durchschnittlichen Passagiervolumina, sind die Ladefaktoren, die wöchentlichen Abflugfrequenzen sowie die durchschnittliche Anzahl der angebotenen Sondertarife pro Gruppe aufgeführt.

Das Gesamtpassagiervolumen des Streckensamples ist im Beobachtungszeitraum jährlich um durchschnittlich 7,14% gestiegen. Allerdings fiel das Wachstum zwischen den drei Gruppen unterschiedlich stark aus. So zeigt sich, dass auf den Flugverbindungen der regulierten Gruppe das Passagierwachstum mit durchschnittlich 7,19% pro Jahr über dem der liberalen Gruppe mit 5,26% liegt und hö-

---

[171]   Vgl. STATISTISCHES BUNDESAMT (1991-2001).

her ist als der sogar durchschnittlich negative Zuwachs (-0,66%) der partiell liberalisierten Strecken. Die negative Wachstumsrate für diese Gruppe ergibt sich aus der rückläufigen Entwicklung des Passagiervolumens auf der Städteverbindung von London nach Paris. Auf dieser Strecke ist die Zahl der Passagiere im Beobachtungszeitraum pro Jahr durchschnittlich um 1,39% gesunken. Da diese Strecke aufgrund der mit Abstand höchsten Fluggastzahlen in dieser Gruppe bei der Berechnung des arithmetischen Mittels das stärkste Gewicht besitzt, kommt eine insgesamt durchschnittlich negative Entwicklung für diese Streckengruppe zustande. Ob und inwieweit der Passagierrückgang auf dieser Verbindung auf den Bau des Eurotunnels zurückzuführen ist, steht außerhalb des gesetzten Untersuchungsrahmens und wird deshalb nicht weiter vertieft.[172] Alle anderen Flugverbindungen weisen in dieser Zeit eine positive Entwicklung (Raten zwischen 0,03 und 0,19) bei ihren durchschnittlichen jährlichen Zuwachsraten auf.

Auffällig bei allen drei Gruppen und damit bei nahezu allen Verbindungen ist das negative Wachstum der Fluggastzahlen in der Periode 1990-1991, was vermutlich auf den Golfkrieg und die seinetwegen gestiegenen Ölpreise zurückzuführen ist.

Berechnet man einen durchschnittlichen Flugtarif für jede der drei Gruppen (nicht in Tabelle 4.3 aufgeführt), also einen Tarif, der sich als gewichtetes arithmetisches Mittel der erfassten Flugpreise für die einzelnen Strecken ergibt, erkennt man ein Absinken dieses Tarifs in allen drei Gruppen im Beobachtungszeitraum. Die Flugpreise fielen in der Gruppe der partiell liberalisierten Routen mit durchschnittlichen 8,17% pro Jahr am stärksten. Es folgt die regulierte Gruppe mit gemittelten 7,22% vor der liberalisierten Streckengruppe mit im Mittelwert 3,9%.

Die Verfügbarkeit von Sondertarifen stieg auf den partiell liberalisierten Routen von zwei im Jahre 1989 auf 31 im Jahr 1998, um dann wieder auf dreizehn abzufallen, was einem durchschnittlichen jährlichen Zuwachs von 38,58% entspricht. Auch hier liegt die dritte Beobachtungsgruppe ähnlich wie bei der Tarifentwicklung mit einer Wachstumsrate von im Mittel 0,26 Punkten vor der der liberalisierten Verbindungen (0,23 Punkte).

Auch bei den Flugtarifen zeigt sich die angesprochene Entwicklung während der Golfkriegsperiode 1990/91. In allen drei Streckengruppen war in dieser Zeit ein Anstieg des ermittelten Durchschnittsflugpreises zu verzeichnen, der den allgemeinen Abwärtstrend bei den Tarifen kurzweilig unterbrach.

---

[172] An dieser Stelle sei auf die einschlägige Abhandlung von BONNASSIES (1998) verwiesen, in der untersucht wird, wie sich die Flugtarife, Sitzplatzkapazitäten und die Passagierzahlen auf der Route London-Paris seit 1994, dem Startjahr des EUROSTAR, verändert haben. Die Untersuchung zeigt, dass von 1994 bis 1997 auf der Strecke London-Paris das Passagieraufkommen bei den operierenden Airlines im Mittel um 35% gesunken ist, und die Fluggesellschaften ihre Sitzplatzkapazitäten von Juli 1994 bis Juli 1998 um durchschnittlich 6% pro Jahr reduziert haben, während beim EUROSTAR die Passagierzahlen gestiegen sind und die Sitzplatzkapazitäten kontinuierlich erhöht wurden.

Tabelle 4.3: Ausgewählte Kennzahlen des Streckensamples

Jahr	Passagierzahlen (in Tsd.)			Ladefaktoren			Frequenzen			Tarife (Discounts)		
	lib	*part*	*reg*	*lib*	*part*	*reg*	*lib*	*part*	*reg*	*lib*	*part*	*reg*
1989	1.154,1	1.595,6	351,2	0,62	0,69	0,64	276	242	72	5	2	1
1990	989,2	1.739,6	376,4	0,63	0,66	0,64	258	279	77	7	4	3
1991	1.010,1	1.610,2	355,8	0,63	0,59	0,59	252	317	79	6	5	3
1992	1.094,5	1.767,7	413,5	0,60	0,62	0,60	220	299	84	10	9	4
1993	1.093,6	1.824,6	415,6	0,58	0,64	0,59	255	317	99	10	5	4
1994	1.184,8	1.941,5	461,8	0,62	0,66	0,62	271	344	105	16	12	9
1995	1.260,2	1.506,3	489,7	0,64	0,64	0,61	278	320	117	24	18	12
1996	1.361,4	1.283,1	533,5	0,65	0,64	0,61	313	269	124	31	20	15
1997	1.614,5	1.305,3	584,1	0,66	0,66	0,64	356	266	127	39	24	15
1998	1.707,6	1.360,9	632,7	0,65	0,66	0,66	372	272	127	42	31	18
1999	1.868,8	1.410,5	693,7	0,66	0,66	0,65	388	277	140	34	13	7

Quelle: eigene Berechnungen nach ICAO (1991-2002c); OAG (1989-1998) und SITA (1999a; 1999b).

lib: liberalisierte Gruppe

part: partiell liberalisierte Gruppe

reg: regulierte Gruppe

Passagierzahlen = gewichtete Anzahl der durchschnittlich beförderten Passagiere pro Route; Ladefaktoren = gewichtete arithmetische Mittel der Ladefaktoren der jeweiligen Streckenpaare in Prozent; Frequenzen = gewichtete durchschnittliche Anzahl der Flüge je Beobachtungsgruppe auf Wochenbasis; Tarife = gewichtete durchschnittliche Zahl der angebotenen Discounttarife auf den liberalisierten, teilweise liberalisierten und den regulierten Strecken. Zur Bestimmung der Gewichtungsfaktoren für die arithmetischen Mittel wurde der Anteil der Fluggäste pro Strecke am Gesamtvolumen der Reisenden in den Beobachtungsgruppen ermittelt.

Im Beobachtungszeitraum nahm die Zahl der durchschnittlich angebotenen Flüge zu, besonders auf den Strecken, die durch ein eher geringes Passagiervolumen gekennzeichnet waren. Dies zeigt sich hier für die Gruppe der regulierten Routen, die sich hauptsächlich aus weniger stark frequentierten Flugverbindungen zusammensetzt. Die Anzahl der Flüge liegt zwar aufgrund des geringeren Passagiervolumens stets unter denen der beiden anderen Gruppen, der jährliche Zuwachs beträgt aber nahezu 7%. Damit erhöhte sich auf den regulierten Strecken die Zahl der angebotenen Flüge durchschnittlich doppelt so schnell wie die in der liberalisierten Gruppe und fast 4-mal so schnell wie die in der partiell liberalisierten Gruppe.

Bei den Ladefaktoren ergaben sich hingegen wenige Änderungen. Die errechneten Durchschnittswerte wiesen keine besonderen Auffälligkeiten auf. Sie blieben, wie die Daten zeigen, während des Beobachtungszeitraums in allen drei Gruppen nahezu konstant. Ihre Werte liegen in jeder der drei Gruppen zwischen 0,58 und 0,66 Punkten. Dabei wechseln sich die Gruppen in der Reihenfolge des jeweils höchsten und niedrigsten Ladefaktors untereinander ab.

4.5.2 Schätzergebnisse

Die finalen Koeffizientenschätzungen für das Nachfragemodell (4.1) sind in der Tabelle 4.4 aufgeführt. Dargestellt sind sowohl die Resultate des „gepoolten" Schätzers als auch die Ergebnisse des Modells mit „festen Effekten".[173] Die Koeffizientenschätzungen für die verwendeten Zeit- und Streckendummies fehlen hingegen in dieser Tabelle aus Gründen der Übersichtlichkeit. Der überwiegende Teil der jährlichen Regressoren war statistisch insignifikant. Die Gleichungen wurden mit den logarithmierten Werten der Variablen geschätzt. Diese so genannte log-log-Transformation des Schätzansatzes bietet aus ökonomischer Sicht den Vorteil, dass sich die geschätzten Steigungsparameter als konstante Elastizitäten der Nachfrage interpretieren lassen.[174] Sämtliche Schätzungen erfolgten unter Zuhilfenahme des Programmpakets Eviews.

Für das „gepoolte" Modell standen mehrere alternative Spezifikationen zur Verfügung. Die in Abschnitt 4.2.2 beschriebenen Kontrollvariablen ($infra_i$ und hub_i, mit i=1,2) wiesen teilweise die falschen Vorzeichen auf und waren für alle drei Streckengruppen in der Regel insignifikant. Ihre Aufnahme in das Modell führte lediglich zu einer geringfügigen Verbesserung des Bestimmtheitsmaßes, weshalb sich die weiteren Analysen auf diejenigen Spezifikationen konzentrierten, die ohne diese Modellvariablen auskommen. Zunächst wurden die einzelnen Gleichun-

---

[173] Die Schätzergebnisse alternativer Modellspezifikationen (zum Beispiel ohne Zeiteffekte) finden sich im Anhang auf den Seiten 179ff.

[174] Vgl. für die Herleitung des logarithmischen Ausdrucks der Elastizität VARIAN (1995), S. 271.

gen mit der OLS-Methode geschätzt. Da in der Regel bei Zeitreihen die Störterme autokorreliert und bei Querschnittsdaten die Störvariablen heteroskedastisch sind, ist zu erwarten, dass in den vorhandenen Datensätzen beide Probleme präsent sind.

Die Existenz von Autokorrelation erster Ordnung lässt sich beispielsweise anhand der DURBIN-WATSON-Statistik nachweisen. Je stärker die kalkulierten DWd-Werte von 2 abweichen, umso stärker werden die Anzeichen für Autokorrelation. Die statistischen Resultate dieses Tests für die vorhandenen Datensätze mit Werten von 1,086; 0,738 bzw. 0,436 führten in allen drei Fällen zur Ablehnung der Nullhypothese „keine Autokorrelation" und deuten auf positive Autokorrelation. Es folgt also mit großer Wahrscheinlichkeit auf einen positiven Störterm wieder ein positiver bzw. auf ein negatives Residuum ein negatives. Versuche über Änderungen der funktionalen Form oder durch die Aufnahme weiterer möglicher Variablen wie beispielsweise dem Ladefaktor die Güte der Schätzungen zu erhöhen, blieben ohne Erfolg. Daher wurden die Eigenschaften des verallgemeinerten Kleinste-Quadrate-Schätzers (Generalized Least Squares (GLS)) in Anspruch genommen.[175] Durch dieses Verfahren wird das zu schätzende Modell dahingehend transformiert, dass der Störterm der Regression die klassischen Annahmen erfüllt und darüber hinaus aus dem linearen, statischen Modell ein nichtlineares, dynamisches Modell mit lag-endogener Variablen entsteht.

Die Schätzungen für die Autokorrelationsparameter $\hat{\rho}$ (siehe Tabelle 4.4) bestätigen – ausgenommen das Ergebnis für die liberalen Strecken – bei einer Irrtumswahrscheinlichkeit von weniger als 1% die Annahme positiver Autokorrelation. Dies hat zur Folge, dass die Parameterschätzungen des ursprünglichen Ansatzes möglicherweise nach unten verzerrt sind. Ob in den neuen Schätzungen weiterhin eine Struktur in den Residuen vorhanden ist, muss nun aufgrund der Aufnahme einer stochastischen Komponente in Form der lag-endogenen Variabeln anhand der von DURBIN (1970) entwickelten h-Statistik erfolgen.[176] Für die Datensätze der partiell liberalisierten und regulierten Strecken kann die Nullhypothese „keine Autokorrelation" mit einer Irrtumswahrscheinlichkeit von unter 1% nicht abgelehnt werden. Dies gilt allerdings nicht für die Gruppe der liberalisierten Flugrouten.

Das Problem der Heteroskedastie bezieht sich auf die Varianzen der Störterme. Für das klassische Regressionsmodell gilt die konstitutive Annahme der konstanten Varianz der Störvariablen (Homoskedastie). Diese Annahme ist im Rahmen der Paneldatenanalyse oft nicht haltbar, da mit Unterschieden in den Störgrößenvarianzen der Individuen – hier der Routen – zu rechnen ist. Trotz dieser Annah-

---

[175]   Für den verallgemeinerten Kleinste-Quadrate-Schätzer und seine Eigenschaften vgl. BALTAGI (2002), S. 235ff.

[176]   Vgl. zu DURBINS h-Test u.a. STUDENMUND (2001), S. 419f.

meverletzung bleiben zwar die Resultate des 'Within-Schätzers' unverzerrt und konsistent, die Effizienz der Schätzungen hingegen nicht.[177] Zur formalen Überprüfung des Vorliegens von Heteroskedastie sind eine Reihe von Tests verfügbar. Ein allgemeiner Hypothesentest zur Überprüfung auf heteroskedastische Störterme ist der BREUSCH-PAGAN-Test. Die durchgeführten Tests zeigten, dass nur im Fall der partiell liberalisierten Flugrouten die Nullhypothese „Homoskedastie" auf dem 5%-Niveau eindeutig abzulehnen ist. Die beiden anderen berechneten Werte lagen knapp unterhalb des kritischen Werts der relevanten Chi-Quadrat-Verteilung. Deshalb konnte auch hier die Nullhypothese nicht zweifelsfrei akzeptiert werden.

Da das Heteroskedastieschema völlig unbekannt ist, ist der Gebrauch des so genannten WHITE-Schätzers (1980) ratsam. Dieser führt bei erneuten Schätzungen der Koeffizienten zu asymptotisch korrekten t-Tests und Konfidenzintervallen.[178] Daher wurden die vorliegenden Schätzungen für das Nachfragemodell noch einmal unter Zuhilfenahme der heteroskedastie-konsistenten Varianz-Kovarianz-Matrix durchgeführt.

Die in Tabelle 4.4 angegebenen Signifikanzniveaus für das „gepoolte" Modell zeigen, dass von einigen Ausnahmen abgesehen sämtliche Effekte mehr als nur eine zufällige Beziehung zwischen den Variablen reflektieren. Die Resultate für die Variable *dist* entsprechen den gesetzten Erwartungen. Auf kurzen Strecken (größtenteils repräsentiert in der liberalisierten Gruppe) übersteigt der negative Einfluss des abnehmenden Interaktionsbedürfnisses den positiven Zeitersparniseffekt des Flugzeugs gegenüber den anderen Verkehrsträgern. Auf den längeren Strecken kehrt sich dieser Effekt um.

Bei den anderen geographischen und sozioökonomischen Variablen hat nur die Variable *pop* in allen drei Fällen das im Vorfelde vermutete Vorzeichen. Je mehr Menschen in den betrachteten Regionen leben, desto höher sind die Nachfrage und das realisierte Verkehrsvolumen. Im Gegensatz dazu ist die Einkommensvariable in zwei Fällen statistisch insignifikant. Dies ist im Fall der regulierten Strecken erfreulich, da hier zusätzlich das „falsche" Vorzeichen vorliegt. In der Gruppe der partiell liberalisierten Routen besitzt die Variable *inc* zwar das korrekte Vorzeichen, ist aber lediglich auf einem Signifikanzniveau von 15% von Null verschieden. Der grundsätzlich positive Zusammenhang zwischen Einkommensniveau und nachgefragter Menge an Verkehrsdienstleistungen wird durch das Resultat in der liberalisierten Gruppe unterstrichen.

Der Koeffizient der Variable *fare/km* ist die Schätzung für die Preiselastizität der Nachfrage. Obwohl das Ergebnis der dritten Steckengruppe nicht signifikant ist, besitzen die Koeffizienten das vermutete Vorzeichen. In Bezug auf den gemittel-

---

[177] Vgl. BALTAGI und GRIFFIN (1988), S. 749.
[178] Vgl. zu Heteroskedastie und dem WHITE-Schätzer BALTAGI (2002), S. 103ff.

ten Economy-Class-Tarif ist die Nachfrage als unelastisch einzuschätzen, was von einem Tarif der hauptsächlich von Geschäftsreisenden genutzt wird, auch nicht anders zu erwarten war. Die geschätzten Werte (-0,561; -0,701 und -0,868) liegen unter denen anderer Studien für den europäischen Markt.[179]
Die signifikant positiven Koeffizientenschätzungen für die Flugfrequenz liegen im gleichen Wertebereich wie die Elastizitäten anderer empirischer Studien.[180] Die Resultate legen den Schluss nahe, dass mit steigender Streckenlänge die Bedeutung der Abflugshäufigkeit zunimmt. Das mag mitunter darin liegen, dass auf kürzeren Strecken alternative Transportmittel zur Verfügung stehen. Nach Datenlage scheint die Flugfrequenz als Angebotsparameter in allen drei Fällen einflussreicher zu sein als die durchschnittliche Flugzeuggröße. Für die Bedeutung der Größe des Fluggeräts wird ersichtlich, dass sie mit der Länge der Routen und damit verbunden mit der Reisezeit zunimmt. Je länger also die bevorstehende Reisezeit, desto höher das Bedürfnis nach mehr Komfort.[181]

Die Eigenschaften des Modells mit „festen Effekten" bedingen für die Schätzungen selbst und die relevanten Teststatistiken einige Änderungen. Zunächst ist es nicht möglich, Variablen als Regressoren zu benutzen, die über den Zeitablauf hinweg nur geringfügig schwanken oder sogar konstant sind. Die Ausprägungen dieser Variablen werden durch den LSDV absorbiert. Somit konnte nicht mehr auf die Variable *dist* als erklärende Variable und auch nicht mehr auf die Kontrollvariablen des Modells zurückgegriffen werden. Bevor aber die Güte der Schätzungen beurteilt werden kann, sollte zunächst überprüft werden, ob die Annahme der Existenz „fester Effekte" gerechtfertigt ist. Dies kann anhand eines einfachen CHOW-Tests erfolgen, indem die Signifikanz aller festen Effekte, also der Routen-Dummies, getestet wird.[182] In allen drei Fällen lag der errechnete F-Wert bei einer Irrtumswahrscheinlichkeit von 1% über dem kritischen Testniveau. Es ist somit davon auszugehen, dass die festen Effekte einen signifikanten Einfluss auf die zu erklärende Variable haben.

---

[179] Vgl. u.a. JORGE-CALDERON (1997), MARÍN (1995) oder SCHIPPER (2001).

[180] Vgl. Abschnitt 4.2.1.

[181] Zu der Interpretation der Bedeutung der durchschnittlichen Flugzeuggröße bedarf es noch einer Anmerkung. Es ist nicht von vornherein offensichtlich, dass sich Passagiere aufgrund der Größe oder der Triebwerksart eines Flugzeugs für oder gegen einen bestimmten Flug entscheiden. Oft wird die Gegenthese vertreten, dass die Abfertigung steigender Transportmengen schlicht größere Flugzeuge erfordere und daher ein positiver Zusammenhang zwischen den Variablen bestehe. Diese These findet aber keine Unterstützung in Modellen, die bei ihren Schätzungen die Endogeniät der Variablen „Fluggerätsgröße", also die Korreliertheit dieser Determinante mit den Residuen, berücksichtigen. Vgl. JORGE-CALDERON (1997). In den Schätzungen dieses Kapitels konnte die Endogenität der Variablen *asize* allerdings nicht nachgewiesen werden, weshalb weiterhin das OLS-Verfahren genutzt wurde.

[182] Vgl. zu dieser Teststatistik BALTAGI (1995), S. 29.

Auch im Modell „fester Effekte" besteht aufgrund der Zusammenführung von Zeitreihen und Querschnittsbeobachtungen die Gefahr von Heteroskedastie und Autokorrelation. Die bereits angesprochenen Testverfahren zur Aufdeckung dieser Annahmeverletzungen bedürfen im Modell fester Effekte einiger Modifizierungen, damit sie die Struktur der Paneldaten adäquat erfassen können. BREUSCH und PAGAN (1980) entwickelten zu diesem Zweck einen LAGRANGE-Multiplikator (LM) Test, der bei seinen Berechnungen sowohl die Struktur der Daten über die Zeit als auch über die Routen hinweg berücksichtigt.[183] Diesem Test folgend musste für die Gruppen der partiell liberalisierten und der regulierten Strecken Homoskedastie bei einer Irrtumswahrscheinlichkeit von unter 1% abgelehnt werden. Bei den liberalen Strecken allerdings konnte die Hypothese der Gleichheit der Störgrößenvarianz bei einer Vertrauenswahrscheinlichkeit von 95% nicht verworfen werden. Die Schätzungen für die beiden zuerst genannten Gruppen wurden erneut unter Berücksichtigung der heteroskedastie-konsistenten Varianz-Kovarianz-Matrix nach WHITE geschätzt.

Der klassische DURBIN-WATSON-d-Test auf Autokorrelation der Störgrößen ist für das Modell „fester" Effekte ebenfalls ungeeignet, da die Anordnung der Zeitreihen in den Beobachtungen zu berücksichtigen ist. BHARGAVA ET AL. passten in ihrer Arbeit die Teststatistik an die Besonderheiten der Datenbasis an, wobei der Zähler der Statistik die gewichtete Summe der einzelnen DWd-Werte der Routen darstellt.[184] Diese modifizierte Teststatistik wies auch im Modell fester Effekte in allen drei Fällen auf Autokorrelation hin. Um das Problem der Autokorrelation in der Schätzung adäquat zu berücksichtigen, ist der Einsatz eines dynamischen Paneldatenmodells angeraten. In diesen Modellen tauchen verzögerte Werte der endogenen Variablen als erklärende Variable auf. Allerdings bereitet der verzögerte Regressor $y_{k,t-1}$ erhebliche ökonometrische Schwierigkeiten. Zum einen ist der Schätzer des Autokorrelationskoeffizienten in endlichen Stichproben verzerrt, und nur für T→∞ konsistent. Da die Zeitreihe in dieser Arbeit wie für Paneldaten durchaus typisch klein ist, kann die Verzerrung von $\hat{\rho}$ nicht ignoriert werden. Zum anderen überträgt sich die Verzerrung des Autokorrelationskoeffizienten auch auf die Schätzungen der anderen Steigungsparameter. Im Gegensatz zum statischen Paneldatenmodell mit „festen Effekten", in dem die Parameterschätzungen noch konsistent waren, führt die endogene, also mit dem Störterm korrelierte, Variable im dynamischen Modell dazu, dass mit dem LSDV-Schätzer auch die Steigungsparameter nicht konsistent geschätzt werden können.[185] Um dieses Problem zu lösen, rät die Literatur in Analogie zu den Verfahren der Zeitreihenanalyse auf Instrumentvariablenschätzer zurückzugreifen. Die vorgeschlagenen Schätzer grei-

[183] Vgl. BREUSCH und PAGAN (1980), S. 245ff.
[184] Vgl. BHARGAVA, FRANZINI und NARENDRANATHAN (1985), S. 535.
[185] Vgl. BALTAGI (1995), S. 125ff.

fen auf so genannte Momentrestriktionen zurück. Beruhen Schätzer auf der expliziten Formulierung von Momentrestriktionen, dann zählt man sie zu der Gruppe der verallgemeinerten Momentschätzer (Generalized method of moments oder kurz GMM-Schätzer). Allerdings sollte erwähnt werden, dass sich Panel-GMM-Schätzer in praktischen Anwendungen oft als instabil erwiesen (i.e. sie reagierten sensitiv auf die Wahl der Instrumente).[186] Für diese Arbeit ergab sich dazu das Problem, dass sämtliche Schätzungen mit dem Panel-GMM-Schätzer zu keiner verlässlichen Lösung führten. Trotz der soeben genannten Einwände und der gebotenen Vorsicht bei der Interpretation der Ergebnisse seien an dieser Stelle die Resultate der Schätzungen im Modell „fester" Effekte mit autoregressivem Prozess 1. Ordnung vorgestellt.

Im Verhältnis zum Modell mit den „gepoolten" Daten haben sich kaum Veränderungen ergeben. Die Bestimmtheitsmaße haben sich im Modell „fester Effekte" lediglich marginal erhöht. Die Koeffizientenschätzungen für die beiden Variablen *freq* und *asize* sind trotz der geänderten Modellspezifikation signifikant, und die Bedeutung dieser Größen zwischen den drei Gruppen blieb ebenfalls unverändert. Die Preisvariable ist unerfreulicherweise in der Gruppe der regulierten Strecken weiterhin insignifikant, zudem ist der Wert der t-Statistik gesunken. Erneut aufgetreten ist auch das Problem der insignifikanten negativen Einkommenselastizität in der dritten Gruppe. Möglicherweise lässt sich dieses Phänomen durch die durchgeführte Kaufkraftbereinigung erklären. So wiesen Länder wie Griechenland und Portugal, die ausschließlich in der Gruppe der regulierten Städteverbindungen in Erscheinung treten, in der betrachteten Periode sehr hohe Preissteigerungsraten auf. Durch die Preisbereinigung der regionalen Einkommen und der Umrechnung in den US-Dollar kann in bestimmten Fällen ein abnehmendes Pro-Kopf-Einkommen mit steigenden Verkehrsaufkommen einhergehen.[187] Das Zusammenführen dieser Besonderheiten mit den „erwartungstreuen" Entwicklungen auf den anderen Strecken dieser Gruppe kann der Grund sein, warum kein eindeutiger statistischer Zusammenhang zwischen der Luftverkehrsnachfrage und der Einkommensvariable festzustellen ist.
Die Bevölkerungsvariable weist erneut in allen drei Fällen das theoretisch postulierte Vorzeichen auf, auch wenn es nur noch in der Gruppe der liberalisierten Strecken signifikant von null verschieden ist.

---

[186]   Vgl. ebenda; sowie GREENE (2000), S. 582ff.
[187]   Dies betrifft die Beobachtungen für die folgenden Strecken: Athen-Brüssel, Athen-Frankfurt, Athen-London, Athen-Rom sowie Barcelona-Lissabon und Lissabon-Madrid.

Tabelle 4.4: Resultate des Nachfragemodells

	Koeffizientenschätzungen (t-Statistik)					
	„gepooltes" Modell			Modell mit „festen Effekten"		
	Liberalisierte Gruppe	*Partiell liberalisierte Gruppe*	*Regulierte Gruppe*	*Liberalisierte Gruppe*	*Partiell liberalisierte Gruppe*	*Regulierte Gruppe*
konst.	-3,903 (-8,948)*	-13,015 (-9,946)*	-10,628 (-29,484)*			
dist	-1,150 (-9,594)*	0,694 (5,341)*	0,172 (5,309)*			
pop	0,616 (8,305)*	0,060 (1,737)**	0,198 (10,545)*	0,167 (4,632)*	0,426 (0,532)	0,273 (0,500)
inc	0,379 (6,658)*	0,067 (1,604)	-0,017 (-0,756)	0,149 (2,327)*	0,133 (2,052)*	-0,051 (-1,323)
fare/km	-0,868 (-2,116)*	-0,701 (-1,715)**	-0,561 (-1,017)	-0,899 (-3,064)*	-0,728 (-2,077)*	-0,623 (-0,784)
freq	0,373 (7,097)*	0,690 (16,958)*	0,761 (14,577)*	0,238 (4,976)*	0,705 (17,180)*	0,769 (24,201)*
asize	0,113 (1,926)**	0,618 (9,696)*	0,642 (10,599)*	0,195 (3,120)*	0,614 (9,532)*	0,626 (8,228)*
korrigiertes R^2	0,961	0,996	0,992	0,987	0,997	0,993
F-Wert	1.043,524	1.320,508	836,172	1.039,001	1.123,038	608,038
$\hat{\rho}$	0,036	0,962*	0,915*	0,054	0,851*	0,709*
Zahl der Beobachtungen	90	100	210	90	100	210

* Signifikant auf dem 5% Niveau.
** Signifikant auf dem 10% Niveau.

4.6 Schlussbetrachtung

Die Untersuchungen dieses Kapitels dienten der Identifikation des Einflusses angebotsseitiger Variablen auf das realisierte Transportvolumen im innereuropäischen Luftverkehr. Unabhängig von den gewählten Modellspezifikationen – Ansätze mit „gepoolten" Daten oder Modelle mit „festen Effekten" – konnte für die jeweils vorhandenen Datensätze ein negativer Einfluss der Preisvariablen auf die Nachfrage nachgewiesen werden. Bezogen auf die Preiselastizität der Nachfrage ist eine Flugreise ein normales Gut. Dabei erwies sich die Nachfrage nach Luftverkehrsdienstleistungen als durchweg preisunelastisch. Die Analysen zeigten dabei, dass die Nachfrage umso unelastischer zu sein scheint, je länger ceteris paribus die durchschnittliche Reiseentfernung ist.

Zwischen der Abflughäufigkeit auf einer Route, die hier stellvertretend als Servicevariable der Luftverkehrsunternehmen angesehen wurde, und dem realisierten Transportvolumen besteht den Berechnungen zufolge ein eindeutiger positiver Zusammenhang. Erhöht sich das Angebot an Flügen auf einer Strecke, so sinkt für den Passagier der so genannte ‚Schedule delay' auf dieser Verbindung, und die Nachfrage nach diesen Flugreisen nimmt zu. Die Untersuchungen lassen den Schluss zu, dass auf längeren Strecken die Nachfrage stärker auf Angebotsausweitungen reagiert als auf kürzeren.

Die Ergebnisse der anderen Koeffizientenschätzungen entsprechen den erwarteten und bereits in anderen Studien zur Luftverkehrsnachfrage nachgewiesenen Zusammenhängen.

Die in diesem Kapitel gesammelten Erkenntnisse erlauben nun in einem weiteren Analyseschritt, den Einfluss der Liberalisierung – die freie Gestaltung der Preise und Serviceleistungen durch die Anbieter – auf das Transportvolumen und dessen Wachstum zu bestimmen.

Kapitel 5

Effekte der Liberalisierung

Nach der Modellierung der Nachfragefunktion ist es nun möglich, die Auswirkungen der Liberalisierung auf die Konsumenten zu identifizieren. Die Ausführungen in Kapitel drei haben gezeigt, dass die Liberalisierungsschritte den innereuropäischen Luftverkehr in vielerlei Hinsicht beeinflusst haben. Der Ausschluss staatlicher Eingriffe bei der Preisgestaltung, der zu einem Absinken der Tarife führte, und die Möglichkeit das Streckenangebot und die Anzahl der Flüge frei zu wählen, haben den Luftverkehrsmarkt grundlegend verändert. Um die Variationen bei den Preisen und Serviceleistungen fälschlicherweise nicht gänzlich der Liberalisierung zuzuschreiben, ist es zwingend notwendig, Modelle zu entwickeln, die den Einfluss der Liberalisierung auf diese Faktoren eindeutig bestimmen können. Die in diesem Kapitel entwickelten Ansätze werden diesem Anspruch gerecht. Nachdem die Ergebnisse der Preis- und Frequenzmodelle vorliegen, können diese mit den Erkenntnissen des Nachfragemodells kombiniert werden. Auf diese Weise ist es möglich, Veränderungen der Konsumentenrente und den Einfluss der Liberalisierung auf das Verkehrsvolumen zu bestimmen. Dies geschieht im Rahmen eines so genannten gegenüberstellenden Vergleichs. Diese Methode stellt prognostizierte Transportvolumina und Konsumentenrenten in regulierten und liberalisierten Umfeldern gegenüber. Da dieser Ansatz eine Kontrolle exogener Einflussfaktoren ermöglicht, können die Effekte der Liberalisierung isoliert werden. Zum Einsatz kam diese Methode bereits bei MAILLEBIAU und HANSEN zur Bestimmung der Liberalisierungseffekte auf den Nordatlantikrouten[188] und für den US-amerikanischen Binnenmarkt in einer ähnlichen Form bei MORRISON und WINSTON.[189]

Das Kapitel ist wie folgt aufgebaut: Im nächsten Abschnitt wird geprüft, in welchem Ausmaß die Konsumenten von den Änderungen der ökonomischen Rahmenbedingungen im Luftverkehr betroffen sein könnten. Daran schließt sich die Modellierung des theoretischen Umfelds an, mit dessen Hilfe die benötigten Hypothesen über das Verhalten der Anbieterseite und als Basis für die ökonometrischen Schätzfunktionen abgeleitet werden können. Diesen Vorgaben folgend wird das empirische Modell vorgestellt. Nach der Präsentation der Schätzergebnisse erfolgt die Beschreibung des Ansatzes zur Messung der Wohlfahrtsänderungen sowie die Berechnung und Interpretation derselben.

---

[188] Vgl. MAILLEBIAU und HANSEN (1995).
[189] Vgl. MORRISON und WINSTON (1986).

5.1   Der analytische Rahmen

Bevor jeweils das theoretische und das ökonometrische Modell, auf denen die spätere Untersuchung beruht, entwickelt werden können, müssen einige wohlfahrtstheoretische Überlegungen angestellt werden. In diesem Abschnitt soll daher analysiert werden, welche Wohlfahrtseffekte gemessen in Veränderungen der Konsumentenrente bei einem Übergang vom restriktiven System der bilateralen Verträge hin zu einem liberalisierten Luftverkehrsmarkt möglich sind. Diese Untersuchung erfolgt anhand des volkswirtschaftlichen Instrumentariums zur Messung von Wohlfahrtsänderungen, das bei seinen Bewertungen der unterschiedlichen Marktergebnisse auf stilisierte Angebots- und Nachfragefunktionen zurückgreift. Die jeweils verwendeten Funktionen spiegeln dabei, so die gesetzten Annahmen des angewandten Verfahrens, eindeutige Wirkungszusammenhänge zwischen den relevanten Variablen unter den verschiedenen Rahmenbedingungen wider.[190]

Die Ausgangslage der Analyse bildet zunächst jenes Marktergebnis, welches durch das in Kapitel drei beschriebene restriktive System der bilateralen Luftverkehrsabkommen bestimmt wird. Das betrachtete Ausgangsgleichgewicht, also die Anzahl der beförderten Passagiere, die auf den verschiedenen Städteverbindungen zwischen den einzelnen Ländern von den jeweiligen Fluggesellschaften befördert werden und das geltende Tarifniveau mit dem dazugehörigen Sitzplatzangebot und der angebotenen Qualität, ist somit eindeutig beschrieben. Dieser Status quo, der in Abbildung 5.1 dargestellt ist, eröffnet die Möglichkeit, die Veränderungen der Konsumentenrente, der Unternehmensgewinne, des Faktoreinsatzes und der Faktorentlohnung, die durch bilaterale Reformen oder wie in der EU durch Liberalisierungspakete entstanden, zu definieren und zu messen.

Geschützt durch das System der bilateralen Abkommen können die Fluggesellschaften Gewinne in Form nicht leistungsbedingter Renten erzielen – hier illustriert durch die Fläche B in Abbildung 5.1 – da die vereinbarten Flugtarife p_0 die (konstanten) langfristigen Durchschnittskosten DK_0 übersteigen.[191] Die Fläche A

---

[190]   Neben der genauen Spezifikation der Angebots- und Nachfragefunktionen setzt die Messung der Wohlfahrtsänderungen anhand der Konsumenten- und Produzentenrente eine weitere Bedingung voraus. Die Verwendung von nichtkompensierten MARSHALLschen Nachfragefunktionen erfordert, dass Preisänderungen auf dem betrachteten Markt nicht zu derartigen Ersparnissen führen, die signifikante Veränderungen im Konsumentenverhalten hervorrufen. Es muss also unterstellt werden, dass aus der Senkung der relativen Preise lediglich ein minimaler Einkommenseffekt auf das Verhalten der Mengenanpasser rückwirkt. Vgl. zum Rentenkonzept und zu den Messproblemen bei der Konsumentenrente u.a. BÖVENTER und ILLING (1995), S. 260ff.

[191]   In dieser Analyse wird davon ausgegangen, dass im Luftverkehrsbereich die Luftverkehrsgesellschaften ihr Produkt – die Transportdienstleistung – zu langfristig konstanten Durchschnittskosten herstellen können. Man beachte, dass die langfristigen Durchschnittskosten gleich den langfristigen, durchschnittlichen variablen Kosten sind, da sämtliche Kosten langfristig variable Kosten sind.

gibt die Konsumentenrente an. Der entstandene Wohlfahrtsverlust der Reglementierung entspricht der Fläche C. In dem hier skizzierten Fall würden sich bei einem Übergang zu einem Wettbewerbsgleichgewicht die Tarife den Durchschnittskosten angleichen, und die Vorteile der Marktliberalisierung gemessen in Veränderungen der Konsumentenrente kämen gänzlich den Konsumenten zu Gute.

Abbildung 5.1: Ausgangssituation der Wohlfahrtsmessung

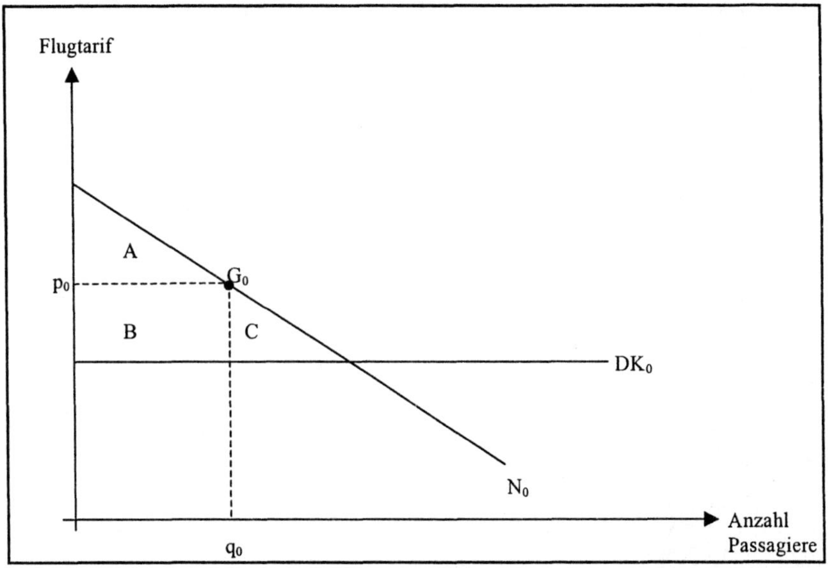

Quelle: eigene Darstellung in Anlehnung an GILLEN, HINSCH, MANDEL und WOLF (2001), S. 103.

Folgende Auswirkungen könnte die Liberalisierung des rechtlich-institutionellen Umfelds im Luftverkehr je nach der Ausgestaltung der einzelnen Reformen haben: Eine freie Preissetzung der Luftverkehrsunternehmen, die sich an reinen Kostenaspekten und nicht mehr an Absprachen orientiert, ermöglicht das Absinken der Flugtarife auf das Wettbewerbsniveau, also auf das Niveau der Durchschnittskosten. Dies würde in dem gewählten Modellrahmen durch eine Bewegung entlang der Nachfragekurve dargestellt. Zweitens hätten die Fluggesellschaften bei freiem Wettbewerb einen Anreiz, sich durch die Verbesserung der angebotenen Qualität[192] von ihren Konkurrenten am Markt zu unterscheiden und weitere

---

[192]   Dies könnte unter anderem eine Ausweitung des Streckennetzes, die Erhöhung der Flugfrequenzen auf einer bestimmten Strecke oder die Verbesserung des Bordservice während des Fluges sein.

Kunden zu gewinnen. Die Erhöhung der Produktqualität impliziert in diesem Modell eine Verschiebung der Nachfragekurve nach außen. Zusätzlich könnten Airlines durch den entstandenen Wettbewerbsdruck[193] gezwungen werden, ihr vorhandenes Fluggerät und -personal effizient einzusetzen. Die erzielten Produktivitätssteigerungen führen mitunter zu niedrigeren Flug- oder Passagierkosten und somit zu einer Verlagerung der Kosten- bzw. Angebotsfunktion nach unten.

Abbildung 5.2: Marktgleichgewicht nach der Liberalisierung

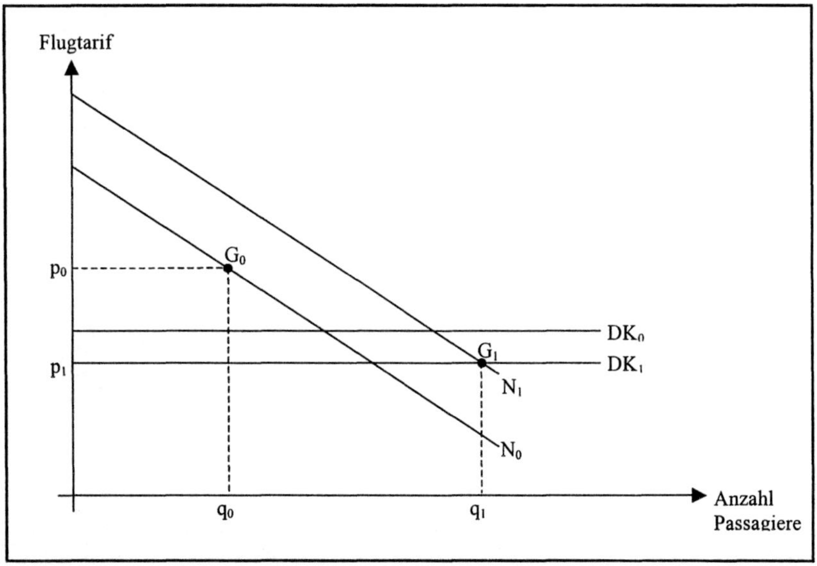

Quelle: eigene Darstellung in Anlehnung an GILLEN, HINSCH, MANDEL und WOLF (2001), S. 104.

Vor der Liberalisierung lag das Marktgleichgewicht entsprechend der Preis-Mengenkombination $p_0 q_0$ im Punkt G_0. Aufgrund der vorangegangen Überlegungen kann sich im Zuge der politischen Reformen das Wettbewerbsgleichgewicht G_1 mit der neuen Menge q_1 und dem dazugehörigen Preis p_1 einstellen. In Abbildung 5.2 wird angenommen, dass sich der Punkt G_1 im Modell vollkommener Konkurrenz ergeben hat, weil die Marktpreise den Stückkosten entsprechen, die Produktionskosten aufgrund der Liberalisierung und des Einsatzes der am besten geeig-

---

[193]   Er entsteht auf der einen Seite durch die neue Konkurrenzsituation der etablierten Fluggesellschaften untereinander und anderseits durch Markteintritte neuer Anbieter, die aufgrund einer verbesserten Technologie oder günstigeren Kostenstrukturen versuchen, Marktanteile der Altsassen zu gewinnen.

neten Technologie auf DK_1 gesunken sind und sich die Nachfrage auf das Niveau N_1 erhöht hat, weil sich Veränderungen bei der Produktqualität ergeben haben.

Nach der Vorstellung der möglichen Effekte des Marktliberalisierungsprozesses wird nun mit Hilfe der Veränderungen der sozialen Wohlfahrt untersucht, die der Summe aus Konsumenten- und Produzentenrente entspricht, welche Auswirkungen die politischen Systemveränderungen für Anbieter und Nachfrager auf dem betrachteten Markt haben. Grundsätzlich ist davon auszugehen, dass Preis- sowie Qualitätsänderungen eines Gutes oder Veränderungen der Produktionskosten zu neuen Ausbringungsmengen und zu einer Reallokation der produktiven Ressourcen innerhalb einer Volkswirtschaft führen.[194]

Abbildung 5.3: Wohlfahrtseffekte der Marktliberalisierung

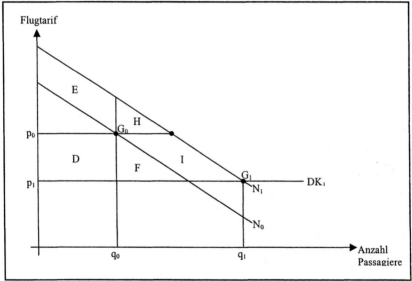

Quelle: eigene Darstellung in Anlehnung an GILLEN, HINSCH, MANDEL und WOLF (2001), S. 107.

Im Bereich des Luftverkehrs kann das Absinken des Flugtarifs für eine bestimmte Städteverbindung zwei Effekte haben: Die bisherigen Fluggäste – Stammfluggäste – profitieren von den gesunkenen Preisen, indem sie weniger für das gleiche Gut

---

[194] Diese Aussage stützt sich auf die Grundelemente der Theorie des allgemeinen mikroökonomischen Gleichgewichts. Vgl. dazu beispielsweise BÖVENTER und ILLING (1995), S. 246ff.; FEHL und OBERENDER (2002), S. 463ff., oder VARIAN (1994), S. 391ff.

bezahlen (Fläche D in Abbildung 5.3) und neue Passagiere erwerben Tickets zu den jetzt für sie akzeptablen Tarifen (Fläche F). Neukunden können dabei entweder Wirtschaftsubjekte sein, die ursprünglich nicht per Flugzeug reisen oder generell nicht verreisen, oder Individuen, die aufgrund ihrer Budgetrestriktion bei den ehemals herrschenden Flugtarifen nicht in der Lage waren, mehr als einmal zu fliegen.

Eine Qualitätsverbesserung des betrachteten Gutes, hier sei eine Erhöhung der Flugfrequenz auf einer bestimmten Städteverbindung angenommen, verschiebt die Nachfragekurve nach außen. Der entstandene Nutzen entfällt einerseits auf die gegenwärtigen Reisenden, die für denselben Preis ein qualitativ hochwertigeres Produkt erhalten (Fläche E in Abbildung 5.3), oder andererseits auf die Gruppe der Erstkonsumenten, deren Einschätzung nach die erfolgten Produktverbesserungen den bisher geforderten Preis rechtfertigen (Fläche H).

Als nächstes wird ein theoretisches Modell benötigt, mit dessen Hilfe die soeben beschriebenen Liberalisierungseffekte auf dem Luftverkehrsmarkt identifiziert und formal erfasst werden können. Das Modell muss so formuliert sein, dass es das Verhalten der Anbieter sowohl in einem regulierten System als auch in der Situation nach der Liberalisierung erklären kann. Mit seiner Herleitung beschäftigt sich der nachfolgende Abschnitt.

5.2   Das theoretische Modell

Die Berechnungen der Änderungen der Konsumentenrente, die hier als Wohlfahrtsindikator dient, werden anhand von Nachfragefunktionen durchgeführt. Daher ist es sinnvoll, vor der Untersuchung des Verhaltens der Anbieterseite einige Überlegungen zur Nachfrageseite anzustellen.

In dem gewählten Untersuchungsumfeld wird angenommen, dass die Nachfrage nach Luftverkehrsdienstleistungen, ähnlich wie bereits in Kapitel vier beschrieben, zum einen durch aus Aufkommensmodellen stammenden exogenen Variablen und zum anderen durch Preis- und Qualitätsvariablen determiniert wird. Als Qualitätsvariable wird hier stellvertretend die Flugfrequenz auf einer bestimmten Strecke verstanden. Die Gesamtnachfrage Q_k auf der betrachteten Städteverbindung k gleicht der Summe der einzelnen Angebotsleistungen q_{ik} der N_k Unternehmungen. Die Luftverkehrsnachfrage gemessen in Passagierzahlen auf einer ausgewählten Flugstrecke ergibt sich somit zu:

$$Q_k = \sum_{i=1}^{N_k} q_{ik}\left(p_{ik}, f_{ik}, z_k\right)$$

(5.1)

wobei p_{ik} den Preis sowie f_{ik} die angebotene Flugfrequenz auf dieser Route darstellt und z_k einem Vektor der ausgewählten Aufkommensvariablen entspricht.

Das Verhalten der Fluggesellschaften auf der Anbieterseite kann in Anlehnung an MARÍN als mehrstufiger Entscheidungsprozess angesehen werden.[195] Zunächst entscheidet sich ein Unternehmen, ob es im Luftfahrtsektor operieren will oder nicht. Nach dem erfolgten Markteintritt müssen die Unternehmen überlegen, welche Technologie, also welches Fluggerät, sie auf welchen Flugrouten einsetzen wollen. In einem weiteren Schritt ist festzulegen, welche Qualität – in dem hier angenommen Fall welche Abflughäufigkeiten – auf den ausgewählten Strecken anzubieten ist, bevor die Preisentscheidung in Abhängigkeit des Wettbewerbsgrads auf den betrachteten Märkten getroffen werden kann. Für die nachfolgenden Analysen sind allerdings nur die beiden letzten Entscheidungen der Airlines relevant, da sich die Berechnungen an den am Markt realisierten Mengen und Preisen orientieren und unabhängig von den beiden zuerst genannten Entscheidungsstufen sind. Die Auswahl der Strecken und des Fluggeräts wird somit als gegeben angesehen.

Das Modell, welches zur Bestimmung der Preise und der angebotenen Flugfrequenz unter den verschiedenen wettbewerblichen Rahmenbedingungen genutzt wird, basiert auf den Annahmen der Gewinnmaximierung. Dabei wird zwischen zwei alternativen Situationen unterschieden. Auf der einen Seite existiert ein liberales Umfeld, in dem ein operierendes Unternehmen seine Preise wie in einem BERTRAND-Modell wählt.[196] Es entsteht dadurch ein Marktgleichgewicht ähnlich dem Wettbewerbsgleichgewicht mit dem höchsten Output und dem geringsten Preis. Auf der anderen Seite besteht ein System der traditionellen bilateralen Rahmenbedingungen. Daher wird angenommen, dass die Möglichkeit zur Kollusion besteht. Die Unternehmen können ihre Preise untereinander absprechen und so ein Gleichgewicht auf dem Markt erzeugen, das mit einem höheren Preis einhergeht als die Wettbewerbslösung.

Bevor die Preisfunktionen für die beiden beschriebenen Fälle abgeleitet werden können, muss eine Kostenfunktion für die beteiligten Unternehmen spezifiziert werden. Die Kostenfunktion einer Luftverkehrsgesellschaft i auf einer ausgewählten Flugstrecke k gestalte sich wie folgt:

$$c_{ik} = c\left(q_{ik}, f_{ik}, x_k\right) \qquad (5.2)$$

wobei q_{ik} die Ausbringungsmenge, also das Transportvolumen, und f_{ik} die Flugfrequenz der Airline darstellt und x_k einem Vektor entspricht, in dem alle routenspe-

---

[195] Vgl. MARÍN (1995), S. 144.

[196] Da hier der Preis als die strategische Variable der Unternehmen angesehen wird, fiel die Wahl auf ein BERTRAND- und nicht auf ein COURNOT-Modell des Oligopolmarkts. Vgl. zu den Eigenschaften von BERTRAND- und COURNOT-Modellen im Oligopol beispielsweise VARIAN (1994), S. 286ff.

zifischen Kostenbestandteile wie die Streckenlänge und die Inputpreise der Fluggesellschaft enthalten sind.

Die nachfolgenden Überlegungen nehmen an, dass lediglich zwei Unternehmen i und j am Markt agieren.[197] Zunächst wird der Fall betrachtet, in dem ein Unternehmen seine gewinnmaximierenden Preise in einem liberalisierten, also wettbewerblichen, Umfeld wählt. Das Gewinnmaximierungsproblem der Airline ergibt sich zu:

$$\max(\pi_{ik}) = p_{ik} q_{ik} \left(p_{ik}, p_{jk}, f_{ik}, f_{jk}, z_k\right) - c_{ik}\left(q_{ik}, f_{ik}, x_k\right) \tag{5.3}$$

wobei π_{ik} den Gewinn des Unternehmens i auf der Flugstrecke k darstellt und die restlichen Variablen den bereist beschriebenen entsprechen. Der Gewinn des Unternehmens ist dann maximal, wenn die Ableitung der Gleichung (5.3) bezüglich des Preises unter der Annahme, dass das zweite Unternehmen j seine Preise konstant hält, null gesetzt wird:

$$\frac{d\pi_{ik}}{dp_{ik}} = q_{ik} + p_{ik} \frac{dq_{ik}}{dp_{ik}} - \frac{dc_{ik}}{dq_{ik}} \frac{dq_{ik}}{dp_{ik}} = 0 \tag{5.4}$$

Gleichung (5.4) kann nach dem gewinnmaximalen Preis aufgelöst werden:

$$p_{ik} = \frac{dc_{ik}}{dq_{ik}} - q_{ik} \frac{dp_{ik}}{dq_{ik}} \tag{5.5}$$

Es ist erkennbar, dass unter den getroffenen Annahmen der Preis als so genannter ‚Mark-up' auf die Standardkostenvariablen bestimmt wird.

Unter dem traditionellen System der bilateralen Verträge war eine Preisabsprache zwischen den einzelnen Unternehmen institutionalisiert. Die Zwangskollusion versetzte die Gesellschaften in die Lage, den Gesamtgewinn zu maximieren, der auf der jeweils betrachteten Strecke erzielt werden kann. Im zugrunde gelegten BERTRAND-Modell wird daher unterstellt, dass die Airline i bei ihrer Preissetzung die Gewinne ihres Konkurrenten berücksichtigt. Die neue Gewinnfunktion für Unternehmen i, gegeben das Verhalten der Gesellschaft j, lautet somit:

$$\max(\pi_{ik} + \pi_{jk}) = p_{ik} q_{ik}\left(p_{ik}, p_{jk}, f_{ik}, f_{jk}, z_k\right) - c_{ik}\left(q_{ik}, f_{ik}, x_k\right) \\ + p_{jk} q_{jk}\left(p_{jk}, p_{ik}, f_{jk}, f_{ik}, z_k\right) - c_{jk}\left(q_{jk}, f_{jk}, x_k\right) \tag{5.6}$$

---

[197] Diese Annahme ist mit der Tatsache zu rechtfertigen, dass in den bilateralen Verträgen der Regulierungsphase jede Nation nur jeweils eine Luftverkehrsgesellschaft designieren durfte.

Bei konstantem Preis p_j führt dies zu der folgenden Optimalitätsbedingung:

$$\frac{d\left(\pi_{ik} + \pi_{jk}\right)}{dp_{ik}} = q_{ik} + p_{ik}\frac{dq_{ik}}{dp_{ik}} - \frac{dc_{ik}}{dq_{ik}}\frac{dq_{ik}}{dp_{ik}} + p_{jk}\frac{dq_{jk}}{dp_{ik}} - \frac{dc_{jk}}{dq_{jk}}\frac{dq_{jk}}{dp_{ik}} = 0. \quad (5.7)$$

Der zusätzliche Term in Gleichung (5.7) im Vergleich zu Gleichung (5.4) drückt die Veränderungen des Gewinns von Airline j aus, die durch Preisvariationen von Unternehmen i entstehen. Der Ausdruck kann nach kleinen Umformungen auch als:

$$p_{ik} = \frac{dc_{ik}}{dq_{ik}} - q_{ik}\frac{dp_{ik}}{dq_{ik}} - \left(p_{jk} - \frac{dc_{jk}}{dq_{jk}}\right)\frac{dq_{jk}}{dp_{ik}}\frac{dp_{ik}}{dq_{ik}} \quad (5.8)$$

ausgeschrieben werden. Bei näherer Betrachtung der Gleichungen (5.5) und (5.8) wird deutlich, dass die Preissetzungsfunktionen der Fluggesellschaft i auf einer Route k unter den beiden alternativen Rahmenbedingungen, DRESNER und TRETHEWAY folgend,[198] durch einen einzelnen Ausdruck dargestellt werden kann:

$$p_{ik} = \frac{dc_{ik}}{dq_{ik}} - q_{ik}\frac{dp_{ik}}{dq_{ik}} + \delta \quad (5.9)$$

wobei der Parameter δ die Effekte der Liberalisierung beinhaltet und wie folgt definiert ist:

$$\delta = 0 \qquad \text{nach dem Liberalisierungsprozess}$$

$$\delta = -\left(p_j - \frac{dc_j}{dq_j}\right)\frac{dq_j}{dp_i}\frac{dp_i}{dq_i} \qquad \text{im traditionellen System.}$$

Anhand dieser Terme lässt sich der Preisunterschied bei Konstanz aller anderen Werte in Abhängigkeit der differierenden Wettbewerbsumfelder definieren. Durch die Bestimmung des Vorzeichens dieses Ausdrucks ist es möglich, die Frage zu beantworten, unter welchem politischen Regime die Preise höher oder niedriger sind.

Zunächst ist zu erwarten, dass der Ausdruck *(p_j – dc_j/dq_j)* positiv ist, da Gewinnmaximierung unterstellt wurde und Subventionen zur Deckung der Differenz zwi-

---

[198] Vgl. DRESNER und TRETHEWAY (1992), S. 177.

schen Preis und Grenzkosten im Rahmen des Modells nicht vorgesehen sind. Der Quotient dq_j/dp_i muss ebenfalls positiv sein, da die Transportdienstleistungen von Fluggesellschaft i und j untereinander als Substitute anzusehen sind. Das Unternehmen i sieht sich laut den getroffenen Annahmen einer normalen, also negativ geneigten, Nachfragekurve gegenüber. Der Ausdruck dp_i/dq_i muss demnach negativ sein. Eine Multiplikation der einzelnen Ausdrücke miteinander ergibt somit für δ einen Wert größer null. Der Effekt der Marktliberalisierung auf den Gleichgewichtspreis ist folglich negativ.

Ähnliche Überlegungen liegen nun der Wahl der anzubietenden Qualität, hier also für die Wahl der Abflughäufigkeiten, zu Grunde. Dabei ist erneut zwischen den beiden alternativen rechtlich-institutionellen Rahmenbedingungen zu unterscheiden. Die Unternehmensentscheidung wird zum einen individuell unter kompetitiven Gesichtspunkten und zum anderen in Absprache mit den Kartellmitgliedern getroffen. Im zuletzt genannten Fall bedeutet dies eine Berücksichtigung der Effekte einer Änderung der eigenen Flugfrequenz auf die Gewinne der anderen Kooperationspartner. Um im Modell die Wahl der Flugfrequenz auf Streckenebene erfassen zu können, ist es notwendig, die Gewinnfunktion des Unternehmens i neu zu definieren.[199] Sie lautet:

$$\pi_{ik} = f_{ik} \cdot \pi_{ik}^{F} \tag{5.10}$$

wobei

π_{ik} = den Gewinn des Unternehmens i auf der Flugstrecke k,
f_{ik} = die Flugfrequenz des Unternehmens i auf der Route k,
π_{ik}^{F} = den Gewinn pro durchgeführtem Flug auf dieser Stecke

darstellt. Aus dieser Formulierung der Gewinnfunktion ergibt sich zwangsläufig, dass

$$\pi_{ik}^{F} = p_{ik} q_{ik}^{F} - c_{ik}^{F} \tag{5.11}$$

Da sich sämtliche Funktionen nun auf einzelne Flüge und nicht mehr auf die Route als Ganzes beziehen, ergeben sich Modifikationen in den zu verwendenden Kosten- und Nachfragefunktionen. Die Nachfrage nach einem einzelnen Flug lässt sich durch die Funktion $q_{ik}^{F} = q(p_{ik}, p_{jk}, f_{ik}, f_{jk}, z_k)$ darstellen. Für die Kosten pro Flug wird ferner angenommen, dass sich weder Kosteneinsparungs- noch Kosten-

---

[199] Die Grundidee die Gewinnfunktion für die einzelnen Flüge aufzustellen, wurde von SCHIPPER (2001), S. 148, übernommen.

steigerungseffekte aus der Variation der Abflughäufigkeit ergeben. Die Kostenfunktion pro Flug wird somit durch $c_{ik}{}^F = c(q_{ik}{}^F, x_k)$ beschrieben.

Das Unternehmen i sieht sich im Fall der Kollusion dem Problem gegenüber, seine Flugfrequenz so zu wählen, dass der gemeinsame Gewinn von i und j maximiert wird:

$$\max\left(\pi_{ik} + \pi_{jk}\right) = f_{ik}\pi_{ik}^F + f_{jk}\pi_{jk}^F. \tag{5.12}$$

Die Bedingung 1. Ordnung bei unverändertem Verhalten von Fluggesellschaft j
lautet:

$$\frac{d\left(\pi_{ik} + \pi_{jk}\right)}{df_{ik}} = \pi_{ik}^F + f_{ik}\frac{d\pi_{ik}^F}{df_{ik}} + f_{jk}\frac{d\pi_{jk}^F}{df_{ik}} = 0. \tag{5.13}$$

Die Auflösung dieser Gleichung nach der gewinnmaximalen Flugfrequenz unter
der Berücksichtigung des formalen Zusammenhangs aus Gleichung (5.11) ergibt:

$$f_{ik} = \frac{\pi_{ik}^F + \left[f_{ik}\left(p_{jk}\frac{dq_{jk}^F}{df_{ik}} - \frac{dc_{jk}^f}{dq_{jk}^F}\frac{dq_{jk}^F}{df_{ik}}\right)\right]}{-\left(p_{ik}\frac{dq_{ik}^F}{df_{ik}} - \frac{dc_{ik}^F}{dq_{ik}^F}\frac{dq_{ik}^F}{df_{ik}}\right)} \tag{5.14}$$

Diese Gleichung unterscheidet sich lediglich durch den in eckigen Klammern gesetzten zweiten Summanden des Zählers von der Lösung des Wettbewerbsfalls.
Die Vorzeichenbestimmung der einzelnen Ausdrücke ermöglicht die Beantwor-
tung der Frage, ob die angebotene Flugfrequenz bei einem Wechsel vom regulierten zum liberalen System steigt oder fällt.

Zunächst soll dafür der Nenner behandelt werden. Der Ausdruck $(p_{ik} - dc_{ik}{}^F/dq_{ik}{}^F)$
ist positiv, da wie bereits erwähnt gewinnmaximierendes Verhalten und die Nicht-
existenz von Subventionen im Modell angenommen wurde. Der Wert des Quo-
tienten $dq_{ik}{}^F/df_{ik}$ muss kleiner null sein, da ceteris paribus die Anzahl der Passagiere pro Flug sinkt, wenn die Frequenz auf dieser Strecke erhöht wird. Eine Multiplikation der Ausdrücke unter Beachtung des negativen Vorzeichens vor der
Klammer ergibt einen positiven Wert im Divisor der Gleichung (5.14).

Der zweite Summand im Zähler weist insgesamt einen Wert kleiner null auf, da
sowohl der Wert der Variablen f_{ik} als auch das Resultat der Differenz $(p_{jk} -
dc_{jk}{}^F/dq_{jk}{}^F)$ gemäß der gesetzten Annahmen positiv und der Ausdruck $dq_{jk}{}^F/df_{ik}$
aufgrund des beschriebenen Zusammenhangs zwischen Abflugfrequenz und Pas-

sagierzahl pro Flug auf einer Reisestrecke negativ ist. Das Ergebnis der Division der beiden Gesamtausdrücke hat somit ein negatives Vorzeichen. Wie diese Analyse verdeutlicht, ist davon auszugehen, dass durch die Aufhebung der bilateralen Verträge und der Beseitigung der legalen Absprachemöglichkeiten zwischen den Airlines ein Anstieg der Abflughäufigkeiten bewirkt werden kann.

5.3   Der ökonometrische Ansatz

Die im letzten Abschnitt angestellten Überlegungen bilden die Basis für die ökonometrische Spezifikation der Tarif- und Frequenzfunktion, mit deren Hilfe die Effekte der Liberalisierung auf das Verkehrsvolumen und die Konsumentenrente erfasst werden sollen. Es wird vermutet, dass die Liberalisierung zu einer Tarifsenkung geführt hat, da sie einen stärkeren Preiswettbewerb unter den Gesellschaften auslöste, und neue effiziente Anbieter in den Markt eintreten konnten. Weiterhin wird gemutmaßt, dass die Liberalisierung zu einem Anstieg der Abflughäufigkeiten führte, da die Kapazitätsregelungen fallen gelassen und Gesellschaften ermutigt wurden, aus wettbewerbsstrategischen Gesichtspunkten neue Flüge anzubieten.

Ein Punkt muss bei der Formulierung der Preis- und Frequenzmodelle noch berücksichtigt werden: die mögliche simultane Interaktion zwischen den Größen Flugtarif, Abflughäufigkeit und nachgefragter Menge. Denn im Falle der Endogenität (i.e. Korrelation des jeweiligen Regressoren mit dem Störterm der Schätzfunktion) sind die OLS-Schätzungen verzerrt und inkonsistent.[200] Der Endogenität der Variablen kann mit der Verwendung von Instrumenten begegnet werden, die mit den eigentlichen Regressoren stark korreliert sind, nicht aber mit den Residuen. Daher ist es angebracht, parallel zu den Preis- und Flugfrequenzfunktionen, ein spezifiziertes Nachfragemodell in den Händen zu halten. Die gewählte Spezifikation der Nachfragefunktion orientiert sich an den Erkenntnissen des Kapitels vier. Das realisierte Transportvolumen ist somit eine Funktion bestehend aus den Variablen Distanz, Bevölkerungszahl, Pro-Kopf-Einkommen, Yield, Frequenz und Flugzeuggröße.

Das Preismodell
Die Schätzfunktion für die Entwicklung der Tarife greift auf die Erkenntnisse des Abschnitts 5.2 zurück. Wie in Gleichung (5.5) zu erkennen war, ergibt sich der Tarif als ,Mark-up' auf die Kosten, so dass der Preis auf einer bestimmten Route k zum Zeitpunkt t auch formuliert werden kann als:[201]

$$Tarif_{kt} = m(Wettbewerbsumfeld) \cdot Kosten_{kt} \qquad (5.15)$$

---

[200]   Vgl. JOHNSTON und DiNARDO (1997), S. 153.
[201]   Vgl. BAILEY, GRAHAM, UND KAPLAN (1985), S. 156.

wobei *m* (der ,Mark-up') eine Funktion des Wettbewerbsumfelds bzw. des Liberalisierungsgrads auf der betrachteten Strecke ist. Die durchschnittlichen Kosten der Beförderung eines Fluggasts auf einer bestimmten Strecke sind abhängig von der zurückzulegenden Entfernung, dem Passagieraufkommen und dem angebotenen Serviceniveau. So ergibt sich folgende zu schätzende Preisfunktion:

$$yld_{kt} = f\left(dist_{kt}, \overline{lib}_{kt}, cost_{kt}, pax_{kt}, freq_{kt}\right) \tag{5.16}$$

wobei für jede Strecke *k* und für jeden Zeitpunkt *t*

yld	=	durchschnittlicher Yield für Economy-Class Passagiere
dist	=	die einfache Nonstopflugdistanz
$\overline{lib}$	=	Dummy-Variable, die den Wert 1 annimmt, sobald die Flugroute entweder der liberalisierten Gruppe angehört oder nach der Beendigung des Reformprozesses (1993) von Wettbewerbsbeschränkungen befreit wurde.
cost	=	die durchschnittlichen Kosten der operierenden Gesellschaften
pax	=	die Anzahl der tatsächlich beförderten Passagiere
freq	=	Zahl der angebotenen Flüge

ist. Um ähnlich wie in den Nachfragemodellen die Besonderheiten der einzelnen Flugrouten berücksichtigen zu können, wurden in das Preismodell ebenfalls die Variablen (*infra$_{1,2}$*) und (*hub$_{1,2}$*) aufgenommen.[202]

Auf die Probleme, die sich aus der mangelnden Verfügbarkeit der benötigten Tarifdaten ergeben, und auf die Berechnung des durchschnittlichen Yield wurde bereits an anderer Stelle in dieser Arbeit eingegangen.[203] Allerdings ist noch ein weiterer Aspekt zu beachten. Fluggesellschaften können ihre Preise auf zweierlei Weisen modifizieren: Sie verändern den Preis selbst, oder sie passen die Zahl der angebotenen Sitzplätze pro Tarifklasse an (das so genannte ,Yield Management')[204]. Aus diesem Grund können die in den statistischen Bänden veröffentlichten Tarife auch fehlgedeutet werden. So ist es durchaus möglich, dass Tarife konstant geblieben sind, obwohl sich ihre Eigenschaften geändert haben. Tarifvariationen können somit auf viele Gründe zurückgeführt werden, die allesamt unabhängig von den Veränderungen des Preisniveaus sind.

---

[202] Vgl. zu diesen Variablen im Einzelnen Abschnitt 4.2.1.
[203] Vgl. die Abschnitte 4.2.1 und 4.4 dieser Arbeit.
[204] Zur Ausgestaltung und zum Verfahren des ,Yield Management' siehe HANLON (1999), S. 189ff.

Darüber hinaus ergibt sich das Problem, wie der Liberalisierungseffekt in angemessener Weise zu definieren ist, damit er ökonometrisch bewertet werden kann. Wie bereits in Kapitel vier erwähnt, gab es drei Formen der Liberalisierung des Luftverkehrs in Europa. Um die unterschiedlichen rechtlich-institutionellen Rahmenbedingungen zu berücksichtigen, wurden drei Gruppen von Flugverbindungen gebildet. Ökonometrisch wird dies durch die Einführung von Dummy-Variablen erfasst.

Um die Gleichungen schätzen zu können, wurden zwei Datensätze aus den vierzig Flugrouten des Kapitels vier gebildet. Der erste Datensatz umfasst die neun voll liberalisierten und die zehn partiell liberalisierten Strecken, der zweite besteht aus den neun liberalisierten und den 21 regulierten Verbindungen. Die in beiden Datensätzen aufgenommenen liberalisierten Flugstrecken dienen als Kontrollgrößen, um den Unterschied zwischen den liberalisierten und regulierten rechtlich-institutionellen Umfeldern bestimmen zu können. Die Liberalisierungsvariable *lib* nimmt den Wert eins an, sobald die betrachtete Flugstrecke entweder durch Luftverkehrsabkommen vom Open-Sky-Typ bereits vollkommen liberalisiert war bzw. wenn die Verbindung nach dem Reformprozess der EU – also ab 1993 – von Reglementierungen befreit wurde, ansonsten ist sie Null. Wie in Abschnitt 5.2 diskutiert wird ein negativer bzw. senkender Effekt dieser Variablen auf den von den Airlines durchschnittlich geforderten Preis erwartet.

Die Kostenvariable *cost* repräsentiert die durchschnittlichen Kosten der auf einer Flugroute operierenden Fluggesellschaften. Die Kosten einer Fluggesellschaft lassen sich in drei Kategorien einteilen: in fixe Kosten, Flug- und Passagierkosten.[205] Fixe Kosten sind sämtliche Kosten, die kurzfristig nicht von Veränderungen der Menge der Transportdienstleistungen tangiert werden, also nicht mit der Outputmenge variieren. Dazu gehören die Fluggeräte oder Ausgaben für Managementaktivitäten oder für Werbemaßnahmen des Unternehmens. Flug- und Passagierkosten variieren mit der Anzahl der Flüge und der Zahl der beförderten Passagiere. Flugkosten sind sämtliche Kosten, die vermieden werden können, wenn eine Strecke nicht bedient wird. Darunter fallen die Löhne der Crew oder die Ausgaben für Kerosin. Alle servicebezogenen Kosten wie Reservierungskosten, Verpflegungskosten sowie die Kosten der Gepäckabfertigung sind den Passagierkosten zuzuordnen. Als Näherungsgröße für diese Kosten wurden die Betriebskosten der Airlines pro angebotenem Tonnenkilometer[206] in US-Dollar ausgewählt. Die Daten stammen aus dem ICAO Digest of Statistics, Series F (Financial Data Commercial Air Carriers). Diese Kostenangaben liegen für jede Fluggesellschaft nur als Unternehmensgröße vor. Aus den durchschnittlichen Kosten aller geleisteten

---

[205]   Vgl. BAILEY, GRAHAM und KAPLAN (1985), S. 48.

[206]   Tonnenkilometer sind ein Maß für die Beförderungsleistung eines Verkehrsträgers (Produkt aus Zuladung und Entfernung). Passagiere werden bei der Ermittlung der Zuladung durch ein statistisch ermitteltes Durchschnittsgewicht berücksichtigt.

Tonnenkilometer einer Airline kann aber nicht abgeleitet werden, welche Kosten speziell auf den einzelnen Strecken angefallen sind. Daher wurden die strecken-spezifischen und kostenbeeinflussenden Faktoren Entfernung, Verkehrsdichte und Frequenz in die Funktion aufgenommen.

Auch diese Datenreihe der ICAO weist erneut Lücken auf, da nicht sämtliche auf den analysierten Strecken aktive Fluggesellschaften ihre Daten an die ICAO weitergeleitet haben. Aus diesem Grunde wurde eine durchschnittliche Kostengröße für die einzelnen Flugrouten ermittelt, indem aus sämtlichen Kostengrößen der auf einer Strecke operierenden Airlines das arithmetische Mittel gebildet wurde. Der Koeffizient der Kostenvariable sollte in der spezifizierten Schätzfunktion ein positives Vorzeichen haben.

Die Entfernungsvariable *dist*, die stellvertretend für die einfache Nonstopflugdistanz zwischen Start- und Zielort steht, spiegelt so genannte ‚Economies of stage length' wider; d.h. mit steigender Entfernung sinken cetris paribus die Stückkosten, da bei zunehmender Streckenlänge sich die fixen Kostenbestandteile auf eine größere Anzahl von Flugkilometern verteilen.[207]

Welches Vorzeichen die Passagiervariable in einem Preismodell theoretisch besitzt, ist nicht eindeutig. Traditionell wird argumentiert, dass zwischen der Variable *pax*, wie bei allen Variablen die Verkehrsvolumina repräsentieren, und dem Preisniveau ein negativer Zusammenhang besteht. Dieser lässt sich auf Dichtevorteile bezogen auf die Flugzeuggröße und auf Skalenerträge in Hinblick auf den Ticketverkauf oder andere Marketingmaßnahmen zurückführen. Die Flugkosten pro Passagier sollten, wie unmittelbar einsichtig ist, mit steigenden Ladefaktoren abnehmen.[208] Betrachtet man aber Gleichung (5.9) ist zu erkennen, dass die Mengenvariable in der Preisfunktion an zwei separaten Stellen vorhanden ist. Einmal ist sie ein Argument bei der Bestimmung der Grenzkosten, wobei die produzierte Menge einen positiven Effekt auf den Preis haben sollte. Denn vorausgesetzt, dass die betrachteten Unternehmen auf dem aufsteigenden Ast ihrer Grenzkostenkurve operieren, implizieren steigende Ausbringungsmengen höhere Grenzkosten. Darüber hinaus sollte der Ausdruck $(-dp_i / dq_i)$ positiv sein, da Nachfragekurven in der Regel negativ geneigt sind. Sowohl der Grenzkosten- als auch der Nachfrageeffekt sind daher positiv, so dass der Regressionskoeffizient einer Mengenvariablen in einem Preismodell insgesamt positiv und nicht wie oft angenommen negativ ist. DRESNER und TRETHEWAY merken zu diesem Vorzeichenproblem der Mengenvariablen in Preismodellen an: *„At best, the coefficient will have an ambiguous sign (depending on whether the marginal cost is falling) but never an unambiguous negative sign."*[209]

---

[207] Vgl. BAILEY, GRAHAM und KAPLAN (1985), S. 50ff.

[208] Vgl. GRAHAM, KAPLAN und SIBLEY (1983).

[209] DRESNER und TRETHEWAY (1992), S. 177.

Eine Ausweitung des Angebots an Flügen pro Strecke reduziert aus Sicht der Passagiere die bereits angesprochene Frequenzverspätung. Auf der Anbieterseite hingegen führt eine Erhöhung der Abflughäufigkeiten in den meisten Fällen zu steigenden durchschnittlichen Kosten und somit auch zu Preiserhöhungen. Wie in den Untersuchungen zu den Nachfragemodellen in Kapitel vier deutlich geworden ist, steigt die Nachfrage nach Transportdienstleistungen im Verhältnis zu den Frequenzerhöhungen nur unterproportional, so dass die Zahl der Passagiere pro Flug abnimmt. Zusätzliche Flüge führen demnach bei gleichbleibender Flugzeugflotte zu sinkenden Ladefaktoren, wodurch die Kosten ansteigen. Bei sinkenden oder konstanten Ladefaktoren ist folgerichtig ein positiver Zusammenhang zwischen der Frequenzvariablen und den Tarifen zu erwarten. Da aber die Fluggesellschaften in der Lage sind, die Größe des eingesetzten Fluggeräts zu verändern, können sie die einzelnen Ladefaktoren beeinflussen. Daher ist es aus theoretischen Überlegungen heraus nicht eindeutig, welcher empirische Zusammenhang zwischen Abflughäufigkeit und Tarifhöhe besteht.

Das Frequenzmodell

In Abschnitt 5.2 wurde dargelegt, warum es nach der Marktliberalisierung zu einem Anstieg der Abflughäufigkeiten kommen sollte. Berücksichtigt man bestehende Kapazitätsbeschränkungen im Markt kann sich die Wirkung der Liberalisierung auf das Angebot an Flügen sogar noch verstärken. Für jede Fluggesellschaft ist die Wahl der Frequenz an eine Restriktion gebunden: Bei gegebener Sitzplatzkapazität s muss die Bedingung $f_{ik} * s_i \geq q_{ik}$ erfüllt sein. Gegeben, dass der Effekt der Liberalisierung auf die geforderten Tarife negativ ist, kann davon ausgegangen werden, dass eine Marktliberalisierung zu steigenden Nachfragevolumina führt. Auf diese induzierte Nachfragesteigerung können die Luftverkehrsunternehmen unterschiedlich reagieren. Sie können die Ladefaktoren auf den Flügen ansteigen lassen, das Angebot an Flügen ausweiten oder größere Fluggeräte auf ihren Strecken einsetzen, oder eine Kombination dieser Maßnahmen wählen. Dabei ist zu berücksichtigen, dass die Erhöhung der Frequenzen und der Einsatz größerer Flugzeuge eher langfristige Strategien darstellen. Aufgrund dieser Überlegungen ist davon auszugehen, dass die Liberalisierung über diese Kapazitätsrestriktion einen indirekten Effekt auf die Frequenzwahl der Unternehmen hat.[210] Diese Ausführungen machen ebenfalls deutlich, dass neben der bereits angesprochenen Interdependenz zwischen Transportvolumen und Abflughäufigkeit auch eine Interaktion zwischen den Größen Frequenz und Flugzeuggröße bestehen kann, und dies im ökonometrischen Modell zu berücksichtigen ist.

---

[210] Vgl. zu diesen Überlegungen SCHIPPER, RIETVELD und NIJKAMP (2002), S. 193f.

Die Funktion für die Flugfrequenz lautet:

$$freq_{kt} = f\left(dist_{kt}, pax_{kt}, \overline{lib_{kt}}, comp_{kt}, asize_{kt}\right) \tag{5.17}$$

wobei für jede Strecke k und für jeden Zeitpunkt t

$comp$ = der Zahl der operierenden Gesellschaften
$asize$ = der Anzahl der angebotenen Sitzplätze pro Flug

ist, und die anderen Variablen den bereits beschriebenen Größen entsprechen. Das Vorzeichen der Passagiervariablen sollte positiv sein, da bei wachsender Nachfrage die Zahl der angebotenen Flüge ceteris paribus steigen müsste. Nach der Analyse in Abschnitt 5.2 ist für die Liberalisierungsvariable ein positives Vorzeichen zu erwarten, da die Zahl der Flüge nicht mehr zwischen den Unternehmen abgesprochen, sondern in einem wettbewerblichen Umfeld nach betriebswirtschaftlichen Gesichtspunkten angeboten wird. Zwischen der Entfernungsvariable und der Frequenz ist ein negativer Zusammenhang zu erwarten, ebenso wie für die Variable der Flugzeuggröße. Je geringer die Zahl der angebotenen Sitzplätze, desto höher müsste die Zahl der Flüge sein, um die bestehende Nachfrage bedienen zu können. Die Größe *comp* dürfte den theoretischen Annahmen zu Folge ein positives Vorzeichen besitzen, da mit steigender Anbieterzahl auch das Serviceangebot – sprich die Anzahl der Flüge – zunehmen müsste.[211]
Zusätzlich werden in die formulierten Schätzgleichungen für das Tarif- als auch Frequenzmodell zeitspezifische Dummy-Variablen integriert. Auf diese Weise sollen die Preis- und Serviceveränderungen zwischen den Perioden aufgefangen werden, die nicht mit dem Liberalisierungsprozess in Verbindung stehen.

5.4 Schätzergebnisse

Wie bereits erwähnt besteht die Möglichkeit, dass die Passagier- und die Frequenzvariable in der Funktion der Yieldentwicklung endogene Größen, also als mit dem Störterm korrelierte Variablen anzusehen sind, genau wie die Passagiervariable und die Variable der Flugzeuggröße im spezifizierten Frequenzmodell. HAUSMAN (1978) entwickelte eine Teststatistik zum Nachweis von Endogenität in ökonometrischen Modellen. Hier wurde die von DAVIDSON und MACKINNON vorgeschlagene Variante des HAUSMAN-Tests genutzt, um mögliche Quellen des

---

[211] In mehreren theoretischen Modellen, die sich mit alternativen Wettbewerbsbedingungen im Luftverkehr auseinandersetzen, wies SCHIPPER (2001), S. 93ff., diesen positiven Zusammenhang zwischen der Abflughäufigkeit und der Zahl der am Markt operierenden Unternehmen nach.

‚Simultaneous equation bias' ausfindig zu machen.[212] Die Hypothese auf Konsistenz der OLS-Parameterschätzungen für die Variable *pax* musste in beiden Yieldmodellen verworfen werden, wobei hingegen die Frequenzvariable für beide Datensätze als exogen anzusehen ist.

Für das Frequenzmodell wies dieser Test für den Datensatz der liberalisierten und partiell liberalisierten Strecken sowohl die Passagiervariable als auch die Variable der Fluggerätsgröße als endogen aus, während für den zweiten Datensatz für beide Determinanten die Hypothese der Exogenität nicht verworfen werden konnte.

Mit Endogenitätsproblemen wurde in der verkehrswissenschaftlichen Literatur in unterschiedlichster Weise umgegangen. MARÍN greift beispielsweise in seinem interagierenden Nachfrage- und Preismodell auf die Instrumentalvariablenmethode für die Schätzung der endogenen Tarif- und Passagiergrößen zurück.[213] DRESNER und TRETHEWAY entschieden sich für den indirekten Kleinste-Quadrate-Ansatz, um das Problem der endogenen Passagiervariablen zu lösen.[214] SCHIPPER nutzt für seine Parameterschätzungen die so genannte zweistufige Kleinste-Quadrate-Methode (Two-Stage-Least-Square (TSLS)), um das Korrelationsproblem seiner endogenen Größen adäquat berücksichtigen zu können.[215] MAILLEBIAU und HANSEN hingegen ignorieren das Simultanitätsproblem in ihrem Modell und schätzen daher ihre Gleichungen separat mit der Methode der kleinsten Quadrate.[216]

Um die gesamte zur Verfügung stehende a-priori Information bezüglich der Strukturparameter bei der Schätzung zu berücksichtigen, greift diese Arbeit auf ein Schätzverfahren mit vollständiger Informationsnutzung (‚Full information'-Verfahren), die Two-Stage-Least-Square-Methode, zurück. Dieses Schätzverfahren ermöglicht konsistente Parameterschätzungen struktureller Koeffizienten in interdependenten Modellen.[217] Vereinfachend lässt sich über die Prozedur des zweistufigen Kleinste-Quadrate-Verfahrens sagen, dass es in einem ersten Rechenschritt die endogenen Regressoren einer Gleichung um den Einfluss der Störvariablen approximativ bereinigt, und dann die transformierten Werte der ersten Schätzung gegen die zu erklärende Variable regressiert.[218]

Resultate des Preismodells

Die Ergebnisse für die beiden gebildeten Datensätze des Preismodells sind in Tabelle 5.1 aufgeführt. Die Schätzungen erfolgten aus den bereits in Kapitel vier genannten Gründen erneut mit den Variablen in logarithmierter Form und stammen

---

[212]   Vgl. DAVIDSON und MACKINNON (1989), S. 366ff.
[213]   Vgl. MARÍN (1995).
[214]   Vgl. DRESNER und TRETHEWAY (1992).
[215]   Vgl. SCHIPPER (2001).
[216]   Vgl. MAILLEBIAU und HANSEN (1995).
[217]   Vgl. GRUBER (1997), S.177.
[218]   Vgl. STUDENMUND (2001), S. 474.

aus einem Modell mit „gepoolten" Daten. Die Entscheidung über den am ehesten geeigneten Schätzansatz fiel hier zuungunsten des Modells „fester Effekte" aus, da zum einen die Streckenentfernung als Determinante weggefallen und zum anderen der Einfluss der Liberalisierungsvariablen aufgrund ihrer relativen Konstanz im Zeitablauf möglicherweise durch den LSDV aufgefangen worden wäre. Die Parameterresultate für die zeitspezifischen Effekte sind nicht in Tabelle 5.1 aufgeführt. Die meisten dieser Regressoren waren für den ersten Datensatz insignifikant. Im zweiten Modell scheint es in der Beobachtungsperiode mit Ausnahme des Jahres 1991[219] einen kontinuierlichen Preissenkungstrend gegeben zu haben. Alternative Schätzungen führten kaum zu Verbesserungen des Bestimmtheitsmaßes oder zu abweichenden Resultaten im Hinblick auf die wichtigsten Variablen im Modell, weshalb die Resultate dieser Schätzungen zugunsten der dargestellten Modellspezifikation vernachlässigt werden.

Die endogene Passagiervariable wurde durch die Instrumente Entfernung, Einkommen, Bevölkerungszahl, Frequenz und Flugzeuggröße ersetzt. Die ermittelten Werte der DURBIN-WATSON-Teststatistik wiesen in beiden Fällen auf das Vorliegen von Autokorrelation hin.[220] Zur Vermeidung dieses Problems wurden, auf einem AR(1)-Prozess aufbauend, die Gleichungen erneut mit der iterativen zweistufigen Kleinste-Quadrate-Methode geschätzt. Wie zu erwarten konnte für die beiden neuen Gleichungen die Hypothese „keine Autokorrelation" unter Nutzung des DURBINS-h-Tests bei einer Irrtumswahrscheinlichkeit von unter 5% nicht verworfen werden.

Von besonderer Bedeutung für die Untersuchung sind die Ergebnisse für die Liberalisierungsvariable. Die signifikanten Koeffizientenschätzungen zeigen, dass auf partiell liberalisierten und regulierten Städteverbindungen höhere Tarife verlangt werden als auf liberalisierten Routen. Interpretiert man die Werte von -0,433 und -0,376 als Preisdifferenzen im Vergleich zu einem vollkommen liberalisierten Markt, lässt sich schlussfolgern, dass die Tarife ohne Marktöffnung in der EU um ungefähr 35% bzw. 31% höher gewesen wären.[221] Diese Ergebnisse lassen sich mit den Ergebnissen anderer Studien vergleichen. In diesen Arbeiten lagen die geforderten Flugtarife auf liberalisierten Routen im Schnitt zwischen 34% und 45% unter denen regulierter Strecken.[222]

---

[219] Auf den möglichen Trendbruch in der Periode 1990-91 ausgelöst durch den Golfkrieg wurde bereits in Abschnitt 4.5.1 dieser Arbeit hingewiesen.

[220] Um die Panelstruktur der Daten bei der Berechnung der DURBIN-WATSON-Teststatistik nicht zu vernachlässigen, wurden die DWd-Werte der einzelnen Strecken mit der jeweiligen Residuenquadratsumme gewichtet und zu einem gemeinsamen DWd-Wert summiert. Die Werte lagen bei 0,833 bzw. bei 0,748 Punkten.

[221] Die Umrechnung erfolgt anhand der Formel: $(1-e^{x}) * 100\%$.

[222] Vgl. die Arbeiten von DRESNER und TRETHEWAY (1992), von MAILLEBIAU und HANSEN (1995) und von SCHIPPER (2001).

Tabelle 5.1: Resultate des Preismodells

	Koeffizientenschätzungen (t-Statistik)	
	Partiell liberalisierte Routen	*Regulierte Routen*
konst.	1,638	3,406
	(1,065)	(2,224)*
dist	-0,435	-0,552
	(-2,448)*	(-3,026)*
cost	0,276	0,218
	(1,587)	(1,776)**
pax	0,369	0,300
	(3,181)*	(2,502)*
freq	-0,236	-0,177
	(-3,458)*	(-3,585)*
lib	-0,433	-0,376
	(-1,968)**	(-3,860)*
hub_1		0,496
		(1,993)*
hub_2	0,966	0,882
	(1,992)*	(1,606)
korrigiertes R^2	0,524	0,627
$\hat{\rho}$	0,699*	0,797*
Zahl der Beobachtungen	190	300

*   Signifikant auf dem 5% Niveau.
**   Signifikant auf dem 10% Niveau.

Der signifikant negative Einfluss der Variable *dist* auf den Preis pro geflogenem Kilometer entspricht den Erkenntnissen anderer Arbeiten zum Luftverkehr. Da ein Flugzeug in der Startphase bis zu einem Viertel seines Treibstoffs verbraucht, nehmen mit steigender Entfernung die durchschnittlichen Kosten pro Kilometer ab. Die ermittelten Werte der beiden Kostenvariablen geben die Elastizitäten der Tarife bezogen auf die angefallenen Kosten an. Die Koeffizientenschätzungen liegen im unelastischen Bereich, was vermuten lässt, dass die durchschnittlichen Kostenveränderungen bei den Fluggesellschaften nicht voll über die Tarife an die Passagiere weitergegeben werden. Das Vorzeichen der Passagiervariablen ist in beiden Regressionen positiv, bei einer Irrtumswahrscheinlichkeit von 5% statistisch signifikant und die Koeffizienten besitzen in etwa den gleichen Wert. Diese Ergebnisse stehen im Einklang mit den Vorgaben des theoretischen Modells aus Abschnitt 5.2. Die Frequenzvariablen sind jeweils signifikant von Null verschieden und weisen ein negatives Vorzeichen auf.

Von den eingesetzten Kontrollgrößen war für die erste Streckengruppe nur die Variable *hub₂* signifikant von null verschieden. Der positive Wert gibt Anlass zu der Annahme, dass auf den Hauptverkehrsverbindungen zwischen den großen Hubflughäfen in Europa der Preiswettbewerb weniger intensiv war als auf anderen Flugrouten. Für den zweiten Datensatz konnten positive Einflüsse beider Hub-Variablen nachgewiesen werden. Die Preise auf Nonstopflugstrecken, die in einem europäischen Hub beginnen oder enden, sind demnach in der Regel höher als auf Nebenstrecken.

Resultate des Frequenzmodells
Die zuvor durchgeführten Endogenitätstests wiesen für die zur Verfügung stehenden Datensätze zwei unterschiedliche Ergebnisse aus. Im Fall der liberalisierten und regulierten Routen konnten keinerlei Hinweise auf eine Annahmeverletzung im klassischen Modell gefunden werden, weshalb diese Schätzung mit der Methode der Kleinsten-Quadrate erfolgte. Für den zweiten Datensatz musste die Hypothese über die Exogenität der Passagiervariablen und der Variabeln für die Flugzeuggröße verworfen werden. Instrumente für die beiden endogenen Determinanten im TSLS-Verfahren waren die Liberalisierungsvariable, die Bevölkerungszahl und das Einkommen. Den beiden Problemen Autokorrelation und Heteroskedastie wurde mit den angezeigten ökonometrischen Schätzverfahren entgegengetreten.
Die Ergebnisse der bevorzugten Modellspezifikation sind in Tabelle 5.2 dargestellt. An dieser Stelle wurde aus den gleichen Gründen wie bei den Preismodellen auf einen „gepoolten" Schätzansatz zurückgegriffen. Da der doppelt-logarithmierte Ansatz die robustesten Schätzungen für die meisten Parameter im Gegensatz zum linearen Modell aufwies, scheint es sich bei den ermittelten Zusammenhängen eher um additive als um multiplikative Effekte zu handeln. Die Koeffizienten besaßen aber für beide Spezifikationen die gleichen Vorzeichen. Die aufgenommen Jahresdummies erzeugten allesamt insignifikante Schätzergebnisse.
Die Werte des Bestimmtheitsmaßes und der t-Statistiken zeigen, dass das hier formulierte Modell mehr als nur einen zufälligen Zusammenhang beschreibt. Mit Ausnahme der Koeffizientenschätzung für die Variable der Unternehmensanzahl und der Variablen für die durchschnittliche Flugzeuggröße für den zweiten Datensatz sind alle Schätzergebnisse bei einer Irrtumswahrscheinlichkeit von mindestens 10% von Null verschieden.
Laut den Resultaten des geschätzten Modells hat die Liberalisierung des Luftverkehrs auf zuvor partiell liberalisierten Flugstrecken ceteris paribus zu einem Anstieg der Abflughäufigkeiten in Höhe von 54% geführt. Die Liberalisierung der zuvor vollständig regulierten Flugverbindungen löste eine durchschnittliche Frequenzerhöhung von 20% auf diesen Routen aus.

Tabelle 5.2: Resultate des Frequenzmodells

	Koeffizientenschätzungen (t-Statistik)	
	Partiell liberalisierte Routen	*Regulierte Routen*
konst.	2,473 (1,099)	8,819 (1,507)
dist	-0,292 (-1,756)**	-0,659 (-1,905)**
pax	0,047 (2,403)*	0,123 (2,252)*
comp	0,281 (2,217)*	0,109 (1,033)
asize	-0,187 (-2,012)*	-0,152 (-1,122)
lib	0,433 (1,695)**	0,182 (2,569)*
korrigiertes R^2	0,684	0,817
$\hat{\rho}$	0,785*	0,906*
Zahl der Beobachtungen	190	300

*　Signifikant auf dem 5% Niveau.
**　Signifikant auf dem 10% Niveau.

Der Zusammenhang zwischen der Entfernungsvariablen und der angebotenen Zahl der Flüge ist negativ. Dabei zeigt sich, dass je länger die durchschnittliche Reiselänge desto weniger Flüge werden angeboten. Dies könnte dahingehend interpretiert werden, dass der Frequenzwettbewerb auf kürzeren Reisedistanzen mit konkurrierenden Bodenverkehrsträgern ceteris paribus weitaus intensiver ist als auf längeren Strecken.[223] In beiden Modellen besitzt die Passagiervariable ein positives Vorzeichen. Die ermittelten Koeffizientenwerte deuten auf einen unterproportionalen Anstieg der Frequenzen im Vergleich zu den Passagierzahlen hin. Demzufolge wird ein Nachfrageanstieg bei konstanten Flugzeuggrößen sowohl durch ein größeres Angebot an Flügen als auch durch eine Erhöhung der Ladefaktoren kompensiert. Der positive Zusammenhang zwischen der Zahl der aktiven Fluggesellschaften und der angebotenen Flugfrequenz entspricht den Erwartungen. Das theoretisch postulierte negative Vorzeichen des Koeffizienten der durch-

---

[223]　Für diese Aussage ist maßgeblich, dass auf kürzeren Strecken das Flugzeug weiterhin ein alternatives Transportsmittel darstellt. Beim Unterschreiten einer gewissen Reiseentfernung wird niemand mehr mit dem Flugzeug fliegen wollen, da die gesamte Reisezeit inklusive An- und Abfahrt, Check-in, Rollzeit und Flugdauer die Transportdauer mit den Bodenverkehrsträgern bei weitem übersteigt.

schnittlichen Fluggerätsgröße wurde durch die Schätzergebnisse bestätigt, wenngleich das Resultat nur im ersten Modell signifikant ist.

5.5 Bewertung der Liberalisierungseffekte

Anhand der geschätzten Nachfrage-, Preis-, und Frequenzfunktionen ist nun eine Bewertung der Wohlfahrtseffekte der Liberalisierung möglich. Dabei werden sowohl die Auswirkungen auf die Passagiere gemessen in monetären Einheiten sowie die Veränderungen des Verkehrsvolumens quantifiziert. Vor der Vorstellung der Ergebnisse bedarf es aber noch der Definition und der formalen Bestimmung des Ausdrucks der Konsumentenrente.

5.5.1 Formaler Ausdruck der Konsumentenrente

Die Konsumentenrente entspricht dem Integral (der Summe) der Überschüsse der Grenzzahlungsbereitschaften der privaten Haushalte über dem Gleichgewichtspreis für alle nachgefragten Einheiten.[224] Wenn p* und Q* den Gleichgewichtspreis bzw. die korrespondierende Menge repräsentieren, ergibt sich die Konsumentenrente zu

$$\int_{p*}^{+\infty} Q(p)dp = \int_{0}^{Q*} P(Q)dQ - p*Q* \tag{5.18}$$

wobei Q(.) und P(.) die Nachfrage- bzw. inverse Nachfragefunktion beschreiben. Aufgrund der geschätzten Nachfragefunktion

$$Q_k(p_k, f_k) = \alpha_k p_k^{-\beta} f_k^{\gamma} \tag{5.19}$$

wobei β die Preiselastizität der Nachfrage, γ die geschätzte Nachfrageelastizität bezüglich der Flugfrequenz und α_k alle anderen unabhängigen Nachfragevariablen auf der Route k darstellt, setzen sich die Änderungen der Konsumentenrente aus den Effekten der Preissenkung (Flächen D und F in Abbildung 5.3), aus den Auswirkungen der Frequenzerhöhung (Flächen E und I) und dem entstandenen Nutzenzuwachs (Fläche H) zusammen. Bei einem Absinken des Preises von p^{reg} auf p^{lib} und einer Erhöhung der Flugfrequenz von f^{reg} auf f^{lib} lautet die Formel zur Berechnung des Gesamteffekts:[225]

---

[224] Vgl. BÖVENTER und ILLING (1995), S. 262.
[225] Vgl. MAILLEBIAU (1993), S. 89f.

$$\Delta KR_k \left[\left(p_k^{reg}, f_k^{reg} \right), \left(p_k^{lib}, f_k^{lib} \right) \right] = \int_{p_k^{reg}}^{+\infty} Q\left(p_k, f_k^{reg} \right) dp - \int_{p_k^{lib}}^{+\infty} Q\left(p_k, f_k^{lib} \right) dp \qquad (5.20)$$

Für die Funktion aus (5.19) kann die Wohlfahrtsänderung ausgedrückt werden als

$$\Delta KR_k = \alpha_k \left(f_k^{reg} \right)^\gamma \left. \frac{p_k^{(1-\beta)}}{(1-\beta)} \right]_{p_k^{reg}}^{+\infty} - \alpha_k \left(f_k^{lib} \right)^\gamma \left. \frac{p_k^{(1-\beta)}}{(1-\beta)} \right]_{p_k^{lib}}^{+\infty} \qquad (5.21)$$

Anhand des Ausdrucks (5.21) erkennt man, dass die Integrale in (5.20) nur dann gegen einen Wert konvergieren, wenn $|\beta| > 1$ ist. Unerfreulicherweise wiesen die Schätzungen des Kapitels vier Werte für die Preiselastizität der Nachfrage aus, die vom Betrage her alle kleiner als eins waren. Aus diesem Grund bedarf es eines alternativen Ansatzes zur Bestimmung der Konsumentenrente.

In Anlehnung an MAILLEBIAU und HANSEN kann dieses Problem durch die Einführung einer eindimensionalen bzw. univariaten Nachfragefunktion umgangen werden.[226] Definiert man eine Variable $\Omega_k = p_k^{-1} * f_k^{\gamma/\beta}$, die sowohl die Aufwendungen des Ticketkaufs als auch die Kosten der Frequenzverspätung abbildet und sich deshalb als verallgemeinerte „Kostenfunktion einer Flugreise" interpretieren lässt, dann ergibt sich aus der zunächst formulierten Nachfragefunktion (5.19) der Ausdruck

$$Q_k\left(\Omega_k \right) = \alpha_k p_k^{-\beta} f_k^\gamma = \alpha_k \Omega_k^\beta . \qquad (5.22)$$

Da diese Funktion der zweidimensionalen Nachfragefunktion in Gänze entspricht, lassen sich Veränderungen der Konsumentenrente auf Kombinationen von Preis- und/oder Frequenzvariationen zurückführen. Allerdings ist die transformierte Funktion Ω_k diesbezüglich nicht eindeutig, da mehrere alternative Preis-Frequenz-Kombinationen ein und denselben Wert für Ω_k ergeben. Diese Mehrdeutigkeit in den Ergebnissen bedingt die Überleitung zu einem Referenzmarktmodell, in dem die verallgemeinerten Kosten einer Reise in monetären Einheiten ausgedrückt werden. Der Referenzmarkt entspricht hier einem hypothetischen Markt, auf dem jeweils nur ein Flug pro Strecke angeboten wird. Weist eine Städteverbindung die verallgemeinerten Kosten einer Reise in Höhe von Ω_k auf, bedeutet dies, dass die angebotene Preis-Frequenz-Kombination in diesem Markt für die Konsumenten genauso interessant wie die Kombination ist, bei der der Preis Ω_k und die Frequenz eins ist.

---

[226] Vgl. MAILLEBIAU und HANSEN (1995), S. 132.

Da die Nachfragefunktion nach der Transformation eine univariate Funktion ist, können die Veränderungen der Konsumentenrente – bei dem Wechsel von einem regulierten zu einem liberalen Markt – auf herkömmliche Weise durch die Formel

$$\Delta KR_k = \int_{\Omega_k^{reg}}^{\Omega_k^{lib}} Q_k(\Omega_k) d\Omega_k \tag{5.23}$$

bzw. durch den Ausdruck

$$\Delta KR_k = \alpha_k \frac{\left|\left(\Omega_k^{lib}\right)^{(1+\beta)} - \left(\Omega_k^{reg}\right)^{(1+\beta)}\right|}{(1+\beta)} \tag{5.24}$$

berechnet werden.

5.5.2   Wohlfahrtwirkungen der Liberalisierung

Die geschätzte Preis- und Flugfrequenzfunktion lieferten eine Maßgröße für die Auswirkungen der Liberalisierung. Diese Größen werden nun genutzt, um zu simulieren, welche Preise und Frequenzen sich auf den Flugstrecken ergeben hätten, wenn es nicht zur Liberalisierung des Luftverkehrs gekommen wäre (und alle anderen Konditionen unverändert geblieben wären).

Bevor nun im Einzelnen die Rechenschritte und die entsprechenden Resultate vorgestellt werden, bedarf es noch einiger Anmerkungen zu der Robustheit der nachfolgenden Ergebnisse – diese Einschränkungen gelten ebenso für die Aussagen des Abschnitts 5.5.3.

Erstens, die Ergebnisse von Koeffizientenschätzungen in Nachfragemodellen basieren auf Datensätzen, die einen ausgewählten Bereich der Nachfrage umschließen. Innerhalb dieses Datenbereichs kann das Nachfrageverhalten durch die geschätzten Modelle relativ genau und verlässlich abgebildet werden. Außerhalb dieses Datenbereichs gibt es aber keine Garantie, dass die entwickelten Modelle weiterhin Gültigkeit besitzen – dies gilt insbesondere für Modelle mit konstanten Elastizitäten. Das hier prognostizierte Verhalten der Nachfrageseite kann demnach verzerrt sein.

Zweitens, aufgrund der Konstruktion des Schätzansatzes und der beschriebenen Vorgehensweise dieser Arbeit lässt sich nur feststellen, welche Marktergebnisse sich auf den einzelnen Strecken ohne die vollständige Liberalisierung des innereuropäischen Luftverkehrsmarkts ergeben hätten. Es ist mit anderen Worten nicht möglich, abzuschätzen, was auf einer einzelnen Route passiert wäre, wenn sich Start- und Zielnation nicht an der vollständigen Liberalisierung des Luftverkehrs beteiligt hätten.

Drittens, die durchgeführten Schätzungen berücksichtigen ausschließlich die Liberalisierungseffekte, die sich aus der Freigabe der Flugtarife und der freien Wahl der Abflughäufigkeiten ergeben haben. Andere Qualitätsaspekte wurden außer Acht gelassen.

Tabelle 5.3: Geschätzte Veränderungen der Konsumentenrente (in US Dollar zu Preisen von 1989)

	ΔKR gesamt (in Millionen)	ΔKR pro Passagier	ΔKR pro Flugkilometer
Partiell liberalisierte Routen			
Ausgangssituation	1.543	138,10	0,11
nur Preiseffekt	1.121	100,28	0,08
geringer Preiseffekt	1.391	124,51	0,10
hohe Preiselastizität	491	43,93	0,04
nur Frequenzeffekt	871	77,91	0,06
geringer Frequenzeffekt	1.201	107,46	0,09
geringe Frequenzelastizität	921	82,43	0,07
Regulierte Routen			
Ausgangssituation	5.545	477,85	0,30
nur Preiseffekt	3.684	316,97	0,21
geringer Preiseffekt	5.227	449,71	0,29
hohe Preiselastizität	738	69,52	0,04
nur Frequenzeffekt	3.873	333,23	0,22
geringer Frequenzeffekt	4.963	427,02	0,27
geringe Frequenzelastizität	2.661	228,93	0,15

Quelle: eigene Berechnungen.

Die Berechnung der Wohlfahrtsänderungen erfolgt in mehreren Schritten. Nach der Bestimmung der α_k lassen sich unter Berücksichtigung der Schätzergebnisse für die Liberalisierungsvariablen die verlangten Preise und die angebotenen Abflugfrequenzen auf einer Strecke um den geschätzten Liberalisierungseffekt „bereinigen". Auf diesem Wege erhält man die Tarife und Abflughäufigkeiten, die sich ohne Liberalisierung auf der betrachteten Flugroute eingestellt hätten. Zusammen mit den Koeffizientenschätzungen für die Preis- und Frequenzelastizität der Nachfrage aus Kapitel vier können die verallgemeinerten Kosten der Reise kalkuliert werden. Anhand der ermittelten Werte für Ω_k und β lässt sich unter Verwendung der Gleichung (5.24) der Einfluss der Liberalisierung gemessen in Änderungen der Konsumentenrente auf jeder der betrachteten Städteverbindungen ermitteln. Die Analysen dieser Arbeit haben sich aufgrund der Datenmasse auf das Jahr 1999 konzentriert. In Tabelle 5.3 sind die Ergebnisse über die Veränderungen der Konsumentenrente aufgeführt. Für die partiell liberalisierten Strecken wird nach den Erkenntnissen des Abschnitts 5.4 angenommen, dass die geforderten Tarife aufgrund der Liberalisierung um 35% gesunken und die Frequenzen um 54% gestiegen sind. Auf den regulierten Strecken bewirkte die Liberalisierung ein Absinken der Tarife um 31% und ein Ansteigen der Frequenzen um 20%. Mittels der Preis- und Frequenzelastizitäten des Nachfragemodells (-0,701 und 0,690 bzw. -0,561 und 0,761) lassen sich nun die nachfrageseitigen Effekte der angebotsseitigen Veränderungen bestimmen. Nach der Berechnung der Basiswerte wurde eine Sensitivitätsanalyse durchgeführt, bei der die geschätzten Koeffizientenwerte für die Preis- und Frequenzelastizitäten sowie für die Liberalisierungseffekte entweder um ihre Standardfehler reduziert oder erhöht wurden.

Bezugnehmend auf die berechneten Werte der Ausgangsituation betrug der geschätzte Wohlfahrtseffekt der Liberalisierung des innereuropäischen Luftverkehrs im Jahr 1999 insgesamt sieben Milliarden US-Dollar. Dabei war der Effekt auf den bis 1993 regulierten Strecken signifikant größer als auf den partiell liberalisierten Routen. Die berechnete Veränderung der Konsumentenrente pro Fluggast oder der Effekt pro Passagier lag 1999 bei schätzungsweise 311 US-Dollar (in Preisen von 1989). Dieser Wert liegt unterhalb der Ergebnisse zweier anderer empirischer Studien über die Effekte der Liberalisierung im grenzüberschreitenden Luftverkehr. MAILLEBIAU und HANSEN ermittelten für die Reisenden auf ausgewählten Nordatlantikrouten Wohlfahrtssteigerungen pro Passagier von 585 US\$ zu 1989-Preisen.[227] SCHIPPER wies in seiner Arbeit Wohlfahrtseffekte der zwischenstaatlichen Deregulierung des Luftverkehrs in Europa in Höhe von 415 US-Dollar pro Reisendem nach.[228] Bei derartigen Vergleichen mit anderen Studien müssen natürlich die unterschiedlichen Streckencharakteristika berücksichtigt werden. So war beispielsweise die durchschnittliche Reisedistanz in der Arbeit von MAILLEBIAU und HANSEN wesentlich länger als die Reiselänge im innereuropäischen Luftverkehr, so dass signifikante Kosten- und Preisunterschiede zwischen den betrachteten Flugstrecken wahrscheinlich und für die unterschiedlich hohen Effekte verantwortlich sind.

---

[227] Vgl. MAILLEBIAU und HANSEN (1995).
[228] Vgl. SCHIPPER (2001). Dieser Wert wurde mit einem Kurs von 1,2 US\$/ECU umgerechnet, da die Ergebnisse dieser Abhandlung in ECU ausgewiesen sind.

Die Ergebnisse der Sensitivitätsanalyse geben Aufschluss über die Robustheit der ermittelten Werte für die Veränderung der Konsumentenrente. Lässt man nur die Wirkung des Preis- bzw. Frequenzeffekts in den Berechnungen zu, ist zu erkennen, dass in der partiell liberalisierten Gruppe der Preis- den Frequenzeffekt überwiegt. Hätte es auf diesen Strecken nur eine vollständige Freigabe der Tariffestsetzung gegeben, wäre der Wohlfahrtseffekt um 27% gesunken; bei alleiniger Liberalisierung der Frequenzwahl läge die Wirkung um 43% unter dem geschätzten Wert der Ausgangsituation. In der regulierten Gruppe waren die Wirkungen beider Effekte nahezu gleich groß.

Verringert man die Effekte der Liberalisierung jeweils um ihre Standardabweichung, dann sinken durch die geringere Preiswirkung die Wohlfahrtseffekte in der partiell liberalisierten Gruppe um etwa 10% und in der regulierten Gruppe um 6%. Die Wirkung eines abgesenkten Frequenzeffekts ist wesentlich größer: Der Wohlfahrtszuwachs fällt in diesem Fall um 22% bzw. 10% niedriger aus.

In einem weiteren Schritt wurde die Erhöhung der Preiselastizität und die Absenkung der Frequenzelastizität der Nachfrage um jeweils ihre Standardfehler vorgenommen. In beiden Fällen war der Effekt auf die Wohlfahrtswirkungen negativ. Dieses Ergebnis war zu erwarten, da bei einer hohen Preiselastizität der Nachfrage vor dem Wechsel der rechtlich-institutionellen Rahmenbedingungen weniger Passagiere mit dem Flugzeug gereist wären.[229] Dementsprechend hätte von den Wohlfahrtswirkungen auch nur eine kleinere Gruppe von Reisenden profitiert. Im Falle der geringeren Frequenzelastizität wäre hingegen die Zahl der von der Liberalisierung Begünstigten größer und demzufolge der Wohlfahrtseffekt pro Fluggast geringer ausgefallen.

5.5.3   Veränderungen des Verkehrsvolumens

Die simulierten Werte für die Preis- und Frequenzvariablen können nun ebenfalls dazu genutzt werden, die Verkehrsvolumina ohne Liberalisierung auf den einzelnen Strecken für jedes Jahr zu berechnen. Ein Vergleich mit den tatsächlich gemessenen Passagierzahlen liefert dann einen Aufschluss über die Auswirkungen der Liberalisierung. Dabei besteht allerdings das Problem, dass die beobachteten Passagierzahlen von den berechneten Werten des ökonometrischen Modells in aller Regel abweichen. Daher wird der Vergleich zwischen den ermittelten Modellwerten und den simulierten Volumina erfolgen. In Tabelle 5.4 sind die berechneten Effekte der Liberalisierung auf die Nachfrage für das Jahr 1999 dargestellt. Da die spezifizierten Nachfragefunktionen mit den logarithmierten Werten der Variablen geschätzt wurden, lassen sich diese Effekte leicht berechnen. Die Werte der Koeffizientenschätzungen für die Nachfragemodelle basieren auf den Schätz-

---

[229]   Vgl. SCHIPPER, RIETVELD und NIJKAMP (2002), S. 206, sowie MAILLEBIAU und HANSEN (1995), S.133f.

ergebnissen des „gepoolten" Modells aus Kapitel vier. Die berechneten Werte sind in dieser Darstellung auf den jeweiligen Gruppenwert aggregiert. Um die Aussagekraft der Ergebnisse abzuschätzen zu können, wurde auch hier eine Sensitivitätsanalyse durchgeführt, in deren Rahmen die Werte der Parameterschätzungen jeweils um ihre Standardfehler reduziert wurden.

Tabelle 5.4: Das innereuropäische Verkehrsaufkommen 1999 unter alternativen Liberalisierungsszenarien (Mio. Passagieren)

	Pax (1,1)	Pax (1,0)	Pax (0,1)	Pax (0,0)	Wachstum durch Liberalisierung
Partiell liberalisierte Routen					
Ausgangssituation					
	11,026	8,185	8,933	6,632	66%
Geringe Preiselastizität					
	11,026	8,185	10,097	7,496	47%
Geringe Frequenzelastizität					
	11,026	8,321	8,933	6,742	64%
Geringer Preiseffekt					
	11,026	8,185	9,760	7,245	52%
Geringer Frequenzeffekt					
	11,026	9,779	8,933	7,924	39%
Regulierte Routen					
Ausgangssituation					
	11,227	9,772	9,649	8,399	34%
Geringe Preiselastizität					
	11,227	9,772	11,200	9,792	15%
Geringe Frequenzelastizität					
	11,227	9,866	9,649	8,479	32%
Geringer Preiseffekt					
	11,227	9,772	9,950	8,661	30%
Geringer Frequenzeffekt					
	11,227	10,321	9,649	8,869	27%

Quelle: eigene Berechnungen.
Pax (0,0) entspricht dem Verkehrsvolumen ohne vollzogene Marktliberalisierung.
Pax (1,0) entspricht dem Verkehrsvolumen bei alleiniger Freigabe der Tariffestsetzung.
Pax (0,1) entspricht dem Verkehrsvolumen bei freier Wahl der Abflughäufigkeiten.
Pax (1,1) entspricht dem Verkehrsvolumen bei vollständiger Marktliberalisierung.

Tabelle 5.4 enthält die Passagierzahlen für vier verschiedene Liberalisierungsszenarien: Das aktuelle bzw. modellierte Passagieraufkommen, die Beförderungsmengen, die sich zum einen ohne Liberalisierung der Abflughäufigkeiten und zum anderen ohne Liberalisierung der Tarife ergeben hätten, und schlussendlich das Transportaufkommen ohne Änderung des rechtlich-institutionellen Rahmens. Betrachtet man die Strecken insgesamt, dann hat die Liberalisierung das Verkehrsvolumen in Europa um circa 48% erhöht. Für die partiell liberalisierten Strecken betrug der Anstieg 66% und für die bis 1993 regulierten Flugrouten 34%. Während sich auf den partiell liberalisierten Strecken das Verkehrswachstum verstärkt aus der Frequenzliberalisierung generierte (die Passagierzahlen wären allein durch diesen Effekt um 34% angestiegen), erhöhten auf den regulierten Strecken die Tarif- und Frequenzfreigabe das Verkehrsvolumen jeweils um circa 16%. In diesen Ergebnissen spiegelt sich ebenfalls der multiplikative Charakter des Modells wider, da der Einfluss beider Effekte zusammen größer ist, als die Summe der Einzeleffekte.

Die Werte in Tabelle 5.4 zeigen aber auch die Unsicherheit in den ermittelten Ergebnissen. Betrachtet man die Resultate der Sensitivitätsanalyse wird deutlich, dass eine der größten Quelle der Unsicherheit die Ergebnisse der Koeffizientenschätzungen für die Preiselastizität der Nachfrage sind. Reduziert man diese um den Wert ihrer Standardabweichungen, fällt der Gesamteffekt der Liberalisierung von 66% auf 47% bzw. von 34% auf 15% ab. Für die Gruppe der partiell regulierten Flugstrecken sind ebenfalls die Liberalisierungseffekte als Quelle großer Unsicherheit anzusehen. Vor allem der Frequenzeffekt reduziert die Wirkungen der Liberalisierung um fast die Hälfte.

5.6   Schlussbetrachtung

In diesem Kapitel wurde der Versuch unternommen, die Effekte der europäischen Luftverkehrsliberalisierung quantitativ zu bewerten. Zu diesem Zweck wurden zunächst ein Preis- und ein Frequenzmodell spezifiziert und geschätzt. Das Preismodell zeigte, dass die vollständige Liberalisierung der bis einschließlich 1992 regulierten Strecken sowie der bis zu diesem Zeitpunkt partiell liberalisierten Routen in Europa eine nachweisbare Reduzierung der Flugtarife induzierte. Dieser Preissenkungseffekt betrug je nach rechtlich-institutionellem Umfeld 31% bzw. 35%.

Anhand des spezifizierten Frequenzmodells wurde ersichtlich, dass die Liberalisierung ebenfalls einen positiven Effekt auf die Zahl der angebotenen Flüge auf einer Städteverbindung hatte. Durch die Umgestaltung des wettbewerblichen Umfelds konnte die EU-Kommission die Abflughäufigkeit auf einzelnen Strecken um bis zu 54% steigern und damit die von Passagieren unerwünschte Frequenzverspätung deutlich reduzieren.

In Kombination mit den Ergebnissen des Nachfragemodells ließ sich zeigen, dass die Passagiere in Europa in erheblichem Maße von der Liberalisierung des Markts profitiert haben. So erfuhren die Fluggäste allein im Jahr 1999 Wohlfahrtssteigerungen in Höhe von schätzungsweise sieben Milliarden US-Dollar, dies entspricht etwa 311 US-Dollar pro Fluggast bzw. 21 Cent pro Passagierkilometer. Wie die angestellten Berechnungen zeigen, stieg im Zuge der Liberalisierung das Verkehrsvolumen auf den Strecken des grenzüberschreitenden innereuropäischen Luftverkehrs um schätzungsweise durchschnittliche 48% an. Neue Passagiere wurden dabei unterschiedlich stark – je nach betrachteter Strecke – durch das Absinken der Tarife oder durch die Erhöhung der Flugfrequenzen dem Verkehr zugeführt.

Durch die einzelnen Analyseschritte dieses Kapitels und den Resultaten der Koeffizientenschätzungen aus Kapitel vier konnten die nachfrageseitigen Effekte der Liberalisierung über die angebotseitigen Marktveränderungen bestimmt werden. Inwieweit die Öffnung des Markts die Wettbewerbssituation und das Verhalten der Anbieter im Hinblick auf neue Konkurrenten im Einzelnen beeinflusst hat, ist Gegenstand des nächsten Kapitels.

Kapitel 6

Marktöffnung, Markteintritt und Wettbewerb

Nachdem in den vorangegangenen Kapiteln die Nachfrageseite des innereuropäischen Luftverkehrsmarkts und die dort wirksam gewordenen Effekte der Liberalisierung im Blickpunkt des Interesses standen, untersucht dieses Kapitel die Entwicklungen auf der Angebotseite, um die in dieser Arbeit unternommene Marktanalyse zu komplettieren.

Aufgrund der vermuteten hohen Kapitalmobilität im Luftverkehrsbereich wurde oft gemutmaßt, dass nach der Marktliberalisierung die potenzielle Konkurrenz neuer Anbieter die Preise – selbst in hoch konzentrierten Märkten – auf dem Wettbewerbsniveau halten kann.[230] Der seit der Neuordnung der Rahmenbedingungen im innereuropäischen Luftverkehr verstrichene Zeitraum von 1993 bis 1999 bietet die Gelegenheit, die soeben formulierte Hypothese sowie alternative theoretische Überlegungen über Zusammenhänge zwischen Markteintritten, Konzentrationsgraden und Preisen beim Übergang von einem regulierten zu einem liberalisierten Wettbewerbsumfeld auf ihre Gültigkeit hin zu untersuchen.

Ziel dieses Kapitels ist, Preisentwicklungen, Markteintritte und Konzentrationstendenzen im europäischen Luftverkehr im Hinblick auf die strategische Interaktion zwischen Altsassen und Marktneulingen bzw. potenziellen Konkurrenten offen zu legen. Die Analyse muss allerdings wiederum über Umwege und Hilfsgrößen erfolgen, da für die einzelnen innereuropäischen Flugstrecken keine Erlös- und Kostenangaben der Airlines verfügbar sind und die Relevanz von Markteintrittsbarrieren und die Existenz möglicher potenzieller Konkurrenten nur indirekt empirisch messbar sind.

Das Kapitel ist wie folgt aufgebaut: Zunächst werden im Rahmen einer komparativ-statischen Analyse und einiger grundlegender Vorüberlegungen die Veränderung der Marktkonzentration im europäischen Luftverkehr aufgezeigt. Daran schließt sich die Vorstellung der wichtigsten Wettbewerbsmodelle der Industrieökonomik an, um die Zusammenhänge zwischen Preisentwicklungen, Markteintritten und Konzentrationsgrad theoretisch formulieren zu können. Schlussendlich wird zum einen auf einem Durchschnittspreismodell aufbauend der Effekt der Marktkonzentration auf das Preisniveau geschätzt und zum anderen in einem zweiten Modell die Wirkung der Preisentwicklung auf Markteintrittsentscheidungen geprüft. Die Tests auf Gültigkeit der einzelnen Marktverhaltenshypothesen basieren auf dem Preisunterschied, den Fluggesellschaften auf hochkonzentrierten im Vergleich zu weniger konzentrierten Märkten verlangen, obwohl diese sonst keine Unterschiede aufweisen.

---

[230] Vgl. dazu u.a. BAILEY, GRAHAM und KAPLAN (1985), S. 154, EVANS und KESSIDES (1993), S. 459f., und GILBERT (1989), S. 121.

6.1   Unternehmenskonzentration

Vor der Betrachtung der Konzentrationsgrade, mit deren Hilfe die Marktstruktur im europäischen Luftverkehr beurteilt wird, müssen zunächst einige wettbewerbspolitische Überlegungen über die Zusammenhänge zwischen Unternehmenskonzentration, Marktmacht und Wettbewerbsbeschränkungen angestellt werden, da der Effekt von Unternehmenskonzentrationen auf die Wettbewerbsintensität im Einzelnen umstritten ist.

Den Grundsätzen der Wettbewerbspolitik folgend bedarf es vor der Bestimmung von Marktanteilen und der Messung der Marktkonzentration stets einer Abgrenzung des relevanten Markts. Daher findet zunächst die Bestimmung des relevanten Markts statt, bevor die Kennzahlen zur Messung des Konzentrationsgrads vorgestellt werden. Die Ausführungen dieses Abschnitts enden mit der komparativstatischen Analyse.

6.1.1   Wettbewerbspolitische Bedeutung

Den Ausgangspunkt für die wettbewerbspolitische Beurteilung von Marktstrukturen lieferte die mikroökonomische Preistheorie. Branchen werden dabei nach ihrer quantitativen Besetzung der Marktseiten charakterisiert. Sie befinden sich je nach Anzahl der Marktteilnehmer auf einem Kontinuum zwischen den beiden Extremen vollständige Konkurrenz und perfektes Monopol. Das Monopol ist hier im Vergleich zur Marktform der vollständigen Konkurrenz durch höhere Preise und geringere Mengen gekennzeichnet und somit ineffizient.[231] War also einmal die Marktstruktur bestimmt, konnte das Verhalten der Unternehmen – bezogen auf die angebotene Menge und den gesetzten Preis – abgeleitet und schlussendlich das Marktergebnis – als sozial erwünscht oder unerwünscht – beurteilt werden.[232] Auf der Grundlage dieser theoretischen Überlegungen lag es nahe, den Konzentrationsgrad als zentrales Kriterium heranzuziehen, um zu beurteilen, ob einzelne Unternehmen über nicht mehr vom Wettbewerb ausreichend kontrollierbare Marktmacht verfügen.[233] Mit anderen Worten: Es wurde ein negativer Zusammenhang zwischen dem Konzentrationsgrad und der realisierten Wettbewerbsintensität sowie letztlich dem Wohlfahrtsniveau postuliert.

Mit der Weiterentwicklung der ökonomischen Theorie geriet dieser Ansatz jedoch zunehmend unter Kritik,[234] zumal es seinen Befürwortern weder theoretisch noch empirisch gelang nachzuweisen, ab welchem Konzentrationsgrad wettbewerbsbe-

---

[231] Diese Ineffizienz umfasst sowohl allokative Ineffizienz und X-Ineffizienzen als auch nicht leistungsgerechte Renten sowie die Beeinträchtigung des Innovationswettbewerbs.

[232] Vgl. HÄNI (1987), S. 5ff., und LÓPEZ (2001), S. 360.

[233] Vgl. KERBER (2003), S. 334f.

[234] Vgl. LOPEZ (2001), S. 361.

schränkende Marktmacht genau entsteht.[235] Die Kritik konzentriert sich auf zwei Bereiche: einerseits auf die Beurteilung der marktbeherrschenden Stellung von Unternehmen anhand nur einer Maßzahl und andererseits auf die Annahme eines eindeutigen Kausalzusammenhangs zwischen Marktstruktur und Wettbewerbsintensität.

Marktbeherrschende Stellungen von Unternehmen auf einzelnen Märkten, so die Kritik, sind nicht allein von den Marktanteilen und der berechneten Konzentrationsrate abhängig, sondern werden durch eine Reihe weiterer Marktstrukturmerkmale bestimmt. Neben den Marktanteilen der größten Unternehmen sind u.a. die Situationen der aktuellen Wettbewerber (zum Beispiel finanzieller Rückhalt durch eine branchenfremde Muttergesellschaft), die Wirksamkeit der potenziellen Konkurrenten bzw. der Grad der Offenheit des Marktes und die Marktphase von Bedeutung.[236]

Der zweite Kritikpunkt richtet sich gegen die pauschal angenommene wettbewerbshemmende Wirkung von Oligopolisierungstendenzen. Diese Kritik lässt sich in zwei Komponenten aufteilen. So vernachlässigen Konzentrationsgrade aufgrund ihrer mathematischen Konstruktion zunächst dynamische Marktprozesse. Es sei der Fall angenommen, dass die vier größten Unternehmen zu einem bestimmten Zeitpunkt über einen Marktanteil von 80% verfügen. Nach dem Ablauf einer gewissen Zeitspanne wird ermittelt, dass der Marktanteil der vier größten Anbieter unverändert geblieben ist. Nach traditionellen Gesichtspunkten ist dies unerfreulich, da sich die Wettbewerbssituation nicht verändert hat und die vier Unternehmen ihre marktbeherrschende Stellung möglicherweise durch zu hohe Preise ausnutzen. Wie ist diese Situation aber zu beurteilen, wenn die vier größten Anbieter nicht mehr identisch sind mit den Unternehmen zum Zeitpunkt der ersten Konzentrationsmessung? Obwohl in diesem Markt sehr wohl von Wettbewerbsdynamik gesprochen werden kann, zeigt der Konzentrationsgrad diese nicht an.

Aus theoretischer Sicht sind darüber hinaus durchaus positive Wirkungen der Unternehmenskonzentration denkbar.[237] So könnte beispielsweise eine Oligopolisierung durch das Nutzen von Größenvorteilen die Allokationseffizienz im Markt erhöhen. Die empirischen Erfahrungen zeigen sogar, dass in engen Oligopolen der Wettbewerbsdruck für die einzelnen Anbieter höher sein kann als in Märkten mit einer Vielzahl von Wettbewerbern.[238]

Betrachtet man den Luftverkehrsbereich, kann sogar ein aus preistheoretischen Begründungen abzulehnendes Monopol aus wettbewerbspolitischer Sicht wünschenswert sein. So besitzt beispielsweise die irische Fluggesellschaft RYANAIR

---

[235] Vgl. KERBER (2003), S. 335.
[236] Vgl. HERDZINA (1999), S. 67ff.
[237] Vgl. BERG (1999), S. 335.
[238] Vgl. KERBER (2003), S. 335.

auf vielen innereuropäischen Flugstrecken ein Monopol. Dennoch ist diese marktbeherrschende Stellung als durchaus positiv einzuschätzen, da der Low-Cost-An-
bieter damit in Konkurrenz zu den etablierten Fluggesellschaften auf alternativen
Routen steht und so die Wettbewerbsintensität erhöht hat.[239] Darüber hinaus gelang es RYANAIR auf einigen Strecken, die traditionell hochpreisigen Anbieter zu
verdrängen.

Trotz dieser Probleme bei der Bestimmung des Zusammenhangs zwischen Konzentrationsgraden, Marktstrukturen und Wettbewerbsbeschränkungen greift diese
Arbeit zur Beurteilung der aktuellen Situation im innereuropäischen Luftverkehr
auf die zentralen Kennzahlen der Konzentrationsmessung zurück. Um die Bedeutung der weiteren Marktstrukturkriterien nicht zu vernachlässigen, bezieht die
ökonometrische Analyse aus Abschnitt 6.3 einige diese Größen – soweit empirisch messbar – mit in die Untersuchung ein.

6.1.2   Der relevante Markt

Will man Untersuchungen über Konzentrationsveränderungen auf einzelnen
Märkten durchführen, stellt sich zunächst immer die Frage nach der sachlichen,
räumlichen und zeitlichen Abgrenzung des relevanten Markts oder der relevanten
Märkte. Erst auf der Basis einer derartigen Marktdefinition kann die Entwicklung
der Preise oder die Zu- bzw. Abnahme der Anbieterzahl auf den jeweils betrachteten Märkten erfasst werden. Problematisch bei der Bestimmung des relevanten
Markts gestaltet sich in erster Linie die sachliche Abgrenzung, da eine Gruppe
von Anbietern bzw. Nachfragern so von den übrigen Marktteilnehmern abzugrenzen ist, dass die anderen Gruppen keinen oder lediglich einen zu vernachlässigen-
den Einfluss auf die wettbewerblichen Entscheidungen der abgegrenzten Gruppe
ausüben.[240] In der Regel wird dabei auf das Bedarfsmarktkonzept zurückgegriffen.
Es wird also versucht, diejenigen Produkte zu identifizieren, die in der subjektiven
Bewertung der Konsumenten als gleichwertige und austauschbare Waren gelten;
sie umfassen nach diesem Kriterium den sachlich relevanten Markt.[241] Darüber hinaus gewann in den letzten Jahren aufgrund der zunehmenden Globalisierung und
der verstärkten regionalen Integration (wie beispielsweise mit dem europäischen
Binnenmarkt) die räumliche Marktabgrenzung – Konkurrenz zwischen Anbietern

---

[239]   Vgl. zu den Low-Cost Carriern in Europa und der Wettbewerbseffekte u.a. LAWTON (2002),
       S. 35ff., SCHMITT (2003), S. 168ff., und WILLIAMS (2002), S.87ff.
[240]   Eine Beschreibung der verschiedenen Abgrenzungskonzepte findet sich u.a. bei HERDZINA
       (1999), S. 83ff. Eine ausführlichere Darstellung, die ebenfalls auf Probleme eingeht, die bei
       einer Bestimmung des für den Wettbewerb relevanten Markts entstehen, findet sich bei
       SCHMIDT (1996), S. 46ff.
[241]   Vgl. BERG (1999), S. 347.

aufgrund der geographischen Lage der Nachfrager[242] – deutlich an Bedeutung. Die zeitliche Marktbestimmung – Zusammentreffen von Angebot und Nachfrage zu einem fixierten Zeitpunkt – ist in der Regel relativ einfach anwendbar und hat in der Praxis nicht die Bedeutung der anderen beiden Dimensionen erreicht.[243] Die folgenden Ausführungen konzentrieren sich – da der räumliche Markt bereits abgegrenzt ist – allein auf die Abgrenzung des sachlich relevanten Markts.

Für eine Messung der Preis- und Wettbewerbsentwicklung im Luftverkehr[244] sind die beiden üblichen Definitionen „Märkte des zivilen Luftverkehrs" und die enger gefasste Abgrenzung „Märkte für Linienluftverkehrsdienstleistungen innerhalb der Europäischen Union" zu unpräzise. Aus diesem Grunde wendet man sich für eine angemessene Marktbestimmung im Luftverkehr in der Regel dem kritischen Akteur zu, um den die Luftverkehrsgesellschaften konkurrieren: dem Reisenden. Fluggäste wollen für gewöhnlich von einem Ort starten, um an einem anderen zu landen. Dabei sind sie nicht am inländischen Luftverkehrsmarkt als Ganzes und selten an den einzelnen Flughäfen in diesem Markt interessiert, sondern an den einzelnen Verbindungen der jeweiligen Fluggesellschaften zwischen zwei Städten, aus denen sie auswählen können.[245] Sie werden unter anderem versuchen, den Preis zu minimieren, ihren Reiseplan zu optimieren (die Reisezeit zu verkürzen, die Zahl der Umsteigeverbindungen zu minimieren etc.) oder mit der von ihnen bevorzugten Fluggesellschaft zu fliegen. Aufgrund der Vielzahl der Unterscheidungskriterien, die möglicherweise dazu führen, dass Passagiere einige Flüge nicht als gleichwertig, sie also nicht als ohne Nutzeneinbußen austauschbar ansehen, stößt diese Analyse wie jede andere Arbeit, die eine Marktabgrenzung vorzunehmen hat, auf ein Problem. Die Abgrenzung des sachlich relevanten Markts basiert zu einem gewissen Grad daher stets auf Ermessens- und Praktikabilitätsentscheidungen.

Die in dieser Arbeit durchgeführten Analysen beziehen sich auf Passagiere im direkten grenzüberschreitenden Linienluftverkehr zwischen den Mitgliedstaaten der Europäischen Union. Die Fokussierung auf Fluggäste im direkten Linienverkehr ist zwar unbefriedigend, da erstens die Luftverkehrsnachfrage stets eine abgeleite-

---

[242] Die räumliche Dimension des relevanten Markts kann von vielen Größen beeinflusst werden. Neben den Transaktionskosten sind hier die Präferenzen der Wirtschaftssubjekte sowie tarifäre und nicht-tarifäre Handelshemmnisse zu nennen.

[243] Vgl. SCHMIDT (1996), S. 50.

[244] Bei der durchgeführten Marktabgrenzung wurde bereits von vornherein eine Einschränkung vorgenommen. Normalerweise, so lehrt es die mikroökonomische Theorie bei Marktabgrenzungen mittels der Substitutionselastizität der Nachfrage, müssen alle Güter bzw. Dienstleistungen, die objektiv austauschbar sind, berücksichtigt werden. Hier wurde allerdings nur auf die Transportdienste des Luftverkehrs abgezielt und die Konkurrenz von Bodenverkehrsträgern ausgeklammert.

[245] Vgl. LIJESEN, NIJKAMP und RIETVELD (2002), S. 189.

te Nachfrage ist, und eine Unterscheidung zwischen Geschäfts- und Privatreisenden stattzufinden hätte, und zweitens zwischen Umsteigern und Direktfliegern zu differenzieren wäre. Wie bereits an anderen Stellen der Arbeit erwähnt, verhindert aber die mangelnde Verfügbarkeit und Vergleichbarkeit der existierenden Datensätze eine Analyse der Wettbewerbssituationen in den einzelnen Marktnachfragesegmenten des europäischen Luftverkehrs. Darüber hinaus wurde als Analyseobjekt die Ebene der Flugstrecken und nicht die von Streckennetzen gewählt, weil Flugpreise nur für einzelne Flugstrecken festgesetzt werden und zum anderen Wettbewerbsbeschränkungen ihre antikompetitiven Effekte primär auf der Ebene der Städteverbindungen entfalten, indem sie hier den Marktzutritt neuer Anbieter oder eine Ausweitung des Angebots, also eine Erhöhung der Frequenzen, verhindern.

6.1.3   Konzentrationskennzahlen

Um den Konzentrationsgrad und dessen Entwicklung auf den verschiedenen Strecken bestimmen zu können, müssen adäquate Maßzahlen für die Konzentrationsmessung gefunden werden. Bevor sich aber Konzentrationsmaße ableiten lassen, ist zunächst eine eindeutige Spezifikation des Begriffs Konzentration erforderlich.

Zu unterscheiden sind zunächst die Bedeutungen statischer und dynamischer Konzentration. Statische Konzentration charakterisiert einen Zustand bestehender Ungleichverteilung, dynamische Konzentration beschreibt die Zunahme oder Abnahme einer Ungleichverteilung in einer bestimmten Periode.[246] Der wirtschaftswissenschaftlichen Literatur folgend werden in dieser Arbeit ausschließlich Maßzahlen der statischen Konzentration Anwendung finden. Die Betrachtung des Konzentrationsprozesses wird durch eine komparativ-statische Analyse erfolgen, also durch den Vergleich statischer Indikatoren, die für verschiedene Zeitpunkte ermittelt wurden. Demnach wird hier unter Konzentration stets ein Zustand verstanden.

Weiterhin sind zwei Konzepte statischer Konzentration zu unterscheiden: das Konzept der absoluten Konzentration, auch Konzentration im engeren Sinne, und das der relativen Konzentration, die häufig auch als Disparität oder Ungleichheit bezeichnet wird. Von absoluter Konzentration spricht man, wenn der Großteil eines Konzentrationsmerkmals (beförderte Passagiere, angebotene Frequenzen) auf eine kleine Zahl von Merkmalsträgern (Fluggesellschaften) entfällt. Relative Konzentration hingegen beschreibt einen Zustand, bei dem der Großteil des Konzentrationsmerkmals auf einen kleinen Anteil der Merkmalsträger vereinigt wird.

In der Regel werden zur Messung bzw. zur graphischen Darstellung der absoluten oder relativen Konzentration LORENZ-Kurven, Konzentrationsverhältnisse, GINI-

---

[246]   Vgl. BRUCKMANN (1998), S. 191.

Koeffizienten, HIRSCHMAN-HERFINDAHL- sowie LINDA-Indizes angewandt.[247] Um den Konzentrationsgrad im Linienluftverkehr innerhalb der EU bestimmen zu können, behilft sich die nachfolgende Analyse dreier Kennzahlen: der Zahl der Wettbewerber, der Konzentrationsrate CR_m und des HIRSCHMAN-HERFINDAHL-Indexes (HHI).

Zahl der Wettbewerber

Ein einfacher und direkter Weg, den Wettbewerbsgrad innerhalb eines Wirtschaftszweigs zu bestimmen, besteht im Abzählen der im Markt befindlichen Konkurrenten. Üblicherweise, aber wettbewerbstheoretisch unhaltbar, wird eine hohe Anzahl von Marktteilnehmern mit einem wettbewerbsintensiven Umfeld in Verbindung gebracht. Allerdings ist dieser grobe Wettbewerbsindikator mit einem schwerwiegenden Nachteil belastet: Er kann jegliche Form von Marktkonzentration nicht erfassen. Bei einem gegebenen Markt auf dem 80% Marktanteil auf nur einen Anbieter entfallen und auf die anderen 99 Unternehmen die restlichen 20 %, suggeriert die simple Konkurrentenanzahl einen kompetitiven Markt, obwohl ein Unternehmen eine marktbeherrschende Stellung inne hat und dementsprechend der Grad der Wettbewerbsintensität sehr gering ist. Darüber hinaus könnte eine Verschiebung der Marktmacht bei einer konstanten Anzahl von Wettbewerbern auf diesem Markt mittels einer derartigen Kenngröße nicht nachgewiesen werden. Dennoch wird für die erste, sehr grobe Einschätzung der Marktsituation auf den betrachteten Flugstrecken dieser Indikator genutzt.

Konzentrationsrate CR_m

Ein Indikator, der die Marktkonzentration berücksichtigt, ist die so genannte Konzentrationsrate, auch Konzentrationskoeffizient oder Konzentrationsverhältnis (‚Concentration ratio') genannt. Zur Kennzeichnung der Konzentration wird jener Anteil am Merkmalsbetrag angeben, der auf die größten m Merkmalsträger entfällt. Dabei unterscheidet man zwischen dem Einzelmachtkonzept CR_1 (Marktanteil des größten Unternehmens) und dem Gruppenmachtkonzept CR_m (Marktanteil einer Kerngruppe). In der Regel berechnet man unter Berücksichtigung der Verfügbarkeit der Marktdaten die Konzentrationsraten CR_1, CR_4 und CR_8. Die Konzentrationsraten werden bei N Merkmalsträgern mit a_i (für $i = 1...N$) Konzentrationsmerkmalen, die ihrer Größe nach $\left(a_1 \geq a_2 \geq ... \geq a_N\right)$ sortiert sind, wie folgt definiert:

---

[247] Vgl. VON DER LIPPE (1985), S. 153f.

$$CR_m = \frac{\sum\limits_{i=1}^{m} a_i}{\sum\limits_{i=1}^{N} a_i} \tag{6.1}$$

Als kritischer Konzentrationsgrad eines Markts werden zumeist die Werte CR_1 = 35%, CR_4 = 50% und CR_8 = 70% angesehen,[248] bei deren Überschreiten die Gefahr von Wettbewerbsverzerrungen durch marktbeherrschende Stellungen besteht. Dieses Bewertungsverfahren weist jedoch einige Schwächen auf. Durch die Festlegung einer bestimmten Unternehmenszahl, also die Beschränkung auf ein einziges m, vernachlässigt man die sonstigen, in der Verteilung enthaltenen Informationen über den Markt. Es ist auf einigen Märkten durchaus möglich, dass die vier bzw. acht größten Unternehmen den relevanten Punkt markieren, um den Konzentrationsgrad zu messen. Auf anderen Märkten kann aber die Betrachtung der drei oder sechs größten Anbieter von höherer Relevanz sein. Ob ein Wirtschaftszweig als besonders stark konzentriert einzuschätzen ist, hängt daher im Wesentlichen von der Festlegung von m ab.[249]

Die Konzentrationsraten sind zwar in der Lage, Verschiebungen der Marktmacht zu erfassen, aber nur wenn dabei die kritische Grenze von m überschritten wird. Käme es beispielsweise zu Marktanteilsverlusten von Unternehmen zwei zugunsten von Unternehmen drei, oder Unternehmen fünfzehn gewänne Anteile von Unternehmen sechzehn dazu, würde dieses durch die Maßzahlen CR_4 und CR_8 nicht registriert. Zur Beurteilung von Machtverschiebungen im Markt ist dieses Verfahren also unzulänglich.

HIRSCHMAN-HERFINDAHL-Index (HHI)

Will man die Gesamtkonzentration eines Markts unter der Berücksichtigung sämtlicher in der Verteilung enthaltener Informationen statistisch erfassen, bietet sich die Nutzung des leicht zu berechnenden HIRSCHMAN-HERFINDAHL-Index (HHI) an. Der HHI ist so konstruiert, dass er den besonders großen Unternehmen im Markt ein hohes Gewicht zumisst, und die Marktanteile der kleinen Gesellschaften aufgrund ihrer geringen Relevanz für den Wettbewerb weniger stark berücksichtigt. Die Berechnung dieser Maßzahl, die keine Ordnung der Merkmalsträger nach deren Größe erfordert, erfolgt anhand der Formel:

---

[248]   Vgl. SCHMIDT (1996), S. 130.
[249]   Vgl. BRUCKMANN (1998), S. 192.

$$HHI = \sum_{i=1}^{N} p_i^2 = \frac{\sum_{i=1}^{N} a_i^2}{\left(\sum_{i=1}^{N} a_i\right)^2} \qquad mit \qquad \frac{1}{N} \leq HHI \leq 1 \qquad (6.2)$$

Der HHI nimmt bei maximaler Konzentration ($p_1 = p_2 = ... = p_{N-1} = 0$, $p_N = 1$) den Wert 1 und bei minimaler Konzentration ($p_1 = p_2 = ... = p_N = N^{-1}$) den Wert N^{-1} an. In dieser Eigenschaft des Indexes, bei minimaler Konzentration nicht den Wert Null anzunehmen, kommt die wichtige Unterscheidung der Marktgrößen zum Tragen. Bei einem Vergleich verschiedener Wettbewerbsintensitäten ist es nämlich sehr wohl von Bedeutung, ob auf einem Markt zehn gleichgroße Gesellschaften oder deren zwanzig operieren. Die ermittelten Werte des HHI werden in vielen Fällen mit 10.000 multipliziert, da man für Märkte mit einer großen Anbieterzahl sehr kleine Werte erhalten würde. Für den Index ist nach den US-amerikanischen „Merger Guidelines" ein Wert von 1.800 als kritischer Schwellenwert anzusehen, ab dem annahmegemäß die Möglichkeit einer Oligopolisierung des Markts und für koordiniertes Gruppenverhalten besteht.[250] Bei einem Ergebnis von unter 1.000 Punkten wird der Markt dagegen üblicherweise als niedrig konzentriert eingestuft.[251]

Aufgrund der mathematischen Konstruktion ist auch der HIRSCHMAN-HERFIN-DAHL-Index nicht fehlerfrei. Das Hinzufügen von neuen Merkmalsträgern mit sehr kleinen Merkmalsbeträgen hat kaum Auswirkungen auf den Wert des Indexes, und darüber hinaus ist er gegenüber proportionalen Veränderungen der Merkmalsausprägungen bei allen Konzentrationsträgern invariant.[252] Trotz dieser Eigenschaften kommt der HHI dem ökonomischen Verständnis von Marktkonzentration am nächsten. Dennoch sollte man auch bei der Anwendung dieser Kennzahl stets den entsprechenden Datensatz berücksichtigen.

6.1.4 Komparativ-statische Analyse

Anhand des in Abschnitt 4.4 vorgestellten Streckensamples und der soeben vorgestellten Maßzahlen kann eine Einschätzung über die Entwicklung des Konzentrationsgrads auf den Luftverkehrsmärkten der EU im Zuge der Liberalisierung erfolgen. Die komparativ-statische Analyse erstreckt sich über einen Zeitraum von

---

[250] Seine wettbewerbspolitische Bedeutung erlangte der HIRSCHMAN-HERFINDAHL-Index 1982 durch die veröffentlichten „Merger Guidelines" des U.S. DEPARTMENT OF JUSTICE. Vgl. zur Entwicklung der Wettbewerbspolitik in den USA HERDZINA (1999), S. 177ff., und 242ff.

[251] Vgl. HANLON (1999), S. 80.

[252] Vgl. BRUCKMANN (1998), S. 192.

1993 bis zum Jahre 1999. In Tabelle 6.1 sind die ausgewählten Konzentrationskennzahlen aufgeführt. Um die Rate CR_1 und den HHI ermitteln zu können, diente als Konzentrationsmerkmal die Anzahl der von den einzelnen Fluggesellschaften beförderten Passagiere auf den jeweiligen Flugrouten. Die in der Tabelle angegebenen Zahlen entsprechen den gewichteten arithmetischen Mitteln pro Beobachtungspunkt. Die Gewichtungsfaktoren ergeben sich aus den Anteilen der beförderten Passagiere pro Flugstrecke am beobachteten Gesamtfluggastaufkommen.

Tabelle 6.1: Konzentrationsgrad im europäischen Luftverkehr 1993-1999

Jahr	Anbieterzahl	CR_1	HHI
1993	2,9	0,53	4.587
1994	3,7	0,49	4.170
1995	3,5	0,49	4.182
1996	3,9	0,49	4.080
1997	4,4	0,48	3.953
1998	4,0	0,49	4.040
1999	4,1	0,50	4.028

Quelle: eigene Berechnungen nach ICAO (1991-2002c).
Zur Berechnung der Konzentrationsrate und des HIRSCHMAN-HERFINDAHL-Index wurde als Merkmalsausprägung die Zahl der beförderten Passagiere pro Anbieter auf der jeweiligen Route gewählt. Die angegebenen Daten entsprechen den gewichteten arithmetischen Mitteln in den jeweiligen Beobachtungsgruppen. Zur Bestimmung der Gewichtungsfaktoren wurde der Anteil der beförderten Passagiere pro Strecke am Gesamtpassagiervolumen der Gruppen ermittelt.

Die durchschnittliche Zahl der auf dem Markt operierenden Unternehmen ist im Laufe der Zeit leicht angestiegen. Die Anbieterzahl wuchs von durchschnittlich 2,9 im Jahre 1993 auf 4,1 Gesellschaften 1999 an. Die höchsten Zuwächse im Beobachtungszeitraum ergaben sich auf den Strecken von London nach Madrid sowie von London nach Mailand mit jeweils fünf neuen Airlines.[253] Bei zwölf der vierzig Strecken blieb die Zahl der Konkurrenten annähernd konstant. Dies ist vor allem auf den Strecken zu beobachten, die bis 1993 keine Liberalisierung erfahren hatten. So konnte bei fast der Hälfte der Flugrouten dieser Gruppe überhaupt keine Veränderung der Anbieterzahl festgestellt werden. Erschwerend kommt bei diesen Strecken hinzu, dass die Verbindungen in der Regel lediglich von zwei Unternehmen bedient werden.

---

[253] Vgl. den Anhang S. 183ff.

Ein Vergleich der Werte für die Konzentrationsrate CR_1 zeigt ebenfalls ein leichtes Absinken des Konzentrationsverhältnisses auf. Die Marktanteile der größten Anbieter fielen von durchschnittlich 53% auf 50%. Einige Strecken seien hier besonders erwähnt: Zum Beispiel fiel auf der Route Amsterdam-London der Konzentrationskoeffizient von 0,39 Punkten auf 0,26 Punkte. Eine ähnliche positive Entwicklung nahmen die Verbindungen von Athen nach London, von Barcelona nach London, von London nach Madrid sowie die Strecke London-Mailand. Auf diesen Routen schrumpfte der Marktanteil des größten Anbieters sukzessive von über 50% auf knapp über 30%. Für die restlichen Flugstrecken war im Beobachtungszeitraum jedoch kaum eine Veränderung in den Konzentrationsverhältnissen zu verzeichnen. Allerdings stieg in der ausgewählten Periode auf einigen Verbindungen der Marktanteil des dominanten Anbieters an, beispielsweise auf der Strecke von Barcelona nach Frankfurt, wo der Wert der Konzentrationsrate von 0,52 auf 0,74 Punkte zunahm. Und auch auf der Strecke Barcelona-Lissabon stieg der Marktanteil des führenden Anbieters von 56% (1993) auf 73% (1999) an. Nutzt man den HIRSCHMAN-HERFINDAHL-Index als Maßstab für die Marktkonzentration, ist eine Erhöhung der Wettbewerbsintensität nachweisbar. Der Index sank von durchschnittlich 4.587 Punkten im Jahre auf 4.028 Punkte im Jahr 1999. Dies entspricht einem Rückgang von etwas über 12%. Die Betrachtung der einzelnen Strecken macht deutlich, dass keine der vierzig Flugrouten den zuvor angesprochenen Schwellenwert von 1.800 Punkten unterschreitet. Lediglich die Verbindung von Amsterdam nach London kommt mit ihrem Wert von 2.007 Punkten im Jahr 1999 in die Nähe dieses kritischen Grenzwerts.

Auf eine Besonderheit sollte noch aufmerksam gemacht werden. Anhand der gewählten Konzentrationskriterien haben besonders die Strecken eine positive Entwicklung genommen, deren Start- oder Landepunkt in London liegt. Auf ihnen stieg die Zahl der Anbieter, und die Werte der Konzentrationsrate bzw. des HHI gingen infolgedessen nachweislich zurück.

Die Ergebnisse dieser komparativ-statischen Analyse lassen sich wie folgt zusammenfassen. Obwohl die Zahl der Wettbewerber pro Flugroute im Durchschnitt angestiegen ist und die berechneten Werte sowohl für das Konzentrationsverhältnis als auch für den HIRSCHMAN-HERFINDAHL-Index in der Beobachtungsperiode von 1993 bis 1999 gefallen sind, fiel die Intensivierung des Wettbewerbs auf den ausgewählten Strecken des innereuropäischen Luftverkehrs relativ schwach aus. Sämtliche Maßzahlen für die Marktkonzentration liegen von einigen wenigen Ausnahmen abgesehen,[254] weiterhin über den kritisch geltenden Schwellenwerten, und ein Großteil der Strecken wird immer noch von einer kleinen Anzahl von Anbietern dominiert. Trotz der ersten Liberalisierungsfortschritte kann bei der Viel-

---

[254] Wie bereits beschrieben erreicht keine Route beim HHI einen Wert von 1.800 oder weniger Punkten. Der kritische Konzentrationskoeffizient von 0,35 Punkten wird lediglich von sechs der vierzg Verbindungen über einen gewissen Zeitraum hinweg unterschritten.

zahl der betrachteten Strecken von kompetitiven Strukturen somit (noch) nicht die Rede sein. Dies dürfte weiterhin an den vielfach hohen Markteintritts- und -austrittsbarrieren wie den administrativen Beschränkungen des Infrastrukturzugangs (Slot-Problematik, Gates) und an den strategischen Barrieren der etablierten Anbieter wie der Loyalitäts- und Vielfliegerprogramme der einzelnen Gesellschaften liegen.

Es ist aber zu erwarten, dass der Grad der Unternehmenskonzentration im innereuropäischen Luftverkehr absinken wird. Diese Annahme stützt sich auf die Tatsache, dass sich im hier betrachteten Untersuchungszeitraum bis 1999 die Unternehmensform der Low-Cost Carrier in Europa erst zu entwickeln begann[255] und ihre Wettbewerbseffekte dementsprechend gering waren. So besaßen im Jahr 2000 die Low-Cost Airlines lediglich einen Marktanteil von unter 5%.[256] Aufgrund ihrer kompetitiven Kostenstrukturen, die sie beispielsweise durch standardisierte Flugzeugflotten, durch Direktvertrieb und durch die Meidung teurer und überlasteter Flughäfen erlangen,[257] soll der Marktanteil dieser Low-Fare Anbieter in Europa bis zum Jahr 2010 auf 25% ansteigen.[258] Es ist also davon auszugehen, dass sich der Wettbewerbsgrad im europäischen Luftverkehr zumindest dort weiter erhöhen wird, wo die Low-Cost Carrier aktiv werden.

6.2   Potenzieller Wettbewerb

Nach der Untersuchung der Entwicklung der Marktkonzentration auf den einzelnen Flugrouten und somit der Bestimmung des herrschenden Wettbewerbsgrads im innereuropäischen Luftverkehr, folgen in diesem Abschnitt nun einige ergänzende Überlegungen zur Bedeutung des potenziellen Wettbewerbs für das Marktgeschehen im Luftverkehr. Grundsätzlich kann potenzielle Konkurrenz als ein Mechanismus angesehen werden, um den Missbrauch von Marktmacht zu verhindern.[259] Auf der Grundlage der Theorie der unvollständigen Konkurrenz, mit theoretischen Überlegungen zur Wirksamkeit von Marktzutrittsschranken und der dynamischen Spieltheorie wurden umfassende Modelle entwickelt, die sich mit den Reaktionen der Altsassen bezüglich der Gefahr neuer Wettbewerber beschäftigen. Zunächst werden daher den Ansätzen der Industrieökonomik folgend alternative Marktverhaltenshypothesen vorgestellt, um so theoretische Ansatzpunkte für die nachfolgende empirische Analyse zu erhalten. Im Anschluss daran erfolgt die Spezifikation eines Modells, mit dessen Hilfe die Zusammenhänge zwischen

---

[255]   Vgl. WILLIAMS (2002), S. 93ff.
[256]   Vgl. AEA (2000), S. I-6.
[257]   Vgl. dazu KNORR und ARNDT (2002a).
[258]   Vgl. SCHNEIDERBAUER und FAINSILBER (2003), S. 18.
[259]   Ausführungen zur potenziellen Konkurrenz allgemein finden sich bei NEUMANN (2000), S. 21f.

Wettbewerbsverhältnissen und Anbieter- sowie Marktverhalten im Luftverkehr analysiert werden kann.

6.2.1 Wettbewerbsmodelle

Ziel dieses Abschnitts kann es nicht sein, sämtliche Modelle vorzustellen, die sich mit der Dynamik von Marktzutritten, Preisentwicklungen und den daraus resultierenden Marktstrukturen beschäftigen. Hier sollen lediglich vier grundlegende Hypothesen über das Marktverhalten bei drohender potenzieller Konkurrenz vorgestellt werden. Diese Aufteilung und der gewählte Darstellungsrahmen beruhen auf den Überlegungen von GILBERT, der in seiner Arbeit industrieökonomische Modelle je nach deren Kernaussagen in vier Denkschulen aufteilt: das Modell des traditionellen Limit Pricing, das Modell des dynamischen Limit Pricing, die Theorie der bestreitbaren Märkte und das Markteffizienzmodell.[260]

Traditionelles Limit Pricing

Einst in ihrer Grundform von BAIN (1956) entwickelt,[261] besagen die traditionellen Modelle des Limit Pricing, dass marktbeherrschende Anbieter zwar auf Marktzutritte von Newcomern reagieren werden, sie aber aufgrund bestimmter struktureller Eigenschaften der fraglichen Märkte[262] gleichwohl in der Lage sind, dauerhaft Gewinne zu erwirtschaften. In diesen Modellen wird davon ausgegangen, dass Marktzutritte neuer Konkurrenten bei (nahezu) gleichbleibenden Angebotsmengen der etablierten Unternehmen Preiswettbewerbe auslösen, an deren Ende die Preise unter den Durchschnittskosten der Marktneulinge liegen. Die strukturellen Marktzutrittsschranken erhöhen somit die Kosten des Markteintritts der potenziellen Konkurrenten und schmälern damit deren Gewinnerwartungen. Der Limitpreis ist nun jener Preis, der über dem des Wettbewerbsniveaus liegt, aber neue Konkurrenten gerade noch davon abhält, in den Markt einzutreten. Nach diesen Überlegungen des traditionellen Limit Pricing kann der potenzielle Wettbewerb zwar einen mäßigenden Effekt auf die Branchengewinne haben, aber bei der Disziplinierung des Preissetzungsverhaltens der Altsassen ist er nicht so effektiv wie der tatsächliche Wettbewerb.

Dynamisches Limit Pricing

Modelle des dynamischen Limit Pricing ähneln den soeben vorgestellten Modellen, heben aber hervor, dass auf dynamischen Märkten Skalenerträge und techni-

---

[260] Vgl. GILBERT (1989), S. 108ff.
[261] Vgl. BAIN (1956).
[262] Zu den strukturellen Marktzutrittsschranken zählen Produktdifferenzierungs-, Betriebsgrößen- sowie absolute Kostenvorteile der Altsassen.

sche Anforderungen keine Restriktionen darstellen und sich etablierte Unternehmen folglich nur kurzfristig vor neuen Konkurrenten schützen können. Der Markteintritt neuer Wettbewerber ist in diesen Modellen von den zu erwartenden Gewinnen der Branche abhängig. Da dies den Altsassen bekannt ist, besteht für sie ein Trade-off zwischen ihrer momentanen Rentabilität und der Gefahr, mit hohen Gewinnen den Zeitpunkt des Markteintritts neuer Unternehmen zu beschleunigen.[263] Sollten diese am Markt etablierten Anbieter oder Kartelle ihre Preise zu hoch wählen, werden kostengünstigere Grenzanbieter in den Markt drängen und durch die Ausweitung ihrer Produktionsmenge den Marktanteil des Altsassen bzw. des Kartells schrittweise verringern. Dominierende Unternehmen wählen daher einen Preispfad, der unter der Berücksichtigung des allmählichen Verlustes der Marktmacht den Gegenwartswert der von ihnen erwarteten Gewinne maximiert.

Legt man die Modelle des dynamischen Limit Pricing zugrunde, verlieren die Altsassen ihre Marktmacht im Zeitablauf. Daher sollte das Preisbildungsverhalten nicht nur durch die herrschende Wettbewerbssituation, sondern auch durch die Gefahr des Markteintritts neuer Wettbewerber beeinflusst werden.

Bestreitbare Märkte

Wie bereits in Abschnitt 3.3 dieser Arbeit angedeutet, werden nach der Theorie der bestreitbaren Märkte die Effizienz des potenziellen sowie die des herrschenden Wettbewerbs bei der Kontrolle der Ausnutzung von Marktmacht als gleichwertig angesehen. Im Gegensatz zu den beiden zuerst dargestellten Hypothesen beschreibt die Theorie der bestreitbaren Märkte kein Unternehmensverhalten, sondern vielmehr die Eigenschaften eines Marktgleichgewichts.

Vorausgesetzt, dass Marktzu- und/oder -austritte auf den betrachteten Märkten kostenlos möglich sind, und dass die Nachfrager schneller auf Markteintritte neuer Anbieter als die etablierten Unternehmen reagieren, wäre es für neue Anbieter mit Preisunterbietungspotenzialen möglich, eine ‚Hit-and-run'-Strategie einzuschlagen. Nach einem Markteintritt und der Mitnahme kurzfristiger Gewinne kann der Markt nach der Reaktion der Altsassen wieder kostenlos verlassen werden.[264]

Demzufolge kann auf solchen Märkten nur ein Gleichgewicht herrschen, wenn in der betrachteten Branche im Betriebsoptimum produziert wird und der Preis den Grenzkosten aller etablierten Anbieter entspricht.[265] Da in diesen Fällen die geforderten Preise und angebotenen Mengen immer denen des Konkurrenzgleichge-

---

[263] Neben der Annahme der schrumpfenden Altanbieter (aufgrund schlechterer Kostenstrukturen) setzen die Modelle des dynamischen Limit Pricing voraus, dass der Markteintritt eine stetige Funktion des durch die Altsassen festgelegten Preises ist. Über diesen Preis maximieren die etablierten Anbieter aufgrund der im Modell formulierten Gewinnfunktion den Gegenwartswert ihrer im Zeitablauf zu erwartenden Gewinne. Vgl. GASKINS (1971), S. 307ff.

[264] Vgl. CALL und KEELER (1985), S. 223ff.

[265] Vgl. SCHMIDT (1996), S. 67.

wichts entsprechen und somit unabhängig von der Anzahl der operierenden Unternehmen sein müssen, führen Marktein- und -austritte in diesen Modellen zu keinen Preisveränderungen.

Markteffizienz
Die Hypothese effizienter Märkte basiert auf dem Wettbewerbskonzept der CHICAGO SCHOOL. Sie besagt, vage formuliert, dass auf Märkten ein funktionsfähiger Wettbewerb herrscht und Marktentwicklungen durch unterschiedliche Effizienzstufen zu erklären sind. Dominante Marktstellungen einzelner Unternehmen sind lediglich auf deren überragende Leistungsfähigkeit zurückzuführen und nicht auf strategisches Verhalten oder die zeitliche Reihenfolge des Markteintritts. Gewinne seien deshalb, so die Schlussfolgerung des Markteffizienzansatzes, nur leistungsbedingte (volkswirtschaftlich positive) Renten, die sich aus dem Einsatz überlegender Technologien ergeben.
Nach dieser Marktverhaltenshypothese sind die Vorteile eines Altsassen minimal und zudem stets zeitlich begrenzt. Da die Branchenstruktur und die realisierten Gewinne einzig und allein auf Kostenunterschiede zurückzuführen sind, wird strategisches Verhalten zur Abwehr von Marktneulingen kaum zu beobachten sein. Markteintritte und Marktkonzentration dürften daher bei der Preisbildung keine Rolle spielen.

6.2.2 Das theoretische Modell

Da sowohl die Preise als auch der Marktzutritt im Luftverkehr zunächst reguliert waren, können sich die Märkte nicht in einem marktbestimmten Gleichgewicht befunden haben. Die Liberalisierung führte somit zwangsläufig zu strukturellen Anpassungen und erlaubt folglich eine Analyse der dynamischen Entwicklung von Markteintritten, Wettbewerbsstrukturen und Preisen beim Übergang von regulierten zu kompetitiven Marktgleichgewichten. Auf diese Weise lässt sich ebenfalls überprüfen, welche der vier formulierten Hypothesen das Marktverhalten am ehesten beschreibt.
Es wird ein theoretischer Rahmen benötigt, welcher das Preissetzungsverhalten zu begründen vermag. Preise können aufgrund von Marktzutritten absinken. Damit die Tarifvariationen im Zeitablauf adäquat erklärt werden können, erfordert die ökonometrische Identifikation des Zeitpfads die Kontrolle zeitspezifischer Faktoren wie des Konzentrationsgrads. Das vorgestellte Preis- und Markteintrittsmodell basiert auf den Vorgaben der Theorie des Limit Pricing. Die formulierten Reaktionsfunktionen gehen auf die Überlegungen von STRASSMANN zurück,[266] und be-

---

[266] Vgl. STRASSMANN (1990).

schreiben das Preissetzungsverhalten der Altsassen und das Markteintrittsverhalten.

Die Preissetzungsfunktion der etablierten Anbieter muss sowohl die vorhandene Marktmacht als auch die Bedingungen für den Markteintritt widerspiegeln. Marktmacht wird durch den Konzentrationsgrad auf einer Strecke und die Marktzutrittsbedingungen anhand der Höhe der Markteintrittsbarrieren gemessen. Die Funktion lautet daher:

$$P_{kt} = f\left(HHI_{kt}, B_{kt}\right) \tag{6.3}$$

wobei P_{kt} dem Flugpreis auf der Route k zum Zeitpunkt t, HHI_{kt} dem Konzentrationsgrad und B_{kt} einem Vektor von Marktzutrittsbarrieren entspricht.

Da mit wachsender Unternehmenszahl der Konzentrationsgrad eines Marktes und ebenso die Möglichkeit zur Ausübung von Marktmacht abnimmt, gehen auch die Preise zurück. Auf Märkten mit Zutrittsbarrieren muss daher $\delta P_{kt}/\delta HHI_{kt} > 0$ sein. Die Erfassung der Marktzutrittsschranken ermöglicht die Überprüfung des Einflusses der potenziellen Konkurrenz auf die Preisentwicklung. Zutrittsbarrieren schränken die Disziplinierungskraft des potenziellen Wettbewerbs für jedes gegebene Konzentrationsniveau ein. Daher kann angenommen werden, dass Barrieren die Preisentscheidungen der Altsassen unabhängig vom jeweiligen Konzentrationsgrad beeinflussen können. Aus den Ansätzen des dynamischen Limit Pricing ergibt sich für Markteintrittsbarrieren, die oberhalb eines kritischen Niveaus liegen, dass $\delta P_{kt}/\delta B_{kt} > 0$ ist.[267] Allerdings gilt es, die Situation zu berücksichtigen, bei der die Zutrittsschranken relativ gering sind. In diesem Fall, dies implizieren die theoretischen Modellüberlegungen, können die Preise mit abnehmender Höhe der Barrieren steigen und umgekehrt. Voraussetzung dafür ist die Annahme, dass Markteintritte zeitverzögert stattfinden. Treten neue Anbieter erst eine Periode später in den Markt ein,[268] können die Opportunitätskosten der Markteintrittsverzerrung durch geringe Preise den Nutzen der Altsassen aus gewinnmaximierenden Preisen, die bis zum Markteintritt erhoben werden, übersteigen. Diese Konstellation ergibt sich aus der Möglichkeit, Renten bis zum Markteintritt der neuen Konkurrenten erwirtschaften zu können. Im Modell der bestreitbaren Märkte wäre dies

---

[267] Im ursprünglichen Modell des dynamischen Limit Pricing besteht der Zusammenhang zwischen der Höhe des Preises und der Marktzutrittsgeschwindigkeit der potenziellen Konkurrenten. Vgl. CALL und KEELER (1985), S. 226. – Hier wird angenommen, dass Marktzutrittsbarrieren die Geschwindigkeit des Eintritts negativ beeinflussen.

[268] Diese Annahme beruht auf der Tatsache, dass der Preis ein Signal darstellt, an dem sich potenzielle Konkurrenten orientieren, wenn Sie sich für oder gegen einen Marktzutritt entscheiden. Daher erfolgt der Eintritt in den Markt, nachdem der Preis gesetzt wurde und nicht simultan.

hingegen nicht möglich, da hier Markteintritte zeitnah und die Abwehrreaktion der etablierten Anbieter verzögert stattfinden.[269]

Die Markteintrittsfunktion lautet:

$$N_{kt} - N_{kt-1} = f(P_{kt-1}, B_{kt})$$ (6.4)

wobei N_{kt} die Anzahl der Unternehmen auf der Route k zum Zeitpunkt t, P_{kt} den Preis und B_{kt} einen Vektor von Marktzutrittsbarrieren darstellt. Attrahiert der erhobene Tarif zusätzliche Anbieter, dann gilt:

$$\frac{\delta(N_{kt} - N_{kt-1})}{\delta P_{kt-1}} > 0$$ (6.5)

Geht man ferner davon aus, dass keine Kostenunterschiede zwischen den Unternehmen existieren bzw. mögliche bestehende Kostenasymmetrien durch die Zutrittsschranken B im Modell erfasst werden, dann verzögern Barrieren den Markteintritt neuer Konkurrenten, formal ausgedrückt:

$$\frac{\delta(N_{kt} - N_{kt-1})}{\delta B_{kt}} < 0$$ (6.6)

Einige Ökonomen benutzen in empirischen Analysen alternativ für die Zahl der Anbieter den reziproken Wert des HIRSCHMAN-HERFINDAHL-Index.[270] Dieser gibt die Zahl der effektiven Wettbewerber in einem Markt an, da er aufgrund seiner Konstruktion die Bedeutung der Unternehmensgrößen berücksichtigt. Für Gleichung (6.4) ergibt sich:

$$\frac{1}{HHI_{kt}} - \frac{1}{HHI_{kt-1}} = f(P_{kt-1}, B_{kt})$$ (6.7)

Die Interpretation der Gleichungen (6.5) und (6.6) ändert sich entsprechend.

In der Abbildung 6.1 sind die vier Marktverhaltenshypothesen mit ihren Eigenschaften bezüglich der abgeleiteten Preis- und Markteintrittsfunktion dargestellt. Wenn die Luftverkehrsmärkte in der EU bestreitbar sind, sollte der Flugtarif unabhängig von der Wettbewerbsintensität und Markteintrittsbarrieren sein (i.e. die relevanten Variablen dürfen keinen Einfluss auf die Preise oder die Markteintritte

---

[269] Vgl. STRASSMANN (1990), S. 697.
[270] Vgl. MORRISON und WINSTON (1990).

ausüben). Ist eine dieser Vorgabe nicht erfüllt, handelt es sich um nicht perfekt bestreitbare Märkte.

Abbildung 6.1: Reaktionsfunktionen der Wettbewerbsmodelle

	$\dfrac{\delta P_{kt}}{\delta HHI_{kt}}$	$\dfrac{\delta P_{kt}}{\delta B_{kt}}$	$\dfrac{\delta\left(N_{kt}-N_{kt-1}\right)}{\delta P_{kt-1}}$	$\dfrac{\delta\left(N_{kt}-N_{kt-1}\right)}{\delta B_{kt}}$
perfekt bestreitbar	$= 0$	$= 0$	$= 0$	$= 0$
bestreitbar	> 0	$= 0$	$= 0$	$= 0$
	$= 0$	> 0	$= 0$	$= 0$
	$= 0$	$= 0$	$= 0$	< 0
dynamisches Limit Pricing	> 0	$> 0^{+}$	> 0	$= 0$
Limit Pricing	> 0	$> 0^{+}$	> 0	< 0

Quelle: eigene Darstellung.
[+]Sollte die empirische Überprüfung einen Wert kleiner Null ergeben, kann dies nicht zur definitiven Ablehnung der Limit Pricing Ansätze führen, auch wenn ein derartiges Ergebnis diese Thesen nicht vollends unterstützt. Bei niedrigen Marktzutrittsbarrieren kann für Anbieter die Strategie des Limitpreises zu kostenintensiv sein, so dass diese für sie erst ab einem gewissen Niveau der Eintrittsschranken attraktiv wird.

Limit Pricing ist dann profitabel, wenn die Preishöhe die Markteintrittsentscheidung potenzieller Konkurrenten beeinflusst und die etablierten Unternehmen bei ihrer Preisentscheidung die Leichtigkeit des Marktzutritts berücksichtigen. Der Unterschied zwischen traditioneller und dynamischer Limit Pricing Theorie liegt in der Bedeutung der Barrieren für den Markteintritt. Auf dynamischen Märkten stellen strukturelle Eigenschaften langfristig keine Restriktionen dar, weswegen Altsassen dort nur einen temporären Schutz genießen.

6.3 Die empirische Analyse

Nach der Beschreibung der Märkte und der angestellten theoretischen Überlegungen gilt es nun, eine detaillierte Analyse vorzunehmen, die den Zusammenhang zwischen Konzentrationsgraden, Markteintritten und Preisentwicklungen auf den Luftverkehrsmärkten der EU offen legt. Im nächsten Abschnitt erfolgt vor der Präsentation der Schätzergebnisse die Vorstellung der Regressionsmodelle. In ihnen werden, den Ansätzen der Wettbewerbsmodelle folgend, zum einen die erhobenen Flugtarife über entsprechende Schlüsselvariablen wie den Konzentrationsgraden und zum anderen die Zahl der Markteintritte über ausgewählte Determinanten regressiert.

6.3.1 Modellspezifikation

Wie bereits in Abschnitt 5.3 ausgeführt, sind die Kosten der Beförderungsdienstleistung grundsätzlich von der zurückzulegenden Entfernung *dist*, dem Verkehrsvolumen *pax* sowie dem geleisteten Serviceniveau *freq* abhängig. So sinken mit steigender Reiseentfernung die Kosten pro Flugkilometer. Der Effekt der Anzahl beförderter Passagiere, also der Verkehrsdichte, auf die Kosten ist unbestimmt, da dieser abhängig von der Steigung der Grenzkostenkurve der jeweiligen Fluggesellschaften ist. Die Nachfrage nach Produktqualität wurde in dieser Arbeit stets aus dem Wunsch der Passagiere abgeleitet, die Zeit zwischen dem bevorzugten und dem nächst möglichen Reisetermin zu minimieren. Daher diente sowohl in Kapitel vier als auch in Kapitel fünf die Anzahl der Flüge als Servicevariable in den Schätzgleichungen. Einige Arbeiten betrachten die Nachfrage nach Servicequalität als Ausdruck der Zeitsensitivität der Passagiere.[271] Da aber eine direkte Messung der Zeitsensitivität nicht möglich ist, und Lohnsätze die Wertschätzungen der Wirtschaftssubjekte bezüglich der Zeit offen legen, fungieren die Einkommen der Konsumenten *inc* als Näherungslösung. Es wird erwartet, dass mit steigendem Einkommen die Zeitsensitivität und die Nachfrage nach angemessenem Service zunehmen und deshalb schlussendlich die Kosten des Transports steigen werden.

Zusätzlich zu diesen Faktoren existieren aber weitere Größen, die Kostendifferenzen zwischen Märkten erklären können, und daher ebenfalls zu berücksichtigen sind.

Da ist zunächst der beschränkte Infrastrukturzugang *infra* zu nennen. Augrund der bestehenden Slot-Knappheiten sowie den vorhandenen Infrastrukturengpässen an einigen Flughäfen werden von den Luftverkehrsunternehmen weniger Flüge angeboten als im Falle fehlender Beschränkungen. Die noch vorhandenen Slots und die freien Infrastrukturen auf den betroffenen Flughäfen müssen konsequenterweise über einen Knappheitspreis verfügen, der zu höheren Kosten auf bestimmten Teilmärkten führt.

Neue Anbieter *newc* besitzen grundsätzlich geringere Kosten und günstigere Kostenstrukturen als die am Markt befindlichen Altsassen. Diese Kostenvorteile veranlassen die Newcomer, ihre Flüge zu geringeren Tarifen anzubieten als die etablierten Anbieter. Häufig stellen die Altsassen ihren Preis auf das Niveau der neuen Wettbewerber ein, auch wenn diese Preise unterhalb ihrer Durchschnittskosten liegen. Der Markteintritt und die Geschäftsaufnahme neu zugelassener Airlines sollte daher langfristig das Preisniveau senken.

---

[271] Vgl. beispielsweise BAILEY, GRAHAM und KAPLAN (1985), S. 156, oder auch GRAHAM, KAPLAN und SIBLEY (1983), S. 129.

Fasst man diese Überlegungen zusammen, dann lässt sich die langfristige Grenzkostenfunktion *LGK* für ein bestimmtes Serviceniveau einer Beförderungsdienstleistung auf einer Flugroute *k* und zu einem Zeitpunkt *t* wie folgt formulieren:

$$LGK_{kt} = f\left(dist_{kt}, pax_{kt}, freq_{kt}, inc_{kt}, newc_{kt}, \overline{infra}\right) \tag{6.8}$$

Anhand der umgeformten AMOROSO-ROBINSON-Relation, die eine größenmäßige Beziehung zwischen den Grenzkosten und dem geforderten Preis herstellt,[272] wird ersichtlich, dass der geforderte Marktpreis durch einen Aufschlag, den so genannten ‚Mark-up‘, auf die Grenzkosten gefunden wird. Das Ausmaß dieses Kostenaufschlags ist von der Preiselastizität der Nachfrage abhängig, der sich jeder Anbieter gegenübersieht.[273]

$$P_{kt} = LGK_{kt} \frac{1}{1 - \dfrac{1}{|\varepsilon_{p,pax}|}} \tag{6.9}$$

Die Preiselastizität der Nachfrage $\varepsilon_{p,pax}$ für das Angebot jedes Unternehmens ist umso kleiner, je höher der Grad der Konzentration auf der Anbieterseite ist und je stärker die Marktzutritte durch Markteintrittsbarrieren erschwert werden. Wie bereits in Abschnitt 6.2.2 diskutiert wäre die Nachfrage für jeden einzelnen Anbieter hoch elastisch und unabhängig vom Konzentrationsgrad, wenn es keine Marktzutrittsschranken gäbe und neue Anbieter schnell und ohne hohe Kosten in den Markt eintreten könnten. Schützen hingegen Barrieren die etablierten Anbieter vor Marktzutritten, dann sinkt die Preiselastizität mit steigendem Konzentrationsgrad. Der Gleichgewichtspreis für die Beförderungsdienstleistung auf einer Strecke *k* zum Zeitpunkt *t* kann somit formuliert werden als:

$$P_{kt} = LGK_{kt} \cdot m\left(HHI_{kt}, B_{kt}\right) \tag{6.10}$$
$$= f\left(dist_{kt}, pax_{kt}, freq_{kt}, inc_{kt}, newc_{kt}, \overline{infra}, HHI_{kt}, B_{kt}\right)$$

wobei *m* den Preisaufschlag (‚Mark-up‘) darstellt, dessen Höhe durch eine Funktion mit der Variablen Konzentrationsgrad *HHI* und einem Vektor von Marktzutrittsschranken *B* festgelegt wird.

---

[272]   Vgl. zur AMOROSO-ROBINSON-Relation u.a. SIEBKE (2003), S. 90.
[273]   Im Falle vollständiger Konkurrenz beträgt die Preiselastizität der Nachfrage für jeden einzelnen Anbieter -∞. Der Marktpreis entspricht somit den Grenzkosten. Der Monopolist produziert hingegen immer im elastischen Bereich der Nachfragekurve, also dort, wo die Preiselastizität vom Betrag größer als 1 ist.

Um mögliche Preisveränderungen zwischen den einzelnen Perioden auffangen zu können, werden noch zeitspezifische Dummy-Variablen in die formulierte Schätzgleichung integriert.

In der spezifizierten Preisfunktion können aufgrund theoretischer Überlegungen zwei endogene Variablen vorhanden sein: die Verkehrsdichte und der Grad der Marktkonzentration. Passagiere orientieren sich bei ihren Nachfrageentscheidungen in aller Regel am geforderten Preis. Daher ist es angemessen, die Passagiervariable in einer Preisfunktion als endogene Größe anzusehen. An dieser Stelle sei der Einfachheit halber angenommen, dass sich die Nachfrage nach Luftverkehrsdienstleistungen zum Zeitpunkt t für die Route k ergibt zu:

$$pax_{kt} = f\left(dist_{kt}, pop_{kt}, inc_{kt}, P_{kt}, freq_{kt}\right) \tag{6.11}$$

wobei *pop* das Produkt der Bevölkerungszahlen von Quell- und Zielregion darstellt und alle anderen Variablen den bereits beschriebenen entsprechen.

Ob der Konzentrationsgrad in einer Preisfunktion als endogene oder exogene Variable anzusehen ist, lässt sich aus theoretischer Sicht nicht eindeutig ableiten. Langfristig gesehen bestimmen die eingesetzte Technologie und das Nachfragevolumen den Grad der Marktkonzentration. Von der Verkehrsdichte hängt ab, wie viele Anbieter – effiziente Betriebsgrößen vorausgesetzt – am Markt nebeneinander existieren können, und die eingesetzte Technologie gibt die Zahl an Flügen vor, die eine Airline erreichen muss, um ihr Betriebsoptimum – das Niveau wettbewerbsfähiger Durchschnittskosten – zu erreichen. Somit wäre die Wettbewerbsstruktur eines Markts interdependent mit den anfallenden Kosten und dem vorhandenen Verkehrsvolumen.

Es lassen sich allerdings auch Begründungen für die Exogenität des Konzentrationsgrades in der Tarifgleichung finden. Beispielsweise führten GRAHAM et al. in ihrer Untersuchung einen HAUSMAN-Spezifikationstest für ihr Modell durch, der ihnen nicht erlaubte, die Hypothese der Unkorreliertheit der Marktkonzentration mit dem Störterm zu verwerfen.[274] Darüber hinaus plädieren CALL und KEELER dafür, die Konzentrationsvariable als exogene Größe zu behandeln, da in den ersten Jahren nach der Liberalisierung des Marktes, Altsassen zumeist in der Lage sind, ihre dominierende Marktposition zu verteidigen, selbst wenn es zu Preisreduktionen durch neue Anbieter kommt.[275]

---

[274] Vgl. GRAHAM, KAPLAN und SIBLEY (1983), S. 134, insbesondere Fußnote 26.

[275] Vgl. CALL und KEELER (1985), S. 237. Einige weitere theoretische Überlegungen, warum der Konzentrationsgrad eines Marktes in einem Preismodell exogen sein könnte, liefern BAILEY, GRAHAM und KAPLAN (1985), S. 155.

Wie bereits an anderer Stelle dieser Arbeit erwähnt,[276] ist es von außerordentlicher Bedeutung, sowohl für die Güte der statistischen Schätzergebnisse als auch für die Wahl der adäquaten Schätzmethode, ob der Konzentrationsgrad eine endogene oder exogene Determinante im Modell ist. Die Entscheidung, welche der beiden Annahmen zutreffend ist, muss letztendlich anhand eines geeigneten Spezifikationstests erfolgen. Führt dieser Test zu einer Ablehnung der Nullhypothese „keine Korrelation der Variablen mit dem Störterm", bedarf es einer Funktionsgleichung, um die Struktur des Markts erklären zu können. Wie bereits diskutiert, ist die Marktstruktur von der Verkehrsdichte auf der Strecke, der Form der Kostenkurve und von der Frage abhängig, inwieweit eine bestimmte Strecke der Bestandteil eines Netzwerks einer Airline ist.[277] Daher ergibt sich der Konzentrationsgrad eines Markts zu:

$$HHI_{kt} = f\left(pax_{kt}, asize_{kt}, \overline{hub}\right) \tag{6.12}$$

Dabei sollte der Konzentrationsgrad mit steigender Passagierzahl abnehmen, da ein größeres Marktvolumen die Existenz mehrerer Anbieter am Markt ermöglicht. Die Variable *asize* steht stellvertretend für die eingesetzte Technologie. Bei längeren Strecken, so scheint es in der Realität zu sein, werden von den Airlines größere Fluggeräte eingesetzt. Wenige große Fluggeräte führen ceteris paribus zu einem Anstieg der Konzentration auf den Strecken. Die Variable *hub* soll erfassen, ob der Konzentrationsgrad auf einer Route von den Netzwerkstrategien der Airlines abhängig ist.

Ein Großteil der Regressoren des Preismodells findet sich in der Reaktionsgleichung für den Markteintritt wieder. Die Markteintrittsfunktion lautet:[278]

$$N_{kt} - N_{kt-1} = f\left(P_{kt-1}, \overline{hub}, newc_{kt}, inc_{kt}\right) \tag{6.13}$$

Die zu erwartenden Vorzeichen der einzelnen Variablen lassen sich mit Ausnahme des Vorzeichens für die Preiskomponente relativ einfach ableiten. Die Größe *inc*, die den Effekt des potenziellen Verkehrsvolumens auf Markteintitte repräsentiert, sollte die Wahrscheinlichkeit eines Marktzutritts erhöhen. Die Marktzutrittsbarrieren werden in diesem Modell indirekt durch die Variabeln *hub* und *newc* dargestellt. Die Dominanz der Altsassen auf den verkehrsstarken Hub-Hub-Verbindungen erschwert den Markteintritt von neuen Anbietern. Der Marktanteil der neuen Anbieter soll hingegen zeigen, ob Newcomer sich zu einem Markteintritt motivieren lassen, wenn bereits andere neue Gesellschaften gewisse Erfolge auf

---

[276]   Vgl. Abschnitt 5.3 dieser Arbeit.
[277]   Vgl. BAILEY, GRAHAM, und KAPLAN (1985), S. 157.
[278]   Alternativ wird der Markteintritt durch die Veränderung des reziproken HHI gemessen.

dieser Route verbuchen konnten. Eigentlich würde man vermuten, dass der Effekt der Preisvariablen positiv ist – relativ hohe Preise attrahieren neue Anbieter.[279] Werden die Tarife benutzt, um Markteintritte zu verzerren bzw. abzuwehren, dann sollte die Variable P_{kt-1} statistisch insignifikant sein. Alternativ könnten hohe Preise auch ein Signal für Marktzutrittsbarrieren (Vielfliegerprogramme) sein oder bedeuten, dass die Altsassen aggressiv auf Markteintritte reagieren werden. Allerdings können höhere Tarife auch für relativ höhere Kosten stehen.

Eines ist an dieser Stelle noch zu berücksichtigen. Existieren Interdependenzen zwischen bestimmten Städteverbindungen, dann können Netzwerkexternalitäten neue Anbieter zum Markteintritt motivieren. Soweit diese Effekte nicht gänzlich durch die gewählten Variablen der Marktzutrittsbarrieren erfasst werden, reduzieren sie den Erklärungsgehalt der Schätzung.

6.3.2 Daten und Variablen

Die Modelle dieses Kapitels nutzen das gesamte Streckensample aus Abschnitt 4.3, um das Preissetzungs- und Markteintrittsverhalten ökonometrisch zu schätzen. Der Schätzzeitraum bezieht sich auf die Periode von 1993 – dem Jahr der vollständigen Liberalisierung des grenzüberschreitenden Luftverkehrs – bis 1999. Es ergibt sich somit ein Sample von insgesamt 280 Beobachtungen.

Um die verwendeten Variablen der Modelle noch einmal kurz darzustellen, werden an dieser Stelle nur die Determinanten und die entsprechenden Datensätze aufgeführt. Für die Berechnung der einzelnen Variablen sei aber auf die Kapitel vier und fünf dieser Arbeit verwiesen.

Preis (P): Der Preis wird durch den durchschnittlichen Yield (Tarif pro geflogenem Kilometer) für Full-Fare-Economy-Class-Passagiere gemessen. Die Daten stammen aus der Worldwide Edition des OAG Official Airline Guide.

Als alternative Größe kam bei den Schätzungen der ‚Mark-up', also die Differenz zwischen dem durchschnittlichen Yield und den durchschnittlichen Kosten der operierenden Fluggesellschaften auf dieser Strecke zum Einsatz. Die Kosteninformationen wurden aus dem ICAO Digest of Statistics, Series F (Financial Data Commercial Air Carriers) entnommen und entsprechenden den Betriebskosten der Airlines pro Tonnenkilometer.

Entfernung (dist): Die Reiseentfernung ist die einfache Nonstopflugdistanz zwischen den zwei ausgewählten Städten.

---

[279] Da die Grundlage dieses Modells die Limit Pricing Theorie ist, wird der Preis der Vorperiode als Signal für einen Marktzutritt genutzt.

Verkehrsaufkommen (pax): Für das Verkehrsaufkommen auf einer Route wird die Zahl der tatsächlich beförderten Passagiere benutzt. Die Fluggastzahlen umfassen sämtliche Reisende auf einer Strecke. Es wird dabei weder zwischen Privat- oder Geschäftsreisenden unterschieden noch wird berücksichtigt, ob ihre Reise wirklich am Abflugs- oder Zielort begann oder dort endete. Die Datenquelle ist das ICAO Digest of Statistics, Series TF (Traffic by Flight Stage).

Serviceniveau (freq, inc): Das Serviceniveau auf einer Strecke bestimmt sich aus der Zeitsensitivität der Reisenden. Je höher die Zahl der angebotenen Flüge ist, desto geringer wird die Differenz zwischen der vom Nachfrager präferierten Abflugzeit und dem nächstmöglichen Abflugtermin einer Maschine sein. Welche Auswirkungen die Frequenzerhöhung allerdings auf die Kosten der Anbieterseite hat ist unbestimmt. Die Abflughäufigkeit *freq* entspricht der wöchentlichen Anzahl der Flüge pro Städteverbindung. Die Angaben wurden aus der Traffic by Flight Stage Statistik der ICAO entnommen.
Die Zeitsensitivität und die Nachfrage nach angemessener Serviceleistung der Passagiere sollten mit steigendem Einkommen zunehmen. Aus diesem Grund wurde die Variable *inc* in das Modell aufgenommen, die sich aus der Multiplikation der Bruttoinlandsprodukte pro Kopf in den beiden Regionen ergibt. Die Datenquellen entstammen den Regionalstatistiken von EUROSTAT.

Kostenunterschiede (newc, infra): Durch den Markteintritt neuer kostengünstigerer Anbieter sollte das durchschnittliche Kostenniveau und somit das Preisniveau sinken. Der Einfluss der Newcomer wird durch deren Marktanteil auf jeder Strecke gemessen. Neue Anbieter sind sämtliche nicht traditionell etablierten Airlines. Die Datenquelle war die Serie TF (Traffic by Flight Stage) des ICAO Digest of Statistics.
Um die Infrastrukturengpässe auf einigen Flughäfen adäquat berücksichtigen zu können, wurden zwei Dummy-Variablen eingeführt ($infra_1$) und ($infra_2$). Diese nehmen immer dann den Wert eins an, wenn einer bzw. beide Flughäfen einer Strecke Infrastrukturengpässen unterliegen. Dies sind in Europa nach einer Studie der CAA die Flughäfen in Barcelona, Brüssel, Frankfurt, London, Madrid und Mailand.

Marktkonzentration (hhi): Die Marktkonzentration wird, wie in Abschnitt 6.1 beschrieben, durch den HIRSCHMAN-HERFINDAHL-Index bestimmt. Die Zahl der beförderten Passagiere pro Anbieter auf der jeweiligen Route dient als Merkmalsausprägung.
Als alternative Variable für den Wettbewerbsgrad einer Strecke kommt die Zahl der Anbieter *n* in Betracht. Die Informationen stammen aus dem ICAO Digest of Statistics, Series TF (Traffic by Flight Stage).

Markteintrittsbarrieren (B): Als Näherungsgrößen für die empirisch nicht messbaren Marktzutrittsschranken nutzt das Modell zwei Größen: die beiden Variablen (hub_1) und (hub_2). Diese Dummy-Variablen zeigen jeweils, ob ein oder beide Endpunkte einer Flugroute einen Hubflughafen darstellen.

In Tabelle 6.2 sind die Mittelwerte und Standardabweichungen der einzelnen Variablen für den Beobachtungszeitraum aufgeführt. Die Passagierzahlen sowie die Einkommensangaben sind in Millionen ausgewiesen.

Tabelle 6.2: Datenbeschreibung 1993-1999

	Mittelwert	**Standardabweichung**
Yield	0,333	0,253
Mark-up	-0,222	0,267
Entfernung	927,900	484,654
Passagiere	0,652	0,571
Frequenz	145,037	117,159
Einkommen	333,669	186,347
Marktanteil Newcomer	7,704	13,864
HHI	4.762	1.227
Anbieterzahl	3,068	1,346
1/HHI	2,264	0,696

Quelle: eigene Berechnungen.

6.4 Schätzergebnisse

In Tabelle 6.3 sind die Ergebnisse der Schätzungen für das Preismodell aufgeführt.[280] Obwohl in beiden Modellen alle zeitspezifischen Dummy-Variablen signifikant waren und auf einen abwärtsgerichteten Preistrend hinwiesen, fehlen sie aus Gründen der Übersichtlichkeit in der Darstellung.

Die besten Schätzergebnisse lieferten die log-lin-transformierten Funktionsgleichungen. In keiner der durchgeführten Schätzungen konnte ein statistisch signifikanter Einfluss der Einkommensvariablen auf das Tarifniveau nachgewiesen werden. Der vermutete Zusammenhang zwischen der Zeitsensitivität der Reisenden, deren Einkommen und der Nachfrage nach Servicequalität kann somit für den vorliegenden Datensatz nicht bestätigt werden. Ähnliches gilt für die Infrastruk-

---

[280] Hier wird nur auf die Modelle abgestellt, die als zu erklärende Variable den durchschnittlichen Yield auf einer Strecke nutzten. Sämtliche Schätzungen mit dem alternativen Regressanden ‚Mark-up' lieferten insignifikante Schätzergebnisse.

turvariablen. In sämtlichen Schätzungen waren die Werte der Koeffizientenschätzungen insignifikant und wiesen darüber hinaus das falsche Vorzeichen auf.

Tabelle 6.3: Schätzergebnisse des Preissetzungsmodells

	Koeffizientenschätzungen (t-Statistik)	
konst.	-0,831	-0,334
	(-1,556)	(-0,789)
dist	-0,001	-0,001
	(-1,895)**	(-1,790)**
pax	-0,645	-0,571
	(-1,973)*	(1,750)**
freq	0,015	0,002
	(1,839)**	(1,839)**
newc	-0,024	-0,006
	(-1,699)**	(1,496)
hhi	0,725	
	(1,695)**	
n		-0,082
		(-2,542)*
hub$_1$	0,734	0,758
	(2,755)*	(2,826)*
hub$_2$	1,549	1,498
	(2,713)*	(2,594)*
korrigiertes R^2	0,810	0,813
$\hat{\rho}$	0,754*	0,752*
Zahl der Beobachtungen	240	240

* Signifikant auf dem 5% Niveau.
** Signifikant auf dem 10% Niveau.

Die zunächst für beiden Varianten des Preismodells durchgeführten HAUSMAN-Spezifikationstests führten sowohl für die Passagiervariable als auch für den Konzentrationsgrad zur Ablehnung der Nullhypothese „Keine Korreliertheit mit dem Störterm". Der Konzentrationsgrad und die Verkehrsdichte wurden somit als endogene Variable im Modell behandelt. Um konsistente Parameterschätzungen für die Strukturkoeffizienten zu erhalten, erfolgte der Rückgriff auf die zweistufige Kleinste-Quadrate-Methode. Das Gleichungssystem musste aber mit dem iterativen Verfahren geschätzt werden, da Autokorrelation 1. Ordnung in beiden Schätzfunktionen nachgewiesen werden konnte.[281] Die Schätzungen wurden ebenso auf das Vorliegen von Heteroskedastie überprüft.

---

[281] Die Werte der DURBIN-WATSON-Teststatistik lagen bei 0,654 bzw. bei 0,651 Punkten.

Betrachtet man die Ergebnisse für die beiden Schätzungen in Tabelle 6.3 wird deutlich, dass sich die Werte für die Koeffizientenschätzungen nahezu entsprechen. Die Diskussion konzentriert sich daher auf die Resultate des Hauptmodells in der linken Spalte der Tabelle. Zunächst einmal entsprechen die geschätzten Vorzeichen der Parameter den erwarteten und die Werte sind statistisch signifikant von Null verschieden.

Der Einfluss der Entfernung auf den Preis ist mit einem gerundeten Wert von -0,001 sehr gering und scheint daher kaum relevant zu sein. Das Vorzeichen der Passagiervariablen ist negativ. Dieser Zusammenhang entspricht den traditionellen Erwartungen, da aufgrund von Dichtevorteilen die Flugkosten pro Passagier abnehmen sollten. Durch die Frequenzausweitung nehmen bei sinkenden oder konstanten Ladefaktoren die durchschnittlichen Kosten der Airlines zu, was sich wiederum in höheren Preisen niederzuschlagen scheint. Anhand des Werts der Koeffizientenschätzung für die Variable *newc* wird ersichtlich, dass die Preise auf Strecken auf denen neue Fluggesellschaften operieren umso kleiner sind, desto größer deren Marktanteil ist. Diese Airlines können aufgrund ihrer Kostenstrukturen trotz der geringeren Tarife Gewinne erwirtschaften, während die traditionellen Anbieter ihre Leistungen zu diesen Preisen nicht kostendeckend anbieten können, solange sich deren Ladefaktoren nicht erhöhen.

Der Konzentrationsgrad hat einen nachweisbaren Effekt auf das Tarifniveau und ist bei einer Irrtumswahrscheinlichkeit von 10% signifikant. Dabei zeigt sich, dass je höher der Konzentrationsgrad des Markts ist, desto höher sind die Tarife. Dies spricht nach den theoretischen Überlegungen des Abschnitts 6.2.2 für die Existenz von Marktzutrittsbarrieren und weist darauf hin, dass die Städteverbindungen des Streckensamples keine perfekt bestreitbaren Märkte sind.

Weitere Hinweise, die für die Existenz von Marktzutrittsbarrieren auf den betrachteten Routen sprechen, liefern die signifikanten Koeffizientenschätzungen für die beiden *hub*-Variablen im Tarifmodell als auch die Resultate des Markteintrittsmodells.

Die Werte der Variablen hub_1 und hub_2 zeigen, dass auf innereuropäischen Flugrouten, die von einem oder zu einem der großen Hubs in Europa kommen bzw. führen, die Tarife signifikant höher sind als auf vergleichbaren Strecken ohne Hubanbindung. Verbindet eine Strecke zwei der europäischen Hubs ist dieser Preiseffekt noch weitaus stärker ausgeprägt. Die Dominanz der Altsassen auf bestimmten Städteverbindungen wirkt sich ebenfalls negativ – siehe Tabelle 6.4 – auf die Markteintritte neuer Unternehmen aus. Auf Strecken die in Verbindung zu einem Hub stehen, sind weniger Markteintritte zu verzeichnen als sonst.

Tabelle 6.4: Schätzergebnisse der Markteintrittsfunktion

| | Koeffizientenschätzungen (t-Statistik) | |
	$N_t - N_{t-1}$	$1/HHI_t - 1/HHI_{t-1}$
konst.	-0,498	-0,332
	(-1,373)	(-2,139)**
P_{t-1}	0,237	0,659
	(1,693)**	(1,905)**
hub_1	-0,091	-0,097
	(-2,342)*	(-1,699)**
hub_2	-0,275	-0,277
	(-1,867)**	(-2,577)*
$newc$	-0,001	-0,149
	(1,066)	(-1,133)
inc	-0,008	-0,001
	(-2,012)**	(-1,183)
korrigiertes R^2	0,581	0,516
$\hat{\rho}$	0,116*	0,307*
Zahl der Beobachtungen	200	200

*   Signifikant auf dem 5% Niveau.
** Signifikant auf dem 10% Niveau.

Eine weitere Bedingung, die für den Ansatz des Limit Pricing erfüllt sein muss, ist der Einfluss des Preises auf die Markteintrittsentscheidungen der neuen Anbieter. Die Koeffizienten besitzen in beiden Schätzungen ein positives Vorzeichen und sind bei einer Irrtumswahrscheinlichkeit von 10% signifikant von Null verschieden. Dies lässt vermuten, dass die geltenden Preise ein Signal für potenzielle Konkurrenten sind und demnach die Konzentration in einem Markt eine endogene Größe ist.

6.5   Schlussfolgerungen

Dieses Kapitel überprüfte unter Berücksichtigung der Interaktion zwischen Marktkonzentration, Preisen und Markteintritten die Gültigkeit alternativer Marktverhaltenshypothesen. Auf diesem Wege konnten einige Erkenntnisse über das Verhalten der europäischen Fluggesellschaften nach der Liberalisierung des Markts offen gelegt werden.

Obwohl die Qualität und Robustheit der Schätzergebnisse für die Koeffizienten stark von der Datenlage abhängig ist, ließ sich nachweisen, dass Markteintitte durch die Preise der Vorperiode beeinflusst werden. Demzufolge liefern die geltenden Preise den neuen Anbietern Informationen über die Bedingungen auf den einzelnen Märkten und über die Möglichkeiten, Gewinne zu realisieren.

Den Schätzergebnissen zu Folge, haben Markteintrittsbarrieren einen Einfluss auf die Höhe der geforderten Tarife. Dies spricht ebenfalls für die Gültigkeit der Limit Pricing Hypothese. Darüber hinaus verzerren Marktzutrittsschranken den Markteintritt neuer Anbieter, was darauf schließen lässt, dass der tatsächliche Wettbewerbsgrad den Missbrauch von Marktmacht eher eindämmen kann als der potenzielle Wettbewerb.

Auch wenn die Hypothese des Limit Pricing aufgrund der empirischen Unwägbarkeiten (Datenqualität und Schätzgüte) nicht eindeutig bestätigt werden kann, ist zumindest offensichtlich, dass trotz der vermutet hohen Kapitalmobilität im Luftverkehrsbereich die Märkte nicht perfekt bestreitbar sind.

Kapitel 7
Schlussbetrachtung

Der Fokus dieser Arbeit lag auf der Analyse der Liberalisierung des Luftverkehrs in der Europäischen Union. Um den Prozess die Marktliberalisierung und dessen Bedeutung für die Marktteilnehmer besser zu verstehen, wurden zwei unterschiedliche Untersuchungsansätze gewählt: zum einen die Beschreibung der rechtlich-institutionellen Rahmenbedingungen sowie ihrer Veränderungen und zum anderen eine empirische Untersuchung der Auswirkungen und der Wohlfahrtseffekte der Liberalisierung.

Nach der Einführung in die verkehrswirtschaftlichen Grundlagen der Leistungserstellung im Luftverkehr stellte diese Arbeit die historische Entwicklung des rechtlich-institutionellen Rahmens im internationalen Luftverkehrsmarkt dar. Die Beschreibung begann mit der kurz vor Ende des Zweiten Weltkriegs eingeläuteten Regulierungsphase. Dabei wurde neben der Erläuterung der getroffenen politischen Entscheidungen auch deren jeweiliger theoretischer Hintergrund erläutert. Es konnte gezeigt werden, dass die besagten Reglementierungen sowohl auf ökonomischen Überlegungen als auch auf dem Eigeninteresse der betroffenen Nationen fußten. Nach 1977, dem Beginn der Deregulierung des Luftverkehrsbinnenmarkts in den USA, reagierten die Länder in Europa recht unterschiedlich auf diese Entwicklung. Einige Nationen begannen, ihre Luftverkehrsmärkte zu liberalisieren, während andere am strikten System der bilateralen Verträge und an der umfassenden Regulierung ihres Heimatmarkts festhielten. Erst der Initiative der Europäischen Kommission, allerdings wesentlich gestützt durch das Untätigkeitsurteil des EuGH vom 22. Mai 1985, war es zu verdanken, dass in der EU ein gemeinsamer Luftverkehrsmarkt geschaffen wurde. Es wurde in diesem Kapitel aber auch deutlich, dass luftverkehrspolitische Entscheidungen oft unter der Berücksichtigung nationaler 'Rent-Seeking'- und Partikularinteressen getroffen wurden.

Im ersten Analyseschritt wurde die Verkehrsentwicklung in der EU dargestellt. Es zeigte sich dabei die eher ungleichmäßige Verteilung des Luftverkehrsaufkommens und eine Konzentration des Nachfragepotenzials auf einige wenige zentrale Punkte in Europa. Um feststellen zu können, welcher Teil des Verkehrsaufkommens von der Liberalisierung des Luftverkehrs induziert wurde, musste zunächst ein speziell konzipiertes Nachfragemodell entwickelt werden. Mit seiner Hilfe gelang es, den Einfluss bestimmter Variablen auf das Verkehrsniveau zu identifizieren. Die Untersuchungen wurden separat für drei Typen von Strecken durchgeführt. In der ersten Gruppe waren jene Städtepaare versammelt, die während der gesamten betrachteten Periode durch ein vollständig liberalisiertes Umfeld geprägt waren. Gruppe zwei umfasste die in dieser Zeitspanne teilliberalisierten

Länderverbindungen und City-pairs. Die dritte Gruppe enthielt schließlich die Verbindungen, die erst durch die Maßnahmepakete der EU eine Marktöffnung erfuhren. Die Schätzergebnisse der eingesetzten ökonometrischen Nachfragemodelle belegten eindeutige Wirkungszusammenhänge zwischen den Einflussgrößen der Angebotsseite und den Verkehrsvolumina. Bezogen auf die Preiselastizität der Nachfrage sind Luftverkehrsdienstleistungen in Europa als normale Güter anzusehen. Darüber hinaus erwies sich die Nachfrage nach Flugreisen als durchweg preisunelastisch. Zwischen der Anzahl der auf einer Strecke angebotenen Flüge und der korrespondierenden Nachfrage konnte demgegenüber ein positiver Zusammenhang nachgewiesen werden. Erhöht sich die Abflugfrequenz, so sinkt ceteris paribus der ‚Schedule delay' für die Passagiere, und die Nachfrage nach Flugreisen nimmt zu. In den spezifizierten Modellen wurden schließlich ebenfalls signifikante Einflüsse geographischer sowie sozioökonomischer Faktoren auf die Nachfrageentwicklung aufgedeckt.

Aufbauend auf den Erkenntnissen des Nachfragemodells konnte im zweiten Analyseschritt die Berechnung der Wohlfahrtseffekte der Liberalisierung erfolgen. Da zu vermuten war, dass diese einen erheblichen Einfluss sowohl auf die Entwicklung der Flugtarife als auch auf die angebotene Zahl der Flüge hatten, wurden zwei separate Modelle entwickelt: eines zur Erklärung der Preisgestaltung und ein zweites zur Analyse der Flugfrequenzentwicklung. Mit den Berechnungen gelang der empirische Nachweis, dass die Liberalisierung zu einem Sinken der Tarife sowie zu einem erheblichen Anstieg der Abflughäufigkeiten in Europa geführt hat und auf diese Weise einen beträchtlichen Anstieg der Verkehrsvolumina generierte. Signifikante Vorteile brachte der Liberalisierungsprozess schließlich für die Flugreisenden. So wiesen die Berechnungen einen durchschnittlichen Anstieg der Konsumentenrente um schätzungsweise 311 US-Dollar pro Passagier (in konstanten Preisen von 1989) nach.

Die Arbeit schloss mit einer Analyse der Angebotsseite ab. Auf der Grundlage einer breiten Datenbasis wurde die Interaktion zwischen Wettbewerbsumfeld, Tarifhöhe und Markteintritten im innereuropäischen Luftverkehr auf Streckenebene empirisch untersucht. Übereinstimmend mit der Theorie des Limit Pricing zeigte sich, dass zum einen die aktuellen Preise die Markteintritte in der nächsten Periode direkt beeinflussen. Preise können somit als ein Signal für neue Anbieter interpretiert werden, das diesen Newcomern Informationen über die Rentabilität eines Marktzutritts liefert. Zum anderen konnte indirekt die Existenz von Marktzutrittsbarrieren nachgewiesen werden. Diese Barrieren erhöhen dabei zweifelsfrei das Preisniveau auf einer Strecke und wirken über eine Erhöhung des Konzentrationsgrads auf die aktuelle Wettbewerbssituation ein.

Zusammenfassend lässt sich somit festhalten, dass – selbst wenn die Effekte auf der Angebotsseite aufgrund der fehlenden Erlös- und Kostenangaben nicht vollständig bewertet werden können – die Liberalisierung des Luftverkehrsmarkts in Europa erhebliche Vorteile für die Konsumenten mit sich brachte. Aufgrund dieser positiven Effekte ist den politischen Entscheidungsträgern weltweit anzuraten, die Liberalisierung des Luftverkehrs voranzutreiben.

Verbleibende Forschungsagenda
Wie bei jeder empirischen Arbeit sind auch in dieser Studie die ermittelten Ergebnisse maßgeblich von der Qualität der verfügbaren Datensätze abhängig. Damit quantitative Analysen möglichst genaue und verlässliche Ergebnisse liefern können, müssen die zugrunde liegenden Datenreihen den Kriterien Aktualität, Genauigkeit, Vergleichbarkeit und Vollständigkeit bestmöglich genügen. Die diesbezügliche Qualität der verwendeten Datensätze lässt sich abschließend wie folgt beurteilen.

Für das Nachfragemodell wären exaktere Passagierzahlen – konkret durch genauere Quellen – von großem Vorteil. Zurzeit sind für die europäischen Flugstrecken – anders als in den USA – nur die Zahlen der auf einer Strecke beförderten Reisenden bekannt. Abflug- und Landepunkt dieser Route müssen jedoch keineswegs Start- und Zielort dieser Reise sein. Kann die Qualität der Daten diesbezüglich nicht verbessert werden, besteht die Möglichkeit, die erfassten Passagierzahlen mittels einer so genannten Quell-Ziel-Matrix um den Anteil der Transferpassagiere bis zu einem gewissen Grad zu bereinigen. Diese Matrizen versuchen anhand der gemessenen Fluggastzahlen auf den Routen und einer Annahme über die Verkehrsverteilung, das „wahre" Verkehrsaufkommen auf einer Strecke zu schätzen.[282] Inwieweit diese Bereinigungsverfahren die Schätzergebnisse substanziell verbessern, müsste dann allerdings noch im Rahmen spezieller Studien überprüft werden.

Für die Berechnung der Preiselastizitäten wären des Weiteren detaillierte Angaben über die tatsächlichen Passagierzahlen pro Flugtarif unabdingbar. Da derartige Daten in Europa, anders als in den USA[283], zur Zeit aber nicht öffentlich zugänglich sind, muss bei empirischen Untersuchungen einstweilen auf Preissurrogate zurückgegriffen werden, die in ihrer Aussagekraft naturgemäß beschränkt sind. Um darüber hinaus die bestehende Heterogenität der Anbieterseite in den Nachfragemodellen besser erfassen zu können, wäre eine Analyse auf der Ebene der

---

[282] Einen Überblick über die gängigsten Schätzverfahren und -methoden zu dieser Problemstellung liefert ABRAHAMSSON (1998).

[283] In den USA sammelt das BUREAU OF TRANSPORT STATISTICS (BTS) bei den Fluggesellschaften die relevanten Quell und Ziel Passagierdaten. Die Erhebungen des BTS basieren auf einem 10% Sample aller verkauften Flugtickets. Dabei erhält jeder verkaufte Flugschein eine Identifikationsnummer. Endet diese Nummer mit einer null, dann befindet sich das Ticket im Sample.

einzelnen Fluggesellschaften einer Untersuchung auf Streckenebene – wie hier geschehen – vorzuziehen. Allerdings besteht für eine derartige Analyse ein umso größeres Datenproblem, da die Verfügbarkeit von fluggesellschaftsbezogenen Daten äußerst begrenzt ist.

Ähnliche Probleme wirft die Ermittlung der Wohlfahrtseffekte auf, da sie auf den Ergebnissen der Nachfragemodelle beruhten. Zur exakten Berechnung der Änderungen der Konsumentenrente bedarf es detaillierter Tarifdaten pro Passagier für die einzelnen Luftfahrtunternehmen. Diese gelten aber als Betriebsgeheimnisse und werden von den Airlines der Öffentlichkeit generell nicht zur Verfügung gestellt. Zu konstatieren ist ebenfalls, dass die Berechnungen der Wohlfahrtswirkungen lediglich auf die Veränderungen der Konsumentenrente abstellen, sich also nicht, wie eigentlich theoretisch geboten, auf die soziale Wohlfahrt vor und nach der Liberalisierung beziehen. Die fehlenden Anbieterdaten machen allerdings alle Bemühungen zunichte, eine umfassende Bewertung der Liberalisierungseffekte vorzunehmen, da sich Änderungen der Produzentenrente nicht verlässlich ermitteln lassen.

Des Weiteren könnte die Analyse in Zukunft in zweierlei Hinsicht erweitert werden. Zum einen könnten bei den Berechnungen zur Entwicklung der sozialen Wohlfahrt auch die Auswirkungen des gestiegenen Verkehraufkommens auf die Umwelt Berücksichtigung finden. Unstreitig wirken Umweltbelastungen in Form von Fluglärm und Abgasemissionen negativ auf die soziale Wohlfahrt zurück. Zum anderen ließe sich die Genauigkeit der Ergebnisse für die Entwicklung der Konsumentenrente betreffend aus ökonomischer Sicht noch erhöhen, da die in dieser Arbeit angestellten Überlegungen auf Nachfragefunktionen basierten, und nicht, wie eigentlich erforderlich, auf Nutzenfunktionen. Die Ergebnisse der Analyse können folglich auch nur Näherungswerte sein. Die Ermittlung der relevanten Nutzenfunktionen erfordert aber weitergehende Überlegungen zu den hedonistischen Modellen der ökonomischen Theorie.

Besonders eingeschränkt in ihrer Aussagekraft sind, wieder aufgrund bestehender Datenbeschränkungen, die Ergebnisse der Untersuchung der Angebotsseite. In dieser Arbeit mussten deshalb Ersatzvariablen genutzt werden, um das Wettbewerbsverhalten der operierenden Gesellschaften wenigstens näherungsweise beurteilen zu können. Dieser Ansatz erlaubte zwar erste Einblicke in das Marktverhalten der Anbieter, kann aber keine erschöpfende Untersuchung darstellen. Zum einen mangelt es an einer adäquaten Beurteilung des potenziellen Wettbewerbs. In dieser Arbeit konnte lediglich auf der Grundlage von Marktzu- und -austritten der Einfluss neuer Anbieter auf das Preissetzungsverhalten der Altsassen ermittelt werden. Zum anderen ließ sich nicht abschätzen, inwieweit die Liberalisierung die Erlös- und Kostensituation der Airlines im Einzelnen verändert hat. Da sämtliche relevanten Daten für Untersuchungszwecke nicht zur Verfügung stehen, lässt sich nicht exakt beantworten, wie welche Faktoren den Gewinn der Fluggesellschaften beeinflusst haben. Lägen die relevanten Erlös- und Kostendaten dagegen vor, könnte eine Ausweitung der Untersuchungen über das Marktverhalten der Anbieter erfolgen. Erst dann wäre beispielsweise empirisch überprüfbar, welche Tarifgruppen für die Airline kostendeckend sind und welche Tarifklassen welche anderen intern subventionieren. Auf der Basis derartiger Datenreihen wäre es schließlich ebenso möglich, nachzuweisen, ob Altsassen zur Verteidigung ihrer Marktposition bei Markteintritten ‚Predatory pricing' betrieben haben. Die Bedeutung derartiger Untersuchungen vor allem für die praktische Wettbewerbspolitik liegt auf der Hand.

Ausblick auf weitere Liberalisierungsbestrebungen
Die Ergebnisse dieser Studie zeigen, dass trotz der soeben geäußerten Einschränkungen die Liberalisierung des Luftverkehrsmarkts in Europa durchaus positiv zu bewerten ist. Ähnliche Erkenntnisse lassen sich aus anderen Arbeiten ableiten, die sich ebenfalls mit der Liberalisierung von Luftverkehrsmärkten weltweit beschäftigt haben.

Trotz dieser positiven Liberalisierungseffekte kann aber, wie empirisch belegt werden konnte, von kompetitiven Marktstrukturen auf einer Vielzahl der Luftverkehrsteilmärkten immer noch nicht die Rede sein. Neben der Vielzahl immer noch bestehender politischer Reglementierungen behindern oft mitunter erhebliche Marktzutritts- und Marktaustrittsschranken den freien Wettbewerb in der Zivilluftfahrt. Zu diesen Barrieren zählen insbesondere die immer noch aus Prestigegründen gezahlten staatlichen Beihilfen zugunsten nicht mehr wettbewerbsfähiger Unternehmen, die marktinkonforme Regulierung des Infrastrukturzugangs sowie strategische Barrieren der Altsassen wie Loyalitäts- und Vielfliegerprogramme.

Die Entwicklungen der letzten Jahre zeigen jedoch, dass Marktzutritte von Newcomern, insbesondere von Low-cost Carriern, erhebliche Effekte auf das Marktgeschehen haben. Neben der Ausweitung des Streckenangebots haben ihre Markteintritte nachweislich zu real niedrigeren Tarifen, zu einem Absinken des Branchenkonzentrationsgrads und zu einer absoluten Zunahme der Beschäftigungszahlen geführt.[284] Politische Initiativen, die die soeben angesprochenen Formen der Wettbewerbsbeschränkungen wirksam korrigieren und somit die Markteintritte von neuen Anbietern erleichtern, müssten um eines funktionsfähig(er)en Wettbewerbs willen – und den daraus für die Konsumenten resultierenden Vorteilen – stärker verfolgt werden.

Besonders schwerwiegend wirkt sich die weiterhin äußerst restriktive Vergabe der Verkehrsrechte auf den freien Wettbewerb im internationalen Luftverkehr und auf die Existenz transnationaler Fluggesellschaften aus. So werden von einigen weni-

---

[284] Vgl. KNORR (1998b), S. 442ff.

gen Ausnahmen[285] abgesehen, im grenzüberschreitenden Luftverkehr üblicherweise nur diejenigen Airlines designiert, die das Kriterium „substantially owned and effectively controlled by citizens of the designating state" erfüllen.[286] In der EU wurde von dieser Regel für die europäischen Fluggesellschaften Abstand genommen. Somit besteht heutzutage für europäische Wirtschaftseinheiten die Möglichkeit, Mehrheitsbeteiligungen an jedem europäischen Luftverkehrsunternehmen zu erwerben, ohne verkehrsrechtliche Folgen für diese Airline innerhalb der Union fürchten zu müssen. Aufgrund der restriktiven internationalen Vorgaben wird von dieser Möglichkeit aber kein Gebrauch gemacht. Denn im Luftverkehr außerhalb der EU führen derartige Mehrheitsbeteiligungen im luftverkehrsrechtlichen Sinne ausländischer Kapitalgeber (d.h. Beteiligungen von mehr als 49% in den USA und, für Nicht EU-Bürger, auch in der EU und ansonsten von mehr als 25%) wiederum zum Verlust sämtlicher Verkehrsrechte dieser Fluggesellschaft. Damit im internationalen Luftverkehr größere Kapitalbeteiligungen an ausländischen Airlines möglich und Liberalisierungsbestrebungen wie in der EU nicht konterkariert werden, unterbreitete die ICAO bereits 1993 ihren Mitgliedstaaten den weitergehenden Vorschlag, ausländische Fluggesellschaften auch dann als heimische Airline zu designieren, sofern sie in dem betroffenen Land ihren „principal place of business and permanent residence" haben und darüber hinaus „strong links to the designating state" unterhält.[287] Immerhin haben sich aber, mit steigender Tendenz, 33 Staaten, die seit 1995 insgesamt 38 bilaterale Luftverkehrsabkommen abgeschlossen haben, für das neue Designierungskriterium und seine Anwendung entschieden.[288]

Abgesehen davon wäre eine substanzielle Lockerung und damit ein entscheidender Liberalisierungsfortschritt erreichbar, wenn das bisher im Rahmen der Tariffestsetzung generell angewandte Prinzip der doppelten Zustimmung (‚Double approval') durch das Prinzip der doppelten Ablehnung (‚Double Disapproval') ersetzt würde, wie innerhalb der EU bereits geschehen.

Positiv zu bewerten, sind des Weiteren die derzeitigen Bestrebungen einiger Nationen und Staatengruppen, das traditionelle System des Bilateralismus im Luftverkehr hinter sich zu lassen. Zu nennen ist in diesem Zusammenhang beispielsweise das im November 2000 abgeschlossene erste multilaterale liberale Luftverkehrsabkommen zwischen den USA und den Mitgliedsländern der Asiatisch-pazifisch wirtschaftlichen Zusammenarbeit (APEC) Brunei, Chile, Neuseeland und

---

[285]   Ausnahmen sind noch SAS, die inzwischen bankrotte Air Afrique oder stark verschuldete BWIA, die teilweise trotz ihrer Multinationalität bereits seit Jahrzehnten am Markt agieren dürfen.

[286]   Zu den verkehrsrechtlichen Details siehe HAANAPPEL (2001), S. 95ff.

[287]   Vgl. CHANG und WILLIAMS (2001), S. 213.

[288]   Vgl. OECD (1999), S. 46, insbesondere Fußnote 34.

Singapur. Diese Vereinbarung zeichnet sich nicht nur durch die lockere Ausgestaltung der ‚Ownership rules' sondern auch durch eine weitreichende Öffnung des Luftverkehrsmarkts aus. Darüber hinaus besteht für alle anderen APEC-Staaten die Möglichkeit, diesem Abkommen beizutreten.

Eine ähnliche Entwicklung ist zum anderen für den Nordatlantikverkehr zwischen Europa und den USA zu erwarten, nachdem sich die EU-Kommission am 05. November 2002 mit ihrer Klage vor dem EuGH durchsetzte und nach der 1997 zumindest formaljuristisch vollendeten Liberalisierung des innergemeinschaftlichen Luftverkehrs auch die Außenkompetenz – und damit das alleinige Mandat zum Abschluss von Luftverkehrsabkommen mit Drittstaaten – erhielt. Die EU-Kommission initiierte umgehend Gespräche mit den USA über ein TRANSATLANTIC COMMON OPEN AVIATION AREA AGREEMENt. Sie strebt darin neben einer umfassenden wechselseitigen Marktöffnung eine substanzielle Lockerung der ‚Ownership rules' und eine weitreichende Harmonisierung des bislang hochgradig zersplitterten Regulierungsrahmens an.[289] Erreicht werden sollen daneben insbesondere einheitliche Maßstäbe und Kriterien bei der Anwendung der Wettbewerbsregeln sowie bezüglich der luftverkehrsrechtlichen Behandlung geleasten Fluggeräts. Die Erfolgsaussichten der Initiative sind derzeit nicht genau abzuschätzen. Während die Vertreter der US-Fluggesellschaften und der US-Regierung nach wie vor offenbar wenig Neigung verspüren, europäischen Anbietern vor allem in den Bereichen Kabotage auf dem US-Binnenmarkt und Niederlassungsfreiheit für EU-Airlines in den USA entgegenzukommen,[290] setzt sich inzwischen die EU-Kommission mit Nachdruck für deren Realisierung ein. Inwieweit diese Initiativen Erfolg haben werden, ist zurzeit aufgrund der unterschiedlichen Interessen der Hauptakteure, d.h. der US-Regierung sowie den US-Fluggesellschaften und der EU-Kommission nicht vorhersehbar.

Zur Förderung eines freien Wettbewerbs mit allen daraus resultierenden positiven Entwicklungen für die Nachfrager von Luftverkehrsdienstleistungen wäre ebenfalls eine Integration des Luftverkehrs in das GATS und damit in das multilaterale Regelwerk der Welthandelsorganisation WTO anzustreben.[291] Dies dürfte allerdings aufgrund der existierenden Vorbehalte gegen die Anwendung des Meistbegünstigungsprinzips bei der Vergabe von Verkehrsrechten in den nächsten Jahren kaum zu realisieren sein.

---

[289] Die Idee eines gemeinsamen Luftverkehrsraums über dem Nordatlantik wurde bereits im September 1999 von der AEA vorgeschlagenen und unter den Namen TRANSATLANTIC COMMON AVIATION AREA (kurz TCAA) geführt. Vgl. AEA (1999).

[290] Vgl. HAANAPPEL (2001), S. 100.

[291] Vgl. zu dieser Diskussion beispielsweise OECD (1999), S. 102ff., und KNORR (1998a), S. 386f.

I. Die Freiheiten der Luft

<u>Technische Freiheiten</u>

1. Freiheit der Luft:	Das Recht, das Hoheitsgebiet des Vertragspartners zu überfliegen.	Heimatland Land A Land B
2. Freiheit der Luft:	Das Recht, im Hoheitsgebiet eines anderen Staates Landungen zu nicht-gewerblichen Zwecken (Auftanken, außerplanmäßige Reparaturen) durchzuführen.	Heimatland Land A Land B

<u>Kommerziellen Freiheiten</u>

3. Freiheit der Luft:	Das Recht, Passagiere vom Ursprungsland des Flugzeugs in ein anderes Land zu befördern.	Heimatland Land A Land B
4. Freiheit der Luft:	Das Recht, Passagiere aus einem anderen Land in den Heimatstaat des Luftfahrzeugs zu transportieren.	Heimatland Land A Land B
5. Freiheit der Luft:	Das Recht, Passagiere in einem Vertragsland aufzunehmen und in einem anderen Vertragsstaat abzusetzen, wobei der Flug im Ursprungsland des Flugzeugs beginnen oder enden muss.	Heimatland Land A Land B

<u>Neue Freiheiten nach der Rechtslehre</u>

6. Freiheit der Luft:	Das Recht, Passagiere von einem Vertragsstaat in das Heimatland und von diesem in einen weiteren Vertragsstaat zu befördern.	Land A Heimatland Land B

7. Freiheit der Luft:	Das Recht, Passagiere zwischen zwei Vertragstaaten zu befördern, ohne Verbindung mit dem Ursprungsland des Flugzeugs.	
8. Freiheit der Luft:	Das Recht, Passagiere innerhalb eines Vertragstaates zu befördern (Kabotagerecht).	

II. Ergebnisse der vorwärtsgerichteten schrittweisen Variablenauswahl

Folgende Variablen wurden auf ihren Erklärungsgehalt hin in den drei Streckengruppen untersucht:

dist	=	die einfache nonstop Flugdistanz zwischen dem jeweiligen Abflug- und Landepunkt
topo	=	der mögliche Zeitvorteil des Flugzeugs; ausgedrückt durch die Beschaffenheit der Erdoberfläche. Die Dummy-Variable nimmt den Wert eins an, sobald die Flugverbindung eine Seefläche oder einen Gebirgszug ab einer Höhe von 1.000 Metern passiert
pop	=	das Produkt der Bevölkerungszahlen von Quell- und Zielregion
inc	=	das Produkt des Bruttoinlandsprodukts pro Kopf der entsprechenden Quell- und Zielregion
trade	=	Summe der Einfuhrvolumina von Quell- und Zielregion
fare/km	=	durchschnittlicher Yield für Economy-Class Passagiere auf der betrachteten Strecke
disc	=	durchschnittlich gewährte Anzahl an Sondertarifen
freq	=	Zahl der wöchentlichen Flüge
asize	=	Anzahl der angebotenen Sitzplätze pro Flug

Aufgrund der ermittelten Ergebnisse in den drei Gruppen wurde die Gesamtauswahl der Variablen für das in dieser Arbeit spezifizierte Modell getroffen. Regressoren sind die einfache Streckenentfernung, das Produkt der Einwohnerzahlen sowie der Pro-Kopf-Einkommen, der Yield sowie die wöchentliche Abflughäufigkeit und die durchschnittliche Flugzeuggröße.

Gruppe 1: liberale Strecken
Log-log-Schätzfunktion
„gepoolter" Schätzer
Kritischer F-Wert: 4,000

Schritt 0

Korrigiertes R^2	= 0,000
Summe der	= 1,028
Fehlerquadrate	= 0,000
Berechneter F-Wert	

	Berücksichtigte Variablen			Nicht berücksichtigte Variablen	
Variable	Koeffizient	Standardfehler	F-Wert für Ausschluss	Variable	F-Wert für Aufnahme
konstante	-0,270			dist	16,799
				pop	7,050
				inc	112,822
				trade	28,851
				yield	5,431
				disc	18,766
				freq	465,775
				asize	128,412

Schritt 1: Aufnahme der Variable *freq*

Korrigiertes R^2	= 0,827
Summe der	= 0,428
Fehlerquadrate	= 469,238
Berechneter F-Wert	

	Berücksichtigte Variablen			Nicht berücksichtigte Variablen	
Variable	Koeffizient	Standardfehler	F-Wert für Ausschluss	Variable	F-Wert für Aufnahme
konstante	-6,594			dist	17,674
freq	1,186	0,054	482,372	pop	18,598
				inc	10,563
				trade	28,674
				yield	0,175
				disc	0,137
				asize	53,152

Schritt 2: Aufnahme der Variable *asize*

Korrigiertes R^2	=	0,887
Summe der	=	0,345
Fehlerquadrate	=	386,627
Berechneter F-Wert		

Berücksichtigte Variablen				*Nicht berücksichtigte Variablen*	
Variable	*Koeffizient*	*Standardfehler*	*F-Wert für Ausschluss*	*Variable*	*F-Wert für Aufnahme*
konstante	-10,458			dist	0,125
freq	0,936	0,056	279,367	pop	6,364
asize	1,079	0,148	53,152	inc	1,449
				trade	3,419
				yield	0,083
				disc	2,630

Schritt 3: Aufnahme der Variable *pop*

Korrigiertes R^2	=	0,893
Summe der	=	0,336
Fehlerquadrate	=	274,360
Berechneter F-Wert		

Berücksichtigte Variablen				*Nicht berücksichtigte Variablen*	
Variable	*Koeffizient*	*Standardfehler*	*F-Wert für Ausschluss*	*Variable*	*F-Wert für Aufnahme*
konstante	-11,929			dist	0,508
freq	0,956	0,055	290,892	inc	5,677
asize	0,939	0,155	53,371	trade	0,366
pop	0,111	0,044	7,638	yield	0,042
				disc	2,547

Schritt 4: Aufnahme der Variable *inc*

Korrigiertes R^2 = 0,898
Summe der   = 0,327
Fehlerquadrate   = 217,209
Berechneter F-Wert

| | Berücksichtigte Variablen | | | Nicht berücksichtigte Variablen | |
| | | | *F-Wert für* | | *F-Wert für* |
Variable	*Koeffizient*	*Standardfehler*	*Ausschluss*	*Variable*	*Aufnahme*
konstante	-11,777			*dist*	9,298
freq	0,882	0,062	202,374	*trade*	0,366
asize	0,745	0,172	18,761	*yield*	5,163
pop	0,151	0,046	10,776	*disc*	2,596
inc	0,274	0,115	5,677		

Schritt 5: Aufnahme der Variable *dist*

Korrigiertes R^2 = 0,906
Summe der   = 0,314
Fehlerquadrate   = 190,817
Berechneter F-Wert

| | Berücksichtigte Variablen | | | Nicht berücksichtigte Variablen | |
| | | | *F-Wert für* | | *F-Wert für* |
Variable	*Koeffizient*	*Standardfehler*	*Ausschluss*	*Variable*	*Aufnahme*
konstante	-12,188			*trade*	2,912
freq	0,747	0,074	101,901	*yield*	0,617
asize	1,044	0,192	29,566	*disc*	0,649
pop	0,214	0,049	19,074		
inc	0,552	0,144	14,694		
dist	-0,433	0,142	9,298		

<u>**Gruppe 2: partiell liberalisierte Strecken**</u>
Log-log-Schätzfunktion
„gepoolter" Schätzer
Kritischer F-Wert: 4,000

Schritt 0

Korrigiertes R^2	= 0,000
Summe der	= 0,717
Fehlerquadrate	= 0,000
Berechneter F-Wert	

	Berücksichtigte Variablen			Nicht berücksichtigte Variablen	
Variable	*Koeffizient*	*Standardfehler*	*F-Wert für Ausschluss*	*Variable*	*F-Wert für Aufnahme*
konstante	-0,452			dist	38,105
				topo	2,514
				pop	0,717
				inc	2,392
				trade	0,076
				yield	0,137
				disc	14,227
				freq	1.655,864
				asize	22,948

Schritt 1: Aufnahme der Variable *freq*

Korrigiertes R^2	= 0,940
Summe der	= 0,175
Fehlerquadrate	= 1.716.149
Berechneter F-Wert	

	Berücksichtigte Variablen			Nicht berücksichtigte Variablen	
Variable	*Koeffizient*	*Standardfehler*	*F-Wert für Ausschluss*	*Variable*	*F-Wert für Aufnahme*
konstante	-5,580			dist	19,641
freq	1,058	0,026	1.655,864	topo	21,208
				pop	23,405
				inc	15,375
				trade	20,898
				yield	4,564
				disc	3,004
				asize	283,445

Schritt 2: Aufnahme der Variable *asize*

Korrigiertes R^2 = 0,984
Summe der   = 0,092
Fehlerquadrate   = 3.264,642
Berechneter F-Wert

	Berücksichtigte Variablen			Nicht berücksichtigte Variablen	
Variable	*Koeffizient*	*Standardfehler*	*F-Wert für Ausschluss*	*Variable*	*F-Wert für Aufnahme*
konstante	-10,990			*dist*	10,498
freq	1,007	0,014	5.173,719	*topo*	15,247
asize	1,128	0,067	283,445	*pop*	3,335
				inc	33,518
				trade	14,694
				yield	16,000
				disc	8,163

Schritt 3: Aufnahme der Variable *inc*

Korrigiertes R^2 = 0,987
Summe der   = 0,080
Fehlerquadrate   = 2.870,086
Berechneter F-Wert

	Berücksichtigte Variablen			Nicht berücksichtigte Variablen	
Variable	*Koeffizient*	*Standardfehler*	*F-Wert für Ausschluss*	*Variable*	*F-Wert für Aufnahme*
konstante	-10,245			*dist*	3,786
freq	1,025	0,012	7.296,007	*topo*	0,058
asize	1,089	0,059	340,684	*pop*	0,002
inc	-0,110	0,019	33,518	*trade*	0,801
				yield	0,004
				disc	2,419

Gruppe 3: regulierte Strecken
Log-log-Schätzfunktion
„gepoolter" Schätzer
Kritischer F-Wert: 4,000

Schritt 0

Korrigiertes R^2	= 0,000
Summe der Fehlerquadrate	= 0,603
Berechneter F-Wert	= 0,000

Berücksichtigte Variablen				Nicht berücksichtigte Variablen	
Variable	Koeffizient	Standardfehler	F-Wert für Ausschluss	Variable	F-Wert für Aufnahme
konstante	-1,111			dist	1,361
				topo	11.051
				pop	30,250
				inc	3,028
				trade	38,285
				yield	4,363
				disc	28,550
				freq	616,694
				asize	20,034

Schritt 1: Aufnahme der Variable *freq*

Korrigiertes R^2	= 0,731
Summe der Fehlerquadrate	= 0,313
Berechneter F-Wert	= 625,483

Berücksichtigte Variablen				Nicht berücksichtigte Variablen	
Variable	Koeffizient	Standardfehler	F-Wert für Ausschluss	Variable	F-Wert für Aufnahme
konstante	-4,983			dist	186,242
freq	0,894	0,036	616,694	topo	50,062
				pop	29,469
				inc	45,822
				trade	4,193
				yield	43,440
				disc	20,250
				asize	1.665,660

Schritt 2: Aufnahme der Variable *asize*

Korrigiertes R^2 =   0,968
Summe der   =   0,108
Fehlerquadrate   =   3.493,749
Berechneter F-Wert

	Berücksichtigte Variablen			*Nicht berücksichtigte Variablen*	
Variable	*Koeffizient*	*Standardfehler*	*F-Wert für Ausschluss*	*Variable*	*F-Wert für Aufnahme*
konstante	-11,912			*dist*	11,903
freq	1,010	0,013	6.036,095	*topo*	1,000
asize	1,306	0,032	1.665,660	*pop*	18,367
				inc	26,123
				trade	0,001
				yield	26,266
				disc	9,000

Schritt 3: Aufnahme der Variable *yield*

Korrigiertes R^2 =   0,971
Summe der   =   0,102
Fehlerquadrate   =   2.587,640
Berechneter F-Wert

	Berücksichtigte Variablen			*Nicht berücksichtigte Variablen*	
Variable	*Koeffizient*	*Standardfehler*	*F-Wert für Ausschluss*	*Variable*	*F-Wert für Aufnahme*
konstante	-11,707			*dist*	1,506
freq	1,011	0,012	7.098,0625	*topo*	0,819
asize	1,255	0,032	1.538,110	*pop*	23,592
yield	-0,041	0,008	26,266	*inc*	6,950
				trade	6,891
				disc	0,000

Schritt 4: Aufnahme der Variable *pop*

Korrigiertes R^2	= 0,974
Summe der	= 0,098
Fehlerquadrate	= 2.115,649
Berechneter F-Wert	

	Berücksichtigte Variablen			*Nicht berücksichtigte Variablen*	
Variable	*Koeffizient*	*Standardfehler*	*F-Wert für Ausschluss*	*Variable*	*F-Wert für Aufnahme*
konstante	-11,787			dist	5,374
freq	0,996	0,012	6.889,000	topo	1,000
asize	1,214	0,032	1.439,254	inc	2,116
yield	-0,044	0,008	30,250	trade	1,000
pop	0,034	0,007	23,592	disc	0,391

Schritt 5: Aufnahme der Variable *dist*

Korrigiertes R^2	= 0,974
Summe der	= 0,097
Fehlerquadrate	= 1.727,158
Berechneter F-Wert	

	Berücksichtigte Variablen			*Nicht berücksichtigte Variablen*	
Variable	*Koeffizient*	*Standardfehler*	*F-Wert für Ausschluss*	*Variable*	*F-Wert für Aufnahme*
konstante	-11,927			topo	0,014
freq	1,009	0,013	6.024,148	inc	3,306
asize	1,154	0,041	792,217	trade	3,160
yield	-0,034	0,009	14,272	disc	1,563
pop	0,037	0,007	27,939		
dist	0,051	0,022	5,374		

III. Anteile der Streckengruppen am Passagieraufkommen

	Anteil der beförderten Passagiere		
Jahr	*Liberal*	*Partiell*	*Reguliert*
1989	0,32	0,36	0,32
1990	0,27	0,39	0,34
1991	0,27	0,40	0,33
1992	0,26	0,40	0,34
1993	0,27	0,39	0,34
1994	0,27	0,38	0,35
1995	0,28	0,36	0,36
1996	0,29	0,34	0,37
1997	0,29	0,35	0,36
1998	0,29	0,34	0,37
1999	0,29	0,35	0,36

Quelle: eigene Berechnungen nach ICAO (1991-2002c);
Die Zahlen entsprechen dem Anteil der beförderten Passagiere am Gesamtpassagiervolumen der jeweiligen Beobachtungsperiode.

IV. Schätzergebnisse des Nachfragemodells

Liberale Strecken

	Koeffizientenschätzungen (t-Statistik)				
Modell	*gepooled*		*mit ZE*		*mit FE*	*mit FE und ZE*
konst.	-12,184	-11,008	-12,077	-9,374		
	(-18,559)*	(-9,449)*	(-17,730)*	(-6,960)*		
dist	-0,446	-0,384	-0,385	-0,446		
	(-3,102)*	(-1,993)*	(-2,517)*	(-2,177)*		
Pop	0,224	0,104	0,209	0,166	4,492	0,519
	(4,432)*	(1,069)	(3,986)*	(1,628)	(4,727)*	(0,417)
inc	0,567	0,559	0,424	0,164	0,491	0,099
	(3,905)*	(3,116)*	(2,295)*	(0,676)	(2,584)*	(0,371)
fare/km	-0,032	-0,007	-0,126	-0,160	-0,040	-0,069
	(-0,786)	(-0,134)	(-1,856)**	(-1,923)**	(-0,803)	(-1,212)
freq	0,732	0,688	0,706	0,563	0,094	0,239
	(9,521)*	(7,471)*	(8,293)*	(5,041)*	(1,020)	(2,289)*
asize	1,043	1,005	1,139	1,124	0,084	0,071
	(5,419)*	(4,769)*	(5,508)*	(4,996)*	(0,457)	(0,408)
infra1		-0,097		0,231		
		(-0,579)		(1,088)		
infra2		-0,239		0,238		
		(-0,920)		(0,744)		
hub1		0,194		0,266		
		(1,333)		(1,809)**		
hub2		0,398		0,388		
		(1,621)		(1,580)		
korr. R^2	0,912	0,905	0,905	0,907	0,952	0,963
DW	1,129	1,109	1,086	1,101	1,045	1,195

* Signifikant auf dem 5% Niveau.
** Signifikant auf dem 10% Niveau.

Partiell liberalisierte Strecken

Modell	gepooled		mit ZE		mit FE	mit FE und ZE
	Koeffizientenschätzungen (t-Statistik)					
konst.	-9,120 (-12,179)*	-10,655 (-8,563)*	-9,397 (-13,938)*	-11,039 (-10,446)*		
dist	-0,099 (-2,065)*	0,090 (0,799)	-0,068 (-1,583)	0,167 (1,816)**		
pop	0,021 (0,777)	0,048 (1,037)	0,009 (0,381)	0,072 (1,900)**	0,338 (0,862)	1,554 (1,570)
inc	0,153 (4,504)*	0,167 (4,080)*	0,163 (5,078)*	0,205 (5,000)*	0,141 (3,014)*	0,188 (2,368)*
fare/km	-0,011 (-0,645)	-0,007 (-0,389)	-0,009 (-0,533)	-0,007 (-0,434)	-0,034 (-1,707)**	-0,001 (-0,033)
freq	0,992 (48,701)*	0,998 (46,478)*	1,006 (56,785)*	1,018 (56,779)*	0,870 (18,107)*	0,890 (21,276)*
asize	1,124 (17,439)*	1,063 (15,337)*	1,127 (19,806)*	1,044 (17,697)*	0,971 (11,336)*	1,009 (13,010)*
infra1		0,004 (0,067)		-0,032 (-0,681)		
infra2		-0,049 (-0,954)		-0,085 (-1,875)**		
hub1		-0,144 (-1,622)		-0,211 (-2,934)*		
hub2		-		-		
korr. R^2	0,988	0,989	0,991	0,993	0,990	0,994
DW	0,920	1,024	0,738	0,950	0,957	0,968

*   Signifikant auf dem 5% Niveau.
**   Signifikant auf dem 10% Niveau.

Regulierte Strecken

Modell	Koeffizientenschätzungen (t-Statistik)					
	gepooled		*mit ZE*		*mit FE*	*mit FE und ZE*
konst.	-11,791 (-61,872)*	-11,227 (-47,652)*	-11,774 (-64,050)*	-11,201 (-49,349)*		
dist	0,056 (2,549)*	0,047 (2,152)*	0,064 (2,862)*	0,053 (2,438)*		
pop	0,034 (4,437)*	0,014 (1,495)	0,034 (4,674)*	0,014 (1,561)	0,967 (2,772)*	1,087 (2,752)*
inc	-0,02 (-1,766)**	-0,043 (-3,258)*	-0,022 (-2,018)*	-0,046 (-3,579)*	-0,043 (-1,335)	-0,057 (-1,170)
fare/km	-0,025 (-2,426)*	-0,025 (-2,464)*	-0,015 (-0,937)	-0,017 (-1,078)	-0,055 (-4,237)*	-0,044 (-2,756)*
freq	1,019 (71,709)*	1,008 (71,124)*	1,019 (68,172)*	1,01 (68,700)*	0,846 (24,599)*	0,833 (22,057)*
asize	1,142 (27,867)*	1,117 (27,503)*	1,142 (28,790)*	1,115 (28,389)*	0,925 (13,850)*	0,902 (13,145)*
infra1		-0,043 (-2,421)*		-0,041 (-2,407)*		
infra2		-0,030 (-1,309)		-0,027 (-1,234)		
hub1		0,061 (3,245)*		0,062 (3,468)*		
hub2		-		-		
korr. R^2	0,974	0,976	0,977	0,979	0,982	0,985
DW	0,569	0,605	0,436	0,504	0,820	0,639

* Signifikant auf dem 5% Niveau.
** Signifikant auf dem 10% Niveau.

V. Die Konzentrationsmaße der einzelnen Strecken

Amsterdam-Kopenhagen 630 km

	1993	1994	1995	1996	1997	1998	1999
Unternehmen	3	3	3	3	2	2	2
C_1	0,51	0,50	0,52	0,52	0,53	0,54	0,54*
HHI	4.596	4.821	4.992	4.997	5.023	5.030	5.037*

Amsterdam-London 372 km

	1993	1994	1995	1996	1997	1998	1999
Unternehmen	4	4	4	5	7	6	7
C_1	0,39	0,38	0,38	0,34	0,30	0,31	0,29*
HHI	2.975	2.959	2.934	2.519	2.094	2.114	2.007*

Amsterdam-Manchester 484 km

	1993	1994	1995	1996	1997	1998	1999
Unternehmen	2	3	3	2	2	3	3
C_1	0,65	0,51	0,55*	0,59	0,67	0,68*	0,70*
HHI	5.474	4.183	5.027*	5.145	5.610	5.661*	5.779*

Athen-Brüssel 2.092 km

	1993	1994	1995	1996	1997	1998	1999
Unternehmen	2	2	2	2	2	2	2
C_1	0,53	0,51	0,50	0,51	0,53	0,54*	0,59*
HHI	5.023	5.002	5.000	5.001	5.023	5.036*	5.148*

Athen-Frankfurt 1.807 km

	1993	1994	1995	1996	1997	1998	1999
Unternehmen	2	3	3	4	3	3	3
C_1	0,74	0,74*	0,79*	0,82*	0,82*	0,84*	0,85*
HHI	6.152	6.168*	6.709*	7.110*	7.028*	7.264*	7.440*

Athen-London 2.413 km

	1993	1994	1995	1996	1997	1998	1999
Unternehmen	2	3	4	4	4	5	6
C_1	0,63	0,46	0,38	0,36	0,37	0,33*	0,31*
HHI	5.308	3.960	3.030	3.015	3.029	2.529*	2.355*

Athen-Rom   **1.071 km**

	1993	1994	1995	1996	1997	1998	1999
Unternehmen	3	3	3	3	3	3	2
C_1	0,57	0,57	0,60	0,62*	0,63*	0,64*	0,66*
HHI	5.082	5.024	5.099	5.223*	5.243*	5.326*	5.524*

Barcelona-Brüssel   **1.081 km**

	1993	1994	1995	1996	1997	1998	1999
Unternehmen	2	2	2	2	2	2	2
C_1	0,54	0,52	0,51	0,53	0,62	0,64	0,70
HHI	5.030	5.009	5.001	5.023	5.270	5.410	5.793

Barcelona-Frankfurt   **1.092 km**

	1993	1994	1995	1996	1997	1998	1999
Unternehmen	2	2	2	3	2	2	2
C_1	0,52	0,54	0,54	0,61*	0,64	0,64	0,73
HHI	5.010	5.038	5.025	5.245*	5.392	5.416	6.019

Barcelona-Lissabon   **994 km**

	1993	1994	1995	1996	1997	1998	1999
Unternehmen	2	2	2	3	3	3	4
C_1	0,56	0,66	0,67	0,48	0,52*	0,55*	0,69*
HHI	5.067	5.503	5.561	3.649	3.856*	4.082*	5.503*

Barcelona-London   **1.145 km**

	1993	1994	1995	1996	1997	1998	1999
Unternehmen	2	2	2	4	8	6	5
C_1	0,56	0,61	0,61	0,54	0,41	0,39	0,38
HHI	5.083	5.246	5.251	4.003	2.497	2.498	2.573

Brüssel-Kopenhagen   **755 km**

	1993	1994	1995	1996	1997	1998	1999
Unternehmen	2	2	3	2	2	2	2
C_1	0,64	0,60	0,50	0,59	0,55	0,55	0,56
HHI	7.692	7.593	6.511	7.577	7.529	7.526	7.537

Brüssel-London   **350 km**

	1993	1994	1995	1996	1997	1998	1999
Unternehmen	4	5	5	5	5	5	5
C_1	0,46	0,33	0,35	0,32	0,37	0,42	0,46
HHI	3.386	2.607	2.650	2.595	2.657	2.894	3.094

Brüssel-Madrid   **1.315 km**

	1993	1994	1995	1996	1997	1998	1999
Unternehmen	2	2	2	2	2	2	2
C_1	0,62	0,56	0,53	0,58	0,51	0,52	0,53
HHI	5.305	5.063	5.021	5.136	5.001	5.010	5.021

Brüssel-Mailand   **703 km**

	1993	1994	1995	1996	1997	1998	1999
Unternehmen	2	2	2	2	2	2	2
C_1	0,51	0,52	0,51	0,50*	0,56*	0,58*	0,58*
HHI	5.002	5.005	5.002	5.000*	5.074*	5.118*	5.119*

Brüssel-Manchester   **536 km**

	1993	1994	1995	1996	1997	1998	1999
Unternehmen	2	3	2	2	2	2	2
C_1	0,58	0,51	0,57	0,58	0,60	0,62	0,67
HHI	5.131	4.753	5.107	5.124	5.214	5.275	5.599

Brüssel-Paris   **252 km**

	1993	1994	1995	1996	1997	1998	1999
Unternehmen	2	2	2	2	2	2	2
C_1	0,55	0,51	0,54	0,51*	0,54*	0,57*	0,61*
HHI	5.043	5.001	5.031	5.003*	5.039*	5.106*	5.243*

Dublin-Frankfurt   **1.085 km**

	1993	1994	1995	1996	1997	1998	1999
Unternehmen	2	2	2	2	2	2	2
C_1	0,54*	0,52*	0,50*	0,52*	0,55*	0,50*	0,56*
HHI	5.030*	5.012*	5.000*	5.006*	5.044*	5.000*	5.084*

Dublin-Liverpool   **223 km**

	1993	1994	1995	1996	1997	1998	1999
Unternehmen	-	1	-	-	1	-	1
C_1	-	1,00	-	-	1,00	-	1,00
HHI	-	10.000	-	-	10.000	-	10.000

Dublin-London   **450 km**

	1993	1994	1995	1996	1997	1998	1999
Unternehmen	2	2	3	4	4	3	5
C_1	1,00*	1,00*	1,00*	0,81*	0,75*	0,72*	0,69*
HHI	9.994*	9.987*	9.865*	6.807*	5.988*	5.534*	5.152*

Dublin-Manchester   **264 km**

	1993	1994	1995	1996	1997	1998	1999
Unternehmen	3	3	2	1	3	2	3
C_1	0,69*	0,79*	1,00*	1,00	1,00*	-	-
HHI	5.750*	6.703	10.000*	10.000	10.000*	-	-

Frankfurt-Kopenhagen   **678 km**

	1993	1994	1995	1996	1997	1998	1999
Unternehmen	2	2	2	2	2	2	2
C_1	0,54	0,54	0,59	0,52	0,58	0,55	0,56
HHI	5.027	5.039	5.157	5.008	5.118	5.051	5.078

Frankfurt-London   **653 km**

	1993	1994	1995	1996	1997	1998	1999
Unternehmen	4	6	5	5	5	5	5
C_1	0,44	0,42*	0,43	0,41	0,44	0,47	0,50
HHI	3.884	2.995*	2.943	2.837	2.953	3.079	3.290

Frankfurt-Madrid   **1.422 km**

	1993	1994	1995	1996	1997	1998	1999
Unternehmen	2	2	2	2	2	3	3
C_1	0,51	0,56	0,56	0,55	0,61	0,62	0,58
HHI	5.002	5.066	5.072	5.043	5.227	5.191	4.419

Frankfurt-Mailand   **512 km**

	1993	1994	1995	1996	1997	1998	1999
Unternehmen	2	2	2	2	2	2	2
C_1	0,62	0,63	0,65	0,63*	0,63*	0,65*	0,65*
HHI	5.295	5.337	5.492	5.318*	5.354*	5.435*	5.428*

Frankfurt-Paris   **471 km**

	1993	1994	1995	1996	1997	1998	1999
Unternehmen	2	4	3	2	3	2	2
C_1	0,58	0,58*	0,59*	0,53	0,58*	0,60	0,59
HHI	5.140	5.142*	5.152*	5.022	5.135*	5.211	5.153

Kopenhagen-London   **978 km**

	1993	1994	1995	1996	1997	1998	1999
Unternehmen	2	4	4	5	8	6	4
C_1	0,51	0,48	0,46	0,43	0,40*	0,46	0,52
HHI	5.001	3.644	3.502	3.194	2.758*	3.585	4.679

Kopenhagen-Paris   **1.002 km**

	1993	1994	1995	1996	1997	1998	1999
Unternehmen	3	3	3	2	3	2	2
C_1	0,56*	0,55*	0,59*	0,57	0,58*	0,59*	0,57*
HHI	5.083*	5.052*	5.164*	5.105	5.121*	5.169*	5.099*

Lissabon-London   **1.563 km**

	1993	1994	1995	1996	1997	1998	1999
Unternehmen	2	2	2	2	3	4	3
C_1	0,53	0,56	0,56	0,57	0,56*	0,58*	0,55*
HHI	5.019	5.069	5.074	5.089	4.617*	4.516*	4.112*

Lissabon-Madrid   **513 km**

	1993	1994	1995	1996	1997	1998	1999
Unternehmen	3	3	3	2	4	3	6
C_1	0,53	0,57	0,58	0,61	0,60*	0,65*	0,58*
HHI	4.476	4.495	4.990	5.231	5.169*	5.430*	4.571*

London-Mailand   **979 km**

	1993	1994	1995	1996	1997	1998	1999
Unternehmen	2	4	4	4	4	5	4
C_1	0,59	0,52	0,45	0,44*	0,42*	0,43*	0,44*
HHI	5.180	4.808	4.038	3.645*	3.625*	3.630*	3.589*

London-Madrid   **1.244 km**

	1993	1994	1995	1996	1997	1998	1999
Unternehmen	3	4	5	7	7	6	7
C_1	0,53	0,36	0,41	0,36	0,36	0,37	0,36
HHI	4.151	2.997	3.131	2.870	2.814	3.071	2.648

London-München   **940 km**

	1993	1994	1995	1996	1997	1998	1999
Unternehmen	2	3	3	4	5	3	3
C_1	0,68	0,62	0,57	0,54	0,50	0,53	0,54
HHI	5.683	4.924	4.544	4.282	4.060	4.410	4.781

London-Nizza   **1.039 km**

	1993	1994	1995	1996	1997	1998	1999
Unternehmen	4	5	5	5	6	5	6
C_1	0,53	0,49	0,50	0,60	0,54*	0,53	0,49
HHI	3.687	3.296	3.207	4.245	3.690*	3.901	3.661

London-Paris   **365 km**

	1993	1994	1995	1996	1997	1998	1999
Unternehmen	4	5	5	5	5	5	5
C_1	0,49	0,34	0,36	0,37	0,34*	0,35	0,37
HHI	3.606	2.626	2.610	2.664	2.664*	2.710	2.753

London-Rom   **1.441 km**

	1993	1994	1995	1996	1997	1998	1999
Unternehmen	2	3	2	4	5	5	5
C_1	0,52	0,47	0,52	0,54*	0,51*	0,48*	0,49*
HHI	5.007	4.458	5.002	5.011*	4.346*	3.913*	3.757*

Madrid-Paris 1.064 km

	1993	1994	1995	1996	1997	1998	1999
Unternehmen	3	4	3	3	3	3	3
C_1	0,57	0,56	0,57	0,53	0,50*	0,53	0,49
HHI	5.067	5.075	5.092	4.971	4.647*	4.829	4.492

Madrid-Rom 1.358 km

	1993	1994	1995	1996	1997	1998	1999
Unternehmen	2	2	2	2	2	2	2
C_1	0,60	0,56	0,55	0,54*	0,53*	0,54*	0,54*
HHI	5.197	5.080	5.047	5.025*	5.016*	5.029*	5.029*

München-Paris 681 km

	1993	1994	1995	1996	1997	1998	1999
Unternehmen	3	3	3	3	3	2	2
C_1	0,59*	0,58*	0,56*	0,63*	0,60*	0,58	0,61
HHI	5.180*	5.136*	5.073*	5.315*	5.185*	5.126	5.221

Paris-Rom 1.099 km

	1993	1994	1995	1996	1997	1998	1999
Unternehmen	2	4	4	4	4	2	2
C_1	0,57	0,56*	0,53*	0,54*	0,58*	0,60*	0,58*
HHI	5.095	4.995*	4.394*	4.468*	4.984*	5.208*	5.144*

Quelle: eigene Berechnungen nach ICAO (1991-2002c).
*: Diese Werte können verzerrt sein, da bei den Beobachtungsreihen Datenlücken existieren, die durch lineare Glättungsverfahren geschlossen wurden.
-: Keine Daten verfügbar.

Literaturverzeichnis

ABERLE, G. (2003), *Transportwirtschaft*, 4. Aufl., München, Wien: Oldenbourg.

ABRAHAMSSON, T. (1998), *Estimation of Origin-Destination Matrices using Traffic counts – A Literature Survey*, International Institute for Applied Systems Analysis, IR-98-201, Laxenburg.

ABRHAMS, M. (1983), „A service quality model of air travel demand: an empirical study", Transportation Research Part A, 17A(5), S. 385-393.

AEA (1999), *Towards a Transatlantic Common Aviation Area. AEA Policy Statement*, Brüssel: Association of European Airlines.

AEA (2000), *Yearbook 2000*, Brüssel: Association of European Airlines.

ALAMDARI, F. E. und MORELL, P. (1997), „Airline labour cost reduction: postliberalisation in the USA and Europe", Journal of Air Transport Management, 3(2), S. 53-66.

ARNDT, A. (2001), *Der innereuropäische Linienluftverkehr - Stylized Facts und ordnungspolitischer Rahmen*, Berichte aus dem Weltwirtschaftlichen Colloquium der Universität Bremen, 73, Bremen.

BAILEY, E. E. und PANZAR, J. (1981), „The Contestability of Airline Markets During the Transition to Deregulation", Law and Contemporary Problems, 44, S. 125-145.

BAILEY, E. E., GRAHAM, D. R. und KAPLAN, D. P. (1985), *Deregulating the Airlines*, Cambridge: MIT Press.

BAIN, J. S. (1956), *Barriers to new competition. Their character and consequences in manufacturing industries*, Cambridge: Harvard University Press.

BALTAGI, B. H. (1995), *Econometric Analysis of Panel Data*, Chichester: John Wiley & Sons.

BALTAGI, B. H. (2002), *Econometrics*, 3. Aufl., Berlin, Heidelberg: Springer.

BALTAGI, B. H. und GRIFFIN, J. M. (1988), „A Generalized Error Component Model with Heteroskedastic Disturbances", International Economic Review, 29(4), S. 745-753.

BARRETT, S. D. (1992), „Barriers to contestability in the deregulated European aviation market", Transportation Research Part A, 26A(2), S. 159-165.

BARETT, S. D. (1997a), „The implications of the Ireland-UK airline deregulation for an EU internal market", Journal of Air Transport Management, 3(2), S. 67-73.

BARRETT, S. D. (1997b), *Flying High: Airline Prices and European Deregulation*, The Adam Smith Institute, London.

BAUMOL, W. J. (1982), „Contestable Markets: An Uprising in the Theory of Industry Structure", The American Economic Review, 72(1), S. 1-15.

BERG, H. (1999), „Wettbewerbspolitik", in: Bender, D. u.a. (Hrsg.), *Vahlens Kompendium der Wirtschaftstheorie und Wirtschaftspolitik*, Band 2, 7. Aufl., München: Vahlen.

BERG, H. und MAMMEN, G. (1981), „Alternative Strategien staatlicher Technologieförderung: Eine Analyse der Projekte „Concorde" und „Airbus", Jahrbuch für Sozialwissenschaft, 32, S. 346-379.

BERG, H., CASSEL, D. und HARTWIG, K.-H. (2003), „Theorie der Wirtschaftspolitik", in: Bender, D. u.a. (Hrsg.), *Vahlens Kompendium der Wirtschaftstheorie und Wirtschaftspolitik*, Band 2, 8. Aufl., München: Vahlen.

BETANCOR, O. und CAMPOS, J. (2000), „The First Decade of the European Air Transport Deregulation – An Empirical Note", Public Works Management & Policy, 5 (2), S. 135-146.

BHARGAVA, A., FRANZINI, L. und NARENDRANATHAN, W. (1982), „Serial Correlation and the Fixed Effects Model", The Review of Economic Studies, 49(4), S. 533-549.

BONNASSIES, O. (1998), „Eurostar: winner or loser?, The Avmark Aviation Economist, Mai 1998, S. 14-18.

BÖVENTER, E. V. und ILLING, G. (1995), *Einführung in die Mikroökonomie*, 8. Aufl., München, Wien: Oldenbourg.

BRAUNBURG, R. (1978), *Kranich in der Sonne. Die Geschichte der Lufthansa*, 2. Aufl., München: Kindler.

BREUSCH, T.S. und PAGAN, A. R. (1980), „The Lagrange Multiplier Test and its Applications to Model Specification in Econometrics", The Review of Economic Studies, 47(1), S. 239-253.

BRUCKMANN, G. (1998), „Konzentrationsmessung", in: Bleymüller, J., Gehlert, G. und Gülicher, H. (Hrsg.), *Statistik für Wirtschaftswissenschaftler*, 11. Aufl., München: Vahlen.

BURGHOUWT, G. und HAKFOORT, J. (2001), „The evolution of the European aviation network, 1990-1998", Journal of Air Transport Management, 7(5), S. 311-318.

BUTTON, K. J. (2001), „Deregulation and Liberalization of European Air Transport Markets", Innovation: the European journal of social sciences, 14(3), S. 255-275.

BUTTON, K. J. und SWANN, D. (1991), „Aviation Policy in Europe", in: Button, K. J. (Hrsg.), *Airline Deregulation: International Experiences*, London: David Fulton.

BUTTON, K. J., HAYNES, K. und STOUGH, R. (1998), *Flying into the Future: Air Transport Policy in the European Union*, Cheltenham: Edward Elgar.

CAA (1998), *The Single European Aviation Market: The First Five Years*, CAP 685, London: Civil Aviation Authority.

CALL, G. D. und KEELER, T. E. (1985), „Airline Deregulation, Fares, and Market Behavior: Some Empirical Evidence", in: Daughety, A. (Hrsg.), *Analytical Studies in Transport Economics*, Cambridge: Cambridge University Press.

CASTELLI, L., PESENTI, R. und UKOVICH, W. (2003), „An airline-based multi-level analysis of airfare elasticity for passenger demand", Air Transport Research Society (Hrsg.): The 7th ATRS World Conference (ATRS 2003, Toulouse, 10. - 12. Juli), Vancouver.

CREEL, M. und FARELL, M. (2001), „Economies of scale in the US airline industry after deregulation: a Fourier series approximation", Transportation Research Part E, 37E(5), S. 321-336.

CHANG, Y.-C. und WILLIAMS, G. (2001), „Changing the rules – amending the nationality clause in air service agreements", Journal of Air Transport Management, 7(4), S. 207-216.

DAVIDSON, R. und MACKINNON, J. G. (1989), „Testing for Consistency using Artificial Regressions", Econometric Theory, 5(3), S. 363-384.

DE MURIAS, R. (1989), *The Economic Regulation of International Air Transport*, Jefferson und London: McFarland.

DE WIT, J., UITTENBOGAARD, P. und WEI-YUN, T. (1999), Hubbing and hubby-passing. Network developments in a deregulated European Airport System, Air Transport Research Group (ATRG), The 3rd ATRG Conference, Hong Kong.

DEMSETZ, H. (1969), „Information and efficiency: another viewpoint", Journal of Law and Economics, 12(1), S. 1-22.

DOGANIS, R. (1993), „The Bilateral Regime for Air Transport: Current Position and Future Prospects", in: OECD (Hrsg.): *International Air Transport: The Challenges Ahead*, Paris.

DOGANIS, R. (2001), *The airline business in the 21st century*, London: Routledge.

DOGANIS, R. (2002), *Flying Off Course: The Economics of International Airlines*, 3. Aufl., London: Routledge.

DRESNER, M. und TRETHEWAY M. W. (1992), „Modelling and Testing the Effect of Market Structure on Price – The Case of International Air Transport", Journal of Transport Economics and Policy, 26, S. 171-184.

EG (1983), Abl. Nr. L 237 vom 14. Dezember 1983, S. 19-23. Richtlinie 83/416/EWG des Rates vom 25. Juli 1983 die Zulassung des interregionalen Linienflugverkehrs zur Beförderung von Personen, Post und Fracht zwischen den Mitgliedstaaten, Europäische Gemeinschaft.

EG (1987), Abl. Nr. L 374 vom 31. Dezember 1987, S. 12-18. Richtlinie 87/601/EWG des Rates vom 14. Dezember 1987 über die Tarife im Fluglinienverkehr zwischen Mitgliedstaaten, Europäische Gemeinschaft.

EG (1987), Abl. Nr. L 374 vom 31. Dezember 1987, S. 19-25. Richtlinie 87/602/EWG des Rates vom 14. Dezember 1987 über die Aufteilung der Kapazitäten für die Personenbeförderung zwischen Luftfahrtunternehmen im Fluglinienverkehr zwischen Mitgliedstaaten und über den Zugang von Luftfahrtunternehmen zu Strecken des Fluglinienverkehrs zwischen Mitgliedstaaten, Europäische Gemeinschaft.

EG (1987), Abl. Nr. L 374/9 vom 31.Dezember 1987. Verordnung (EWG) Nr. 3976/87 des Rates vom 14. Dezember 1987 zur Anwendung von Art. 85 Abs. 3 des Vertrages auf bestimmte Gruppen von Vereinbarungen und aufeinander abgestimmte Verhaltensweisen im Luftverkehr, Europäische Gemeinschaft.

EG (1990), Abl. Nr. L 217 vom 11. August 1990, S. 1-7. Verordnung 2342/90/EWG des Rates vom 24. Juli 1990 über die Tarife im Linienflugverkehr, Europäische Gemeinschaft.

EUROPÄISCHE KOMMISSION (2001), *EU energy and transport in figures 2001*, Luxemburg: Europäische Gemeinschaft.

EUROSTAT (2000), *Luftverkehr Personen Beförderung 1993-1997*, Statistik kurzgefasst, Verkehr, 1/2000, Luxemburg: Europäische Gemeinschaft.

EUROSTAT (2001), *Grenzüberschreitender Luftverkehr: Personenbeförderung 1998-1999*, Statistik kurzgefasst, Verkehr, 6/2001, Luxemburg: Europäische Gemeinschaft.

EUROSTAT (2003), *International air transport of passengers 1993-2000*, Statistics in focus, Transport, 2/2003, Luxemburg: Europäische Gemeinschaft.

EVANS, W. N. und KESSIDES, I. (1993), „Structure, Conduct, and Performance in the Deregulated Airline Industry", Southern Economic Journal, 59(3), S. 450-467.

FEHL, U. und OBERENDER, P. (2002), *Grundlagen der Mikroökonomie: eine Einführung in die Produktions-, Nachfrage- und Markttheorie*, 8. Aufl., München: Vahlen.

FORSYTH, P. (1991), „The regulation and deregulation of Australia's domestic airline industry", in: Button, K. J. (Hrsg.), *Airline Deregulation: International Experiences*, London: David Fulton.

FRITSCH, M., WEIN, T. und EWERS, H.-J. (2001), *Marktversagen und Wirtschaftspolitik*, 4. Auflage, München: Vahlen.

GASKINS, D. W. (1971), „Dynamic Limit Pricing: Optimal Pricing Under Threat of Entry", Journal of Economic Theory, 2, S. 306-322.

GEMEINSAMER EWR-AUSSCHUß (1994), Abl. Nr. L 160 vom 21. Juni 1994, S. 86-89. Beschluss des Gemeinsamen EWR-Ausschusses vom 21. März 1994 zur Änderung des Protokolls 47 und bestimmter Anhänge des EWR-Abkommens, Anhang 11 Ziff. I. 6., Europäische Gemeinschaft.

GIDWITZ, B. (1980), *The Politics of International Air Transport*, Lexington, Toronto: D.C. Heath and Company.

GIESE, D. (1993), *Regionalluftverkehr und Eisenbahn als Wettbewerber im deutschen und grenzüberschreitenden Personenverkehr*, Berlin: Duncker & Humblot.

GILBERT, R. J. (1989), „The Role of Potential Competition in Industrial Organization", Journal of Economic Perspectives, 3(3), S. 107-127.

GILLEN, D.W., HINSCH, H., MANDEL, B. und WOLF, H. (2001), *The impact of liberalizing international aviation bilaterals: the case of the Northern German region*, Aldershot: Ashgate.

GOOD, D. H., RÖLLER, L.-H. und SICKLES, R. C. (1993), „US airline deregulation: implications for European transport", The Economic Journal, 103, S. 1028-1041.

GRAHAM, D. R., KAPLAN, D. P. und SIBLEY, D. S. (1983), „Efficiency and Competition in the Airline Industry", The Bell Journal of Economics, 14(1), S. 118-138.

GREENE, W. H. (2000), *Econometric Analysis*, 4. Aufl., New Jersey: Prentice Hall.

GRUBER, J. (1997), *Ökonometrie, Band 1, Einführung in die multiple Regression und Ökonometrie*, München: Vahlen.

GRUNDMANN, S. (1999), *Marktöffnung im Luftverkehr: Hoheitliche Eintrittsbarrieren in den USA und in der EG*, 1. Aufl., Baden-Baden: Nomos.

HAANAPPEL, P. (2001), „Airline Ownership and Control, and Some Related Matters", Air & Space Law, 26(2), S. 90-103.

HÄNI, P. K. (1987), *Die Messung der Unternehmenskonzentration – Eine theoretische und empirische Evaluation von Konzentrationsmaßen*, Beiträge zur empirischen Wirtschaftsforschung, Band 4, Grüsch: Rüegger.

HANLON, P. (1999), *Global Airlines: competition in a transnational industry*, 2. Aufl., Oxford: Butterwort-Heinemann.

HERDZINA, K. (1999), *Wettbewerbspolitik*, 5. Aufl., Stuttgart: Lucius&Lucius.

HOLMES, T. J. (1989), „The Effects of Third-Degree Price Discrimination in Oligopoly", American Economic Review, 79(1), S. 244-250.

HSIAO, C. (1986), *Analysis of Panel Data*, 1. Aufl., Cambridge University Press.

IATA (2002), *World Air Transport Statistic*, 46th Edition, Montreal: International Air Transport Association.

ICAO (1991-2002a), *Digest of Statistics, Series AT, Airport Traffic*, Montreal: International Civil Aviation Organization.

ICAO (1991-2002b), *Digest of Statistics, Series F, Financial Data Commercial Air Carriers*, Montreal: International Civil Aviation Organization.

ICAO (1991-2002c), *Digest of Statistics, Series TF, Traffic by Flight Stage*, Montreal: International Civil Aviation Organization.

ICAO (1994), *Memorandum on ICAO*, 15th Edition, Montreal: International Civil Aviation Organization.

IPPOLITO, R. A. (1981), „Estimating Airline Demand with Quality of Service Variables", Journal of Transport Economics and Policy, 10(1), S. 7-15.

JOHNSTON, J. und DiNARDO, J. (1997), *Econometric methods*, 4. Aufl., New York: McGraw-Hill.

JORGE-CALDERON, J. D. (1997), „A demand model for scheduled airline services on international European routes", Journal of Air Transport Management, 3(1), S. 23-35.

JUNG, J. M. und FUJII, E. T. (1976), „The Price Elasticity of Demand for Air Travel", Journal of Transport Economics and Policy, 10(3), S. 257-262.

KERBER, W. (2003), „Wettbewerbspolitik", in: Bender, D. u.a. (Hrsg.), *Vahlens Kompendium der Wirtschafttheorie und Wirtschaftspolitik*, Band 2, 8. Aufl., München: Vahlen.

KNORR, A. (1997), „Wettbewerb und Flugsicherheit – ein Widerspruch?", Zeitschrift für Verkehrwissenschaft, 68(2), S. 94-122.

KNORR, A. (1998a), „Bilaterale, regionale oder multilaterale Liberalisierung des Luftverkehrs?", Internationales Verkehrswesen, 50(9), S. 383-387.

KNORR, A. (1998b), „Zwanzig Jahre Deregulierung im US-Luftverkehr – eine Zwischenbilanz", ORDO Jahrbuch für die Ordnung von Wirtschaft und Gesellschaft, 49, S. 419-464.

KNORR, A. und ARNDT, A. (2002a), „Successful entry strategies on the deregulated US domestic market – the case of Southwest Airlines", Materialien des Wissenschaftsschwerpunktes „Globalisierung der Weltwirtschaft", Band 22, Bremen.

KNORR, A. und ARNDT, A. (2002b), „Noise wars: The EU's Hushkit Regulation – Environmental Protection or Eco-protectionism?", Materialien des Wissenschaftsschwerpunktes „Globalisierung der Weltwirtschaft", Band 23, Bremen.

KÖBERLEIN, C. (1997), *Kompendium der Verkehrspolitik*, München; Wien: Oldenbourg.

LAWTON, T. C. (2002), *Cleared for take-off: structure and strategy in the low fare airline business*, Aldershot: Ashgate.

LIJESEN, M. G., NIJKAMP, P. und RIETVELD, P. (2002), „Measuring competition in civil aviation", Journal of Air Transport Management, 8(3), S. 189-197.

LÓPEZ, E. J. (2001), „New Anti-Merger Theories: A Critique", Cato Journal, 20(3), S. 359-378.

MAENNIG, W. und WILFING, B. (1998), *Außenwirtschaft – Theorie und Politik*, München: Vahlen.

MAILLEBIAU, E. (1993), *The Impact of International Aviation Liberalization: the North Atlantic routes as a case study*, Michigan: UMI.

MAILLEBIAU, E. und HANSEN, M. (1995), „Demand and Consumer Welfare Impacts of International Airline Liberalisation – The Case of the North Atlantic", Journal of Transport Economics and Policy, 29, S. 115 -136.

MARIN, P. L. (1995), „Competition in European Aviation: Pricing Policy and Market Structure", The Journal of Industrial Economics, 43(2), S. 141-159.

MEIER, U. (1994), „Die Rolle der Luftfahrtunternehmen bei der Luftverkehrsentwicklung in Europa nach 1945", in: *Beiträge zur Geschichte der Binnenschiffahrt, des Luft- und Kraftfahrzeugverkehrs*, Schriftenreihe der DVWG, Reihe B, Band 169, Bergisch Gladbach: Deutsche Verkehrswissenschaftliche Gemeinschaft.

MEYER, R. (1996), *Marktstruktur und Wettbewerb im internationalen Passagier- Fluglinienverkehr – Zwischen Regulierung und multilateraler Liberalisierung*, Diss., Bremen.

MORRISON, S. A. und WINSTON, C. (1986), *The Economic Effects of Airline Deregulation*, Washington, D.C.: The Brookings Institution.

MORRISON, S. A. und WINSTON, C. (1987), „Empirical Implications and Tests of the Contestability Hypothesis", The Journal of Law & Economics, 30(1), S. 53-66.

MORRISON, S. A. und WINSTON, C. (1990), „The Synamics of Airline Pricing and Competition", The American Economic Review, Papers and Proceedings, 80(2), S. 389-393.

MORRISON, S. A. und WINSTON, C. (2000), „The Remaining Role for Government Policy in the Deregulated Airline Industry", in: Peltzman, S. und Winston, C. (Hrsg.), *Deregulation of Network Industries: What's Next?*, Massachusetts: Brookings Institution Press.

MOSES, L. N. und SAVAGE, I. (1990), „Aviation Deregulation and Safety", Journal of Transport Economics and Policy, 24, S. 171-188.

MUTTI, J. und MURAI, Y. (1977), „Airline Travel on the North Atlantic", Journal of Transport Economics and Policy, 11(1), S. 45-53.

NEUMANN, M. (2000), *Wettbewerbspolitik – Geschichte, Theorie und Praxis*, Wiesbaden: Gabler.

NIEJAHR, M. (1998), „10 Jahre Liberalisierung des Luftverkehrs in Europa – Neue Herausforderungen an Industrie und Politik", in: *5. Luftverkehrsforum der DVWG: 10 Jahre Liberalisierung des Luftverkehrs in Europa – eine Bestandsaufnahme*, Schriftenreihe der DVWG, Reihe B, Band 210, Bergisch-Gladbach: Deutsche Verkehrswissenschaftliche Gemeinschaft.

OAG (1989-1998), *Official Airline Guide, Worldwide Edition*, Illinois.

ODENTHAL, F. W. (1983), *Determinanten der Nachfrage nach Personenlinienluftverkehr in Europa*, Frankfurt a. M., Bern, New York: Lang.

OECD (1999), *Regulatory Reform in International Air Cargo Transportation*, Paris: Organisation for Economic Co-operation and Development.

OUM, T. H., WATERS II, W. G. und YONG, J.-S. (1992), „Concepts of price elasticities of transport demand and recent empirical estimates: an interpretative survey"; Journal of Transport Economics and Policy, 26(2), S. 139-154.

OUM, T., STANBURY, W. und TRETHEWAY, M. (1991), „Airline deregulation in Canada", in: Button, K. J. (Hrsg.), *Airline Deregulation: International Experiences*, London: David Fulton.

PICKRELL, D. (1991), „The regulation and deregulation of US airlines", in: Button, K. J. (Hrsg.), *Airline Deregulation: International Experiences*, London: David Fulton.

POMPL, W. (1998), *Luftverkehr – Eine ökonomische Einführung*, 3. Aufl., Berlin und Heidelberg: Springer.

RICHTER, K. J. (1995), *Verkehrsökonometrie*, 5. Aufl., München, Wien: Oldenbourg.

SCHIPPER, Y. (2001), *Environmental costs and liberalization in European air transport: a welfare economic analysis*, Cheltenham, Northampton: Edward Elgar.

SCHIPPER, Y., RIETVELD, P. und NIJKAMP, P. (2002), „European Airline Reform: An Empirical Welfare Analysis", Journal of Transport Economics and Policy, 36(2), S. 189-209.

SCHMIDT, I. (1996), *Wettbewerbspolitik und Kartellrecht*, 5. Auflage, Stuttgart: Lucius&Lucius.

SCHMITT, S. (2003), *Wettbewerb und Effizienz im Luftverkehr*, 1. Aufl., Baden-Baden: Nomos.

SCHNEIDERBAUER, D. und FAINSILBER, O. (2003), „Low-Cost Airlines Gaining Momentum in Europe", Mercer on Travel and Transport, IX(2), S. 18-20.

SIEBKE, J. (2003), „Preistheorie", in: Bender, D. u.a. (Hrsg.), *Vahlens Kompendium der Wirtschafttheorie und Wirtschaftspolitik*, Band 2, 8. Aufl., München: Vahlen.

SINHA, D. (2001), *Deregulation and Liberalisation of the Airline Industry: Asia, Europe, North America and Oceania*, Aldershot: Ashgate.

SITA (1999a), *Air Tariff*, Book 3, Europe.

SITA (1999b), *Air Tariff*, Bulletin 2 to Book 3 January, Europe.

SPENCE, M. (1983), „Contestable Markets and the theory of Industry Structure: A Review Article", Journal of Economic Literature, 21(3), S. 981-990.

STASINOPOULOS, D. (1992), „The Second Aviation Package of the European Community", Journal of Transport Economics and Policy, 26, S. 83-87.

STASINOPOULOS, D. (1993), „The Third Phase of Liberalisation in Community Aviation and the Need for Supplementary Measures", Journal of Transport Economics and Policy, 27, S. 323-328.

STATISTISCHES BUNDESAMT (1991-2001), *Statistisches Jahrbuch für das Ausland*, Stuttgart: Metzler-Poeschel.

STATISTISCHES BUNDESAMT (2000), *Statistisches Jahrbuch für das Ausland*, Stuttgart: Metzler-Poeschel.

STEININGER, A. (1999), *Gestaltungsempfehlungen für Airline-Allianzen*, Diss., Bamberg.

STEVENS, H. (1997), *Liberalisation of Air Transport in Europe*, The European Institute, London School of Economics, London.

STIGLER, G. J. (1971), „The theory of economic regulation", Bell Journal of Economics and Management, 2, S. 3-21.

STRASSMANN, D. L. (1990), „Potential Competition in the Deregulated Airlines", The Review of Economics and Statistics, Notes, LXXII, S. 696-702.

STRASZHEIM, M. R. (1978), „Airline Demand Functions in the North Atlantic and Their Pricing Implications", Journal of Transport Economics and Policy, 12(2), S. 179-195.

STUDENMUND, A. H. (2001), *Using econometrics: a practical guide*, 4. Aufl., Boston: Addison Wesley Longman.

TANEJA, N. K. (1978), *Airline Traffic Forecasting. A Regression Analysis Approach*, Lexington, Lexington Books.

TEUSCHER, W. R. (1994), *Zur Liberalisierung des Luftverkehrs in Europa*, Wirtschaftspoltische Studien, 92, Göttingen: Vandenhoeck und Ruprecht.

THIEL, D. (1975), *Die Entwicklung des Linien-Luftverkehrs in Europa nach dem Zweiten Weltkrieg*, Diss., Berlin.

UITTENBOGAART, P. (1997), „Airline competition on the route between Amsterdam and London", Journal of Air Transport Management, 3(4), S. 217-225.

VAKIL, F. und RUSSON, M. G. (1996), „Income Elasticity Estimates for Short Haul Air Transport Passengers Flows", International Journal of Transport Economics, 23(2), S. 173-186.

VARIAN, H. R. (1994), *Mikroökonomie*, 3. Aufl., München, Wien: Oldenbourg.

VARIAN, H. R. (1995), *Grundzüge der Mikroökonomik*, 3. Aufl., München, Wien: Oldenbourg.

VERLEGER, P. K. (1972), „Models of the demand for air transportation", Bell Journal of Economics, 3(2), S. 437-457.

VON DER LIPPE, P. M. (1985), *Wirtschaftsstatistik*, 3. Aufl., Stuttgart, New York: Fischer.

WEINHOLD, M. (1995), *Computerreservierungssysteme im Luftverkehr: Erfahrungen in den USA und Empfehlungen für Europa*, Baden-Baden: Nomos.

WILLIAMS, G. (2002), *Airline competition: deregulation's mixed legacy*, Aldershot: Ashgate.

WOLF, G. (1967), *Die Entwicklung des Weltluftverkehrs nach dem Zweiten Weltkrieg*, Kieler Studien, Nr. 83, Tübingen: J. C. B. Mohr.

WOOLDRIDGE, J. M. (2003), *Introductory Econometrics: A Modern Approach*, 2. Aufl., Mason: South-Western.